前言 Preface

■　写作驱动

本书是《从零开始学炒基金：基金入门与实战（图解实战版）》的实战版，通过 12 章主题内容、300 多张清晰图片，全方位介绍了基金投资的方法和技巧。

全书增加了利用基金净值、基金年报和绩效指标选择基金、基金转换及转托管、分级基金与债券基金投资及基金投资组合构建等内容，进一步增强了本书的实用性。本书列举了丰富的实战技巧，对每个技巧都进行了详细介绍，力图使读者能掌握其中的奥秘和方法，并在基金市场中运用自如。

■　主要特色

【知识精简，结构清晰】

本书精挑细选了基金投资中最实用的方法和技巧进行重点讲解，知识体系非常系统，一招一式来自大量实战，帮助读者轻松读懂基金投资。

【案例实用，全程图解】

本书运用了丰富的图例对理论知识进行辅助说明，读者可以从图例中体会基金投资的神秘和乐趣，从而提高基金分析技术，更快地获得投资收益。

【手机炒基金，随时随地】

目前市场上的图书，很多都是针对计算机炒基金的运用，讲解手机炒基金的书极少。本书对手机炒基金的应用技巧讲解得非常全面，介绍了运用手机进行 App 基金投资的方法与技巧，帮助读者随时随地掌控基金投资。

■　学习本书的注意事项

本书介绍的技术和方法比较全面，读者不需要全部掌握，可针对性地挑选几种技术深入学习并不断总结，在实战中进行综合运用，即可达到很好的效果。

读者在阅读中还应结合实际情况灵活变通，举一反三，养成勤思考的好习惯，培养良好的归纳总结能力。

由于作者知识水平有限，书中难免有错误和疏漏之处，恳请广大读者批评、指正。

图解实战版

从零开始学炒基金

基金入门与实战

龙飞 著

人民邮电出版社
北京

图书在版编目（CIP）数据

从零开始学炒基金 ：基金入门与实战 ：图解实战版/
龙飞著. -- 北京 ：人民邮电出版社，2019.9（2021.3重印）
ISBN 978-7-115-48189-4

Ⅰ. ①从… Ⅱ. ①龙… Ⅲ. ①基金－投资－基本知识
Ⅳ. ①F830.59

中国版本图书馆CIP数据核字(2018)第059975号

内容提要

一书在手，精通基金操作精髓、买卖技巧，助力投资者获取高额回报！全书以图文并茂的方式介绍基金定投、基金组合投资、基金转换、基金转托管以及用计算机和手机炒基金的经验和技巧，从而帮助投资者在实战中抓住机遇，买在低点，卖在高点。

本书共有12章，具体内容包括基金入门常识、选基金的方法与技巧、基金的买卖技巧、基金转换及转托管技巧、网上基金投资实战技能、手机基金投资实战技能、基金投资经验技巧等。此外，本书对投资“宝类”货币基金和其他类型基金的知识也进行了讲解，助力读者掌握基金定投技巧，构建基金投资组合，防范控制基金风险。

本书结构清晰，案例丰富，实战性强，不仅可以作为广大基金投资者的参考指南，同时也可以作为证券、投资等公司的培训教材。

◆ 著　　　龙　飞
责任编辑　恭竟平
责任印制　周昇亮
◆ 人民邮电出版社出版发行　　北京市丰台区成寿寺路 11 号
邮编　100164　　电子邮件　315@ptpress.com.cn
网址　https://www.ptpress.com.cn
涿州市京南印刷厂印刷
◆ 开本：700×1000　1/16
印张：14.5　　2019 年 9 月第 1 版
字数：283 千字　　2021 年 3 月河北第 7 次印刷

定价：49.80 元

读者服务热线：(010)81055296　印装质量热线：(010)81055316
反盗版热线：(010)81055315
广告经营许可证：京东市监广登字 20170147 号

目录

Contents

第 1 章　掌握基金入门常识..1

1.1　基金——稳健的证券投资方式..2

1.1.1　什么是基金..2

1.1.2　基金理财方式的优势..3

1.1.3　适合投资基金的人群..4

1.2　明明白白，了解基金投资知识..5

1.2.1　基金的发展历程..6

1.2.2　基金组织..6

1.2.3　基金的发行..7

1.2.4　认识基金交易..8

1.2.5　认识基金收益..9

1.2.6　基金投资费用..10

1.2.7　基金信息披露..10

1.2.8　基金常用名词..11

1.3　为什么基金是好的投资选择..13

1.3.1　基金与银行存款的区别..13

1.3.2　基金与股票的区别..14

1.3.3　基金与债券的区别..15

1.3.4　基金与投资型保险的区别..16

1.3.5　基金与贵金属、收藏品相比的优势..17

1.3.6　货币基金与银行存款的区别..17

1.3.7　货币基金与银行理财产品的差异..18

1.3.8　货币市场基金与传统基金的区别..19

第 2 章 选基金的方法与技巧 21
2.1 利用基金公司巧选基金 22
2.1.1 多角度分析公司能力 22
2.1.2 查询基金公司的概况 25
2.1.3 全面考察基金的业绩 27
2.2 利用基金经理巧选基金 29
2.2.1 了解基金经理 29
2.2.2 选择优秀的基金经理 30
2.3 利用天天基金网巧选基金 32
2.3.1 在天天基金网上看基金行情 32
2.3.2 使用天天基金网的筛选功能 34
2.3.3 使用天天基金网的基金比较功能 35
2.3.4 使用天天基金网的基金计算器 37
2.4 利用基金的评级巧选基金 39
2.4.1 网上查看基金评级 39
2.4.2 基金评级的 5 个优点 40
2.4.3 我国有哪些基金评级机构 41
2.5 通过基金净值巧选基金 42
2.5.1 初识基金净值 42
2.5.2 基金净值的查找 43
2.5.3 基金净值和股价的关系 43
2.5.4 用基金净值选基金的具体方法 44
2.6 通过基金年报巧选基金 44
2.6.1 认识业绩比较基准 45
2.6.2 了解收益标准差 46
2.6.3 看懂关联方买卖 46
2.6.4 通过细化单位比较 47
2.6.5 学会解读基金前景 47
2.6.6 判断基金经理操守 47

2.7 通过绩效指标巧选基金 47

第 3 章 基金的买卖技巧 49

3.1 开设基金账户的方法 50

3.1.1 开户前的准备 50

3.1.2 利用网上银行开户 51

3.1.3 利用理财平台代理开户 54

3.1.4 利用基金公司官网开户 55

3.2 开放式基金买卖须知 57

3.2.1 基金公司网上开户流程 57

3.2.2 银行或证券公司的开户 60

3.2.3 开放式基金的买卖 61

3.3 开放式基金认购准备 61

3.3.1 开户材料的准备 61

3.3.2 认购材料的准备 62

3.4 开放式基金申购须知 63

3.4.1 3 步申购基金 63

3.4.2 申购选择须知 63

3.4.3 自行封闭的基金 63

3.5 开放式基金赎回须知 64

3.5.1 有限制的赎回 64

3.5.2 3 步赎回基金 64

3.5.3 概说巨额赎回 65

3.5.4 3 大基金赎回技巧 65

3.6 封闭式基金买卖须知 66

3.6.1 封闭式基金的申购事项 66

3.6.2 封闭式基金的主要特点 66

3.7 基金行情信息的查看 67

3.7.1 “大智慧”的下载与安装 68

3.7.2 通过“大智慧”查询行情 69

第4章 巧用转换及转托管 73

4.1 基金的转换业务 74

4.1.1 基金转换的概念 74

4.1.2 基金转换的好处 74

4.1.3 基金转换的条件 75

4.1.4 基金转换的费用 76

4.2 转换的时机选择和技巧把握 76

4.2.1 基金转换的时机 76

4.2.2 基金转换的技巧 77

4.3 基金的转托管业务 77

4.3.1 基金转托管的概念 78

4.3.2 办理基金转托管的方式 78

4.3.3 办理基金转托管的注意事项 79

第5章 网上基金投资实战 80

5.1 封闭式基金的网上交易 81

5.1.1 交易系统的登录 81

5.1.2 封闭式基金交易须知 82

5.2 通过基金公司交易基金 82

5.2.1 基金公司官网的登录 82

5.2.2 利用基金公司官网申购基金 84

5.2.3 利用基金公司官网赎回基金 86

5.2.4 利用基金公司官网转换基金 87

5.2.5 利用基金公司官网撤单 89

5.3 利用炒基金软件投资基金 90

5.3.1 下载炒基金软件 91

5.3.2 安装炒基金软件 91

5.3.3 注册与登录 93

5.3.4 熟悉工作界面 94

5.3.5 报价分析功能 95

5.3.6 查看基金走势......97
5.3.7 财务分析功能......98
5.3.8 净值估算功能......101
5.3.9 智能选基金功能......102
5.3.10 评星评级功能......103

5.4 通过网上银行交易基金......105

5.4.1 登录网上银行......105
5.4.2 通过网银购入基金......106
5.4.3 基金的赎回和转换......107
5.4.4 通过网银定投基金......109

第6章 手机基金投资实战......112

6.1 手机版基金软件的下载和安装......113

6.1.1 通过扫描二维码下载......113
6.1.2 通过手机应用商店下载......114
6.1.3 通过计算机第三方平台下载......116

6.2 利用手机银行买卖基金......118

6.2.1 开立基金交易账户......118
6.2.2 查看基金详情......120
6.2.3 通过手机银行购买基金......120
6.2.4 查询“我的基金”......121
6.2.5 通过手机银行赎回基金......122

6.3 利用“铜板街”App 买卖基金......123

6.3.1 “铜板街”的主要特点......124
6.3.2 “铜板街”的操作流程......125

第7章 基金投资经验技巧......128

7.1 有备无患，做好投资基金的准备......129

7.1.1 投资基金应做好的心理准备......129
7.1.2 投资基金的具体准备工作......129

7.2 合理运用基金投资技巧......130
7.2.1 降低基金交易成本......131
7.2.2 基金红利再投资......132
7.2.3 不做波段操作......132
7.2.4 巧用基金套利......133
7.2.5 分级基金套利......134
7.2.6 巧用基金转换......135
7.2.7 新老基金的选择......137
7.2.8 注重价值投资......138
7.3 改掉不良投资习惯......139
7.3.1 基金投资的 6 种不良习惯......139
7.3.2 基金投资的 4 个“禁忌”......139
第 8 章 投资“宝类”货币基金......141
8.1 货币基金：“宝宝”们的春天......142
8.1.1 什么是互联网理财产品......142
8.1.2 了解货币基金的基础知识......143
8.1.3 7 日年化收益率与每万份收益......144
8.1.4 货币基金投资的常见误区......144
8.1.5 货币基金投资的 4 大技巧......145
8.2 市场全知，热门互联网理财产品......146
8.2.1 阿里余额宝......146
8.2.2 微信理财通......148
8.2.3 百度百发......150
8.2.4 工银薪金宝......151
8.2.5 天天基金网活期宝......152
8.2.6 苏宁零钱宝......153
8.2.7 网易现金宝......155
8.2.8 华夏薪金宝......156
8.2.9 京东小金库......157

8.3 购买实战，“宝类”基金玩转攻略......158
8.3.1 账户注册......158
8.3.2 转入资金......163
8.3.3 转出资金......165

第 9 章 投资其他类型基金......169

9.1 如何投资指数型基金......170
9.1.1 指数型基金的交易优点......170
9.1.2 如何选择指数型基金......171
9.1.3 指数型基金的投资要点......171

9.2 如何投资 LOF 基金与 ETF 基金......172
9.2.1 LOF 基金和 ETF 基金的区别......172
9.2.2 如何交易 ETF 基金......173
9.2.3 如何交易 LOF 基金......174

9.3 如何投资保本基金......175
9.3.1 保本基金是如何保本的......175
9.3.2 哪些人群适合投资保本基金......176
9.3.3 保本基金的投资要点......176

9.4 如何投资封闭式基金......177
9.4.1 封闭式基金的交易流程......177
9.4.2 封闭式基金的投资要点......178
9.4.3 封闭式基金的收益分配原则......179

9.5 如何投资私募基金......180
9.5.1 私募基金是什么......180
9.5.2 如何选择私募基金......181
9.5.3 私募基金的投资误区......183

9.6 如何投资分级基金......184
9.6.1 了解分级基金......184
9.6.2 分级 A 类的投资技巧......185
9.6.3 分级 B 类的投资技巧......185

9.7 如何投资债券基金......186
9.7.1 了解债券基金......186
9.7.2 债券基金的投资技巧......186
9.7.3 投资债券基金的注意要点......187

第 10 章 掌握基金定投技巧......188

10.1 初步认识基金定投......189
10.1.1 什么是基金定投......189
10.1.2 网上基金定投......190
10.2 基金定投的综合分析......191
10.2.1 适合人群与定投时机......191
10.2.2 基金定投的误区分析......192
10.2.3 基金定投与普通申购的区别......193
10.3 基金定投目标方案规划......193
10.3.1 买房购车定投......193
10.3.2 现金管理定投......194
10.3.3 养老组合定投......194
10.3.4 亲子教育定投......195
10.4 基金定投交易要点与技巧......196
10.4.1 如何挑选定投基金......196
10.4.2 如何中途退出定投......197
10.4.3 基金定投的 5 大技巧......198

第 11 章 构建基金投资组合......200

11.1 了解基金组合......201
11.1.1 基金组合可以降低投资风险......201
11.1.2 基金组合分散风险的本质......201
11.1.3 构建基金组合的层次有哪些......202
11.2 基金组合的 3 大形式......202
11.2.1 哑铃式基金投资组合......202

11.2.2 金字塔式基金投资组合......202
11.2.3 核心卫星式基金投资组合......203
11.3 构建基金组合的实战步骤......203
11.3.1 清楚自己的基金投资目标......203
11.3.2 根据风险承受能力选择组合......203
11.3.3 基金投资组合的收益考核......204
11.4 在投资过程中如何调整基金组合......205
11.4.1 把握基本的投资方向......205
11.4.2 将目标靠拢预期收益......205
11.4.3 根据基本面调整组合......206
11.4.4 根据投资目标调整组合......206
11.4.5 根据投资年龄调整组合......206
11.5 调整基金组合需要注意的事项......206
11.5.1 组合品种与形态多样化......207
11.5.2 组合产品要呈现灵活化......207
11.5.3 组合收益要呈现持续性......208
第 12 章 基金风险防范控制......210
12.1 风险评测——科学投资的重要环节......211
12.1.1 通过计算机进行风险评测......211
12.1.2 通过手机进行风险评测......212
12.2 小心防范——基金投资的各种风险......214
12.2.1 投资基金的 5 大风险......215
12.2.2 化解基金风险的 5 大路径......215
12.2.3 防范基金投资的风险......216

CHAPTER 1

第1章 掌握基金入门常识

学前提示

有空没空养只基金，让专业人士为你打理钱财，使你的财富积水成河、积少成多。当你的资产略有富余时，为求安全保障，将一部分存款拿出来交给基金专业人士打理，不失为一种良好的投资理财方式。

要点展示

- 基金——稳健的证券投资方式
- 明明白白，了解基金投资知识
- 为什么基金是好的投资选择

1.1 基金——稳健的证券投资方式

俗话说："存银行不甘心，炒股票不放心，做地产不安心，买基金最省心。"这句话很好地形容了基金在现今投资市场上的重要地位。基金以其稳健、易于打理等优势，日渐获得广大投资者的青睐。

1.1.1 什么是基金

基金，英文为fund，原意为"资金"，简单地说，基金就是通过汇集众多投资者的资金，交给银行托管，并由专业的基金管理公司负责投资于股票和债券等证券，以实现保值增值的目的。基金的种类多种多样，根据不同的划分标准，可以将基金划分为不同的种类，如图 1–1 所示。

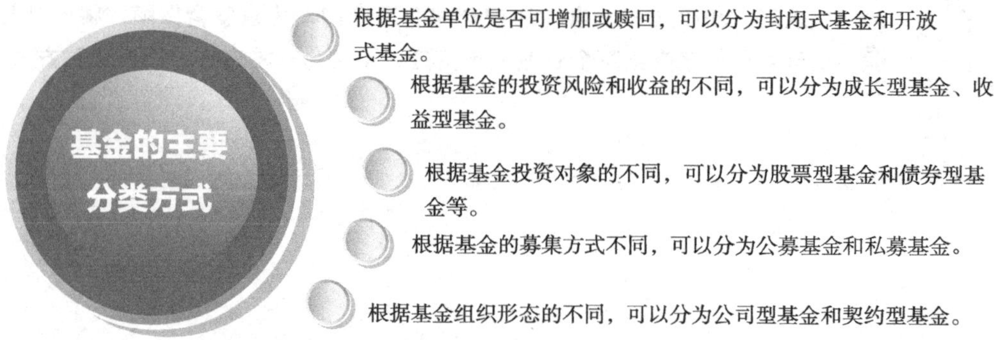

图 1–1 基金的主要分类方式

（1）封闭式基金。封闭式基金是指基金规模在发行前已确定、在发行完毕后的规定期限内固定不变并在证券市场上交易的投资基金。

（2）开放式基金。开放式基金是指份额可以随时改变，即购买后可以随时交易，通过二级市场交易和持有到期来获利的基金。

（3）成长型基金。成长型基金是指基金管理人为了实现基金资产长期增值的目标，将基金资产投资于信誉度较高、有长期成长前景或长期盈余公司的基金。

（4）收益型基金。收益型基金是指基金管理人不注重公司资本增值，而以追求基金当期收入为投资目标，将历史分红记录不错的绩优股和债券等有价证券作为投资对象，将所得的利息和红利等分配给投资者，从而使投资者赚取稳定收益的基金。

特别提醒

封闭式基金因在交易所上市，其买卖价格受市场供求关系影响较大；而开放式基金的买卖价格是以基金单位的资产净值为基础计算的，可直接反映基金单位资产净值的高低。在基金的买卖费用方面，投资者在买卖封闭式基金时与买卖上市股票一样，也要在价格之外付出一定比例的证券交易税和手续费；而开放式基金的投资者需缴纳的相关费用则包含在基金价格中。一般买卖封闭式基金的费用要高于开放式基金。

（5）股票型基金。股票型基金是指将60%以上的基金资产投资于股票的基金。股票型基金的特点在于与其他基金相比，其投资目的和投资对象具有多样性。与投资者直接投资于股票市场相比，股票型基金具有风险分散、费用较低等特点。从资产流动性来看，股票型基金具有流动性强、变现性高的特点。对投资者来说，股票型基金经营稳定、收益可观，同时还具有可在国际市场上融资的功能和特点。

（6）债券型基金。债券型基金是以国债和金融债等固定收益类金融工具为主要投资对象的基金。因为其投资的产品收益比较稳定，又被称为“固定收益基金”。

（7）公募基金。公募基金就是那些已经通过证监会审核，可以在银行网点、证券公司网点以及各种基金营销机构进行销售的，可以做广告的，并且在各种交易行情中可以看到信息的基金。

（8）私募基金。私募基金是看不到公开信息的，是私下“悄悄”进行的，一般以投资公司、投资管理公司、投资咨询公司、资产管理公司等身份存在。其操作方法比公募基金简单，一般收益较高，风险较大。

（9）公司型基金。公司型基金也称共同基金，指基金本身为一家股份有限公司，公司通过发行股票或收益凭证的方式来筹集资金。投资者购买该公司的股票，就成为该公司的股东，凭股票领取股息或红利，分享投资所获得的收益。

（10）契约型基金。契约型基金又称单位信托基金，指由专门的投资机构（如银行和企业）共同出资组建一家基金管理公司，基金管理公司作为委托人，通过与受托人签订“信托契约”的形式发行收益凭证（即“基金单位持有证”），并以此来募集社会上的闲散资金。

1.1.2 基金理财方式的优势

与股票、债券、定期存款、外汇等投资工具一样，证券投资基金也为投资者提供了一种投资渠道。基金投资之所以受到投资者的青睐，关键在于它具有明显的优势，具体表现在4个方面，如图1–2所示。

专家理财 独立托管	投资基金后便会有一批有丰富投资经验的专业人士帮助投资者理财，他们了解金融市场的运作情况，能使投资者赚得更多。基金公司不但负责基金的投资操作，为投资者记录税务和投资所需的文件，还可以为投资者提供准确且详细的年结单。
集合投资 分散风险	基金公司通过集中大量中小投资者的资金，可以在投资活动中处于强势地位，具有直接或间接影响市场的能力，通过各种手段给投资者带来利润。基金公司拥有雄厚的实力，可以同时投资股票、债券以及现金等多种金融产品，分散了集中投资的风险。
成本低廉 手续简便	投资者拥有 1 000 元即可进行基金投资，而且可以享受税收上的优惠。基金投资的手续费用比较低，而且操作简单。
严格监管 套现灵活	中国证监会严格监管基金投资，并对各种有损投资者利益的行为进行严厉的打击，因此基金的安全性有较大的保障。另外，基金大多有较强的变现能力，投资者可以随时出售所持有的基金。

图 1–2　基金投资方式的优势

特别提醒

基金投资就是让专业人士替投资者打理财富。虽然基金不能保证年年赚大钱，但是起码不太可能出现大的亏损。与高风险的股市相比，具备这样的特点很不容易。

1.1.3　适合投资基金的人群

基金现已逐渐为大多数中小投资者所接受并成为比较常见的理财方式之一，但是任何一种投资都不是万能的，都有其适合的人群。适合投资基金的人群主要有 5 种，如图 1–3 所示。

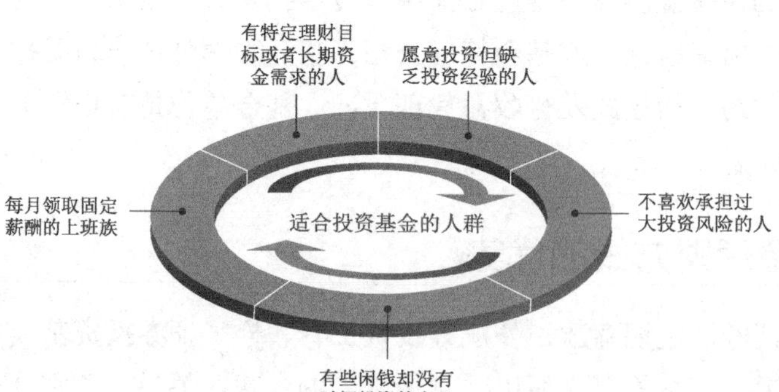

图 1–3　适合投资基金的人群

（1）每月领取固定薪酬的上班族。一方面，大部分的上班族所得薪资在扣除日常生活开销后，所剩余的金额往往不多，单独投资意义不大，而小额的定期定额投资方式最为合适。另一方面，上班族工作时间一般严格固定，因此设定从指定账户中自动扣款的基金定投，只需办理一次手续就能搞定未来几年甚至十几年的投资交易，对上班族来说是最省时省力的投资方式；这种方式还能起到强制储蓄的作用。

（2）有特定理财目标或者长期资金需求的人。在已知未来将有大额资金需求时，提早以小额定期定额投资方式来规划，不但不会造成自己经济上的负担，而且还能让每月的小钱在未来变成大钱。例如，10年后子女将出国留学，而当前有收入进行投资，那么用基金来实现攒钱的目标是非常不错的选择。

（3）愿意投资但缺乏投资经验的人。因为没有投资经验，很多投资者陷入了“追涨杀跌”的泥潭而难以自拔，最终投资下来伤痕累累。因此，对于那些尚没有投资经验或者不适合独立投资的人来说，基金是一种比较稳健的投资，可以避免投资者陷入盲目投资的怪圈。

（4）不喜欢承担过大投资风险的人。风险承受度偏中或偏低的人通常不愿去冒很大的风险，因而分期分配的基金投资对他们来说最合适不过了。基金定投具有对投资成本加权平均的优点，能有效降低整体投资的成本，分散市场波动的风险。以基金定投的方式来应对短期震荡加剧而长期坚定看好的市场，对于那些有心投资但又不清楚如何选择时机的投资者而言，是一个很好的选择。

（5）有些闲钱却没有时间投资的人。例如，有一些个体户或者生活节奏非常快的人，他们没有太多的时间去关注股市等投资市场，那么基金就是一种比较合适的投资方式。

基金投资方式非常适合现在的年轻人，在发工资后留下日常的生活费，就可以将其余部分做“定投”。这样持续一段时间后，就会给自己带来可观的收益。当然，是否投资基金也要因人而异，根据自己的实际情况而定，毕竟基金是一项长期投资项目，在投资时一定要考虑到自己的收支状况。

1.2 明明白白，了解基金投资知识

证券投资基金是一种利益共享、风险共担的集合投资方式，即通过发行基金单位集中投资者的资金，由基金托管人托管，由基金管理人管理和运用资金，从事以有价证券为主的金融工具投资，以获得投资收益和资本增值。

1.2.1 基金的发展历程

证券投资基金从19世纪60年代至今，大致经历了3个阶段，如图1-4所示。

产生阶段 → **发展阶段** → **成熟阶段**

1868年至1920年

·19世纪60年代，随着第一次产业革命的成功，英国成为全球最富裕的国家。与此同时，美国、德国、法国等国家正开始进行工业革命，需要大量的资金支持。在这种背景下，英国政府为了提高国内投资者的收益，出面组织了由专业人士管理运作的基金。它标志着证券投资基金开始起步。

1921年至20世纪70年代

·经过19世纪70年代至20世纪初30多年的历程，美国经济跳跃式地超过了英国。在此背景下，1921年4月，美国设立了第一家证券投资基金组织——美国国际证券信托基金。到1979年，美国投资基金数量已经发展到524只，资产总值达945.11亿美元。

20世纪80年代以后

·成熟在这里包含3层含义：

（1）证券投资基金在整个金融市场中占有重要的地位；

（2）证券投资基金已成为一种国际化现象；

（3）证券投资基金在金融创新中得到了快速的发展，有力地促进了金融运行机制的创新。

图1-4　基金的发展历程

1.2.2 基金组织

基金组织主要包括基金契约、基金管理人、基金托管人、基金持有人大会、基金托管协议，如图1-5所示。

基金契约 → 基金契约就是一份“委托理财协议”，是基金管理人、基金托管人、基金投资者为设立基金而订立的用以明确基金当事人各方权利和义务关系的书面法律文件。基金契约用以规范基金各方当事人的地位与责任。

基金管理人 → 基金管理人是指具有专业的投资知识与经验，根据法律、法规及基金章程或基金契约的规定，经营管理基金资产，谋求基金资产的不断增值，以使基金持有人收益最大化的机构。在我国，基金管理人由基金管理公司担任。基金管理公司通常由证券公司、信托投资公司发起成立，具有独立法人地位。

基金托管人 → 基金托管人是投资人权益的代表，是基金资产的名义持有人或管理机构。为了保证基金资产的安全，按照资产管理和资产保管分开的原则运作基金，基金设有专门的基金托管人保管基金资产。

基金持有人大会 → 基金持有人大会由全体基金单位持有人或委托代表参加。主要讨论有关基金持有人利益的重大事项，如修改基金契约、终止基金、更换基金托管人、更换基金管理人、延长基金期限、变更基金类型，以及召集人认为要提交基金持有人大会讨论的其他事项。

基金托管协议 → 基金托管协议是基金管理人与基金托管人（一般为商业银行）就基金资产托管一事达成的协议书。协议书以合同的形式明确委托人与托管人的责任和权利、义务关系。

图1-5　基金组织

特别提醒

基金契约的主要内容如下所示：

（1）指明基金的持有人、管理人、托管人的权利与义务；

（2）指明基金的发行、购买、赎回与转让等；

（3）指明基金的投资目标、范围、政策和限制；

（4）指明基金资产的估值方法；

（5）发布基金的信息披露；

（6）指定基金的费用；

（7）制定收益分配；

（8）进行基金终止与清算。

投资者一旦认购了基金，就意味着默许了基金契约，愿意委托该基金管理人“代你理财”。

1.2.3 基金的发行

在我国，目前证券投资基金的发行方式主要包括上网发行方式和网下发行方式两种，如图 1–6 所示。

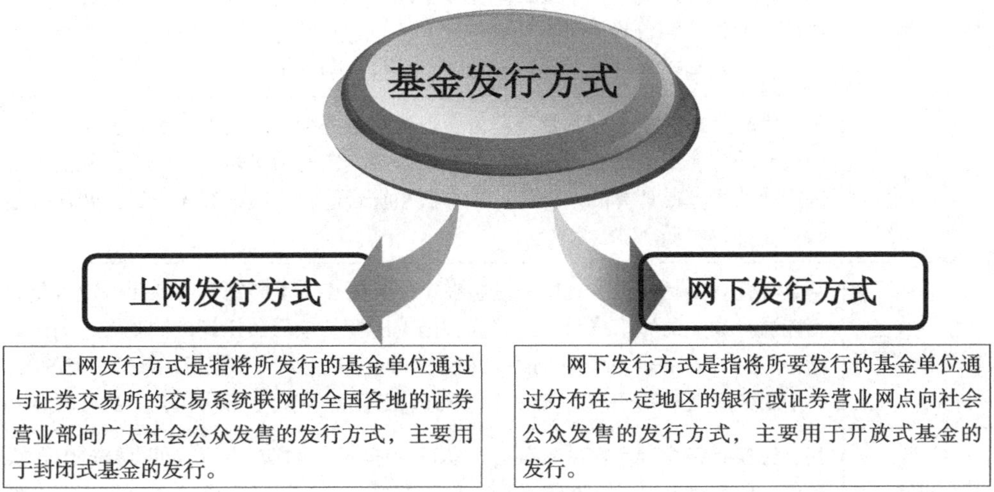

图 1–6 基金的发行

1.2.4 认识基金交易

基金交易是以基金为买卖对象、投资者自行承担风险收益而进行的流通转让活动。基金交易的有关概念主要包括基金成立日、基金募集期、基金存续期、基金单位、基金开放日、基金认购、基金申购、基金转托管、基金转换、非交易过户等，如表 1–1 所示。

表 1–1 基金交易的有关概念

主要概念	相关说明
基金成立日	基金成立日是指基金达到成立条件后，基金管理人宣布基金成立的日期。
基金募集期	基金募集期是指自招募说明书公告之日起到基金成立日止的时间段。
基金存续期	基金发行成功，并通过一段时间的封闭期后，才进入基金的日常交易期，这个封闭期称作基金存续期。
基金单位	基金单位是指基金发起人向不特定的投资者发行的，表示持有人对基金享有资产所有权、收益分配权和其他相关权利，并承担相应义务的凭证。
基金开放日	基金开放日是指可以办理开放式基金的开户、申购、赎回、销户、挂失、过户等一系列手续的工作日。对于一只开放式基金来说，并不是在任何一个工作日都可以进行交易，因此，规定每周的某几个工作日进行交易，这几个工作日就称为开放日。
基金认购	基金认购是指投资者在开放式基金募集期间、基金尚未成立时购买基金单位的过程。通常认购价为基金单位面值（1 元）加上一定的销售费用。投资者认购基金应在基金销售点填写认购申请书，交付认购款项。
基金申购	基金申购是指投资者到基金管理公司或选定的基金代销机构开设基金账户，按照规定的程序申请购买基金单位。申购基金单位的数量是以申购日的基金单位资产净值为基础计算的，具体计算方法须符合监管部门的有关规定，并在基金销售文件中载明。
基金转托管	基金转托管是指投资者的同一基金在不同托管点（不同销售商及同一销售商的不能通存通兑的城市或分行）之间实施的所持基金份额托管机构变更的操作。通存通兑（universal cash saving and withdrawing）是指某一家银行在某一个范围内，一个服务网点（储蓄所）开出的存单可以在其他任何一个服务网点上兑现现金。
基金转换	基金转换是指投资者在持有某公司发行的任一开放式基金后，可直接自由转换到该公司管理的其他开放式基金，而不需要先赎回已持有的基金单位，再申购目标基金。
非交易过户	非交易过户是指因遗产继承、捐赠或司法执行等原因引起的基金单位持有人的变更行为。

1.2.5 认识基金收益

基金收益是基金资产在运作过程中所产生的超过自身价值的部分。具体来说，基金收益包括基金投资所得红利、股息、债券利息、买卖证券差价、存款利息和其他收入，如表 1–2 所示。

表 1–2 基金收益

基金收益	相关说明
红利	红利是基金因购买公司股票而享有对该公司净利润分配的所得。一般来说，公司对股东的红利分配有现金红利和股票红利两种形式。基金作为长线投资，其主要目标在于为投资者获取长期、稳定的回报，红利是构成基金收益的一个重要部分。投资股票红利的多少，是基金管理人选择投资组合的一个重要标准。
股息	股息是指基金因购买公司的优先股权而享有对该公司净利润分配的所得。股息通常是事先规定好标准，这是股息与红利的主要区别。与红利相同，股息也是构成投资回报的一个重要部分，股息的高低也是基金管理人选择投资组合的重要标准。
债券利息	债券利息是指基金资产因投资于不同种类的债券（如国债、地方政府债券、企业债以及金融债等）而定期取得的利息。我国《证券投资基金管理暂行办法》规定，一只基金投资于国债的比例不得低于该基金资产净值的 20%。由此可见，债券利息也是构成投资回报不可或缺的组成部分。
买卖证券差价	买卖证券差价是指基金资产投资于证券而形成的差价收益，通常也称资本利得。
存款利息	开放式基金由于要随时准备支付基金持有人的赎回申请，因此必须保留一部分现金存在银行。存款利息就是指基金资产的银行存款利息收入，这部分收益仅占基金收益的很小一部分。
其他收入	其他收入指运用基金资产而带来的成本或费用的节约额，如基金因大额交易而从证券商处得到的交易佣金优惠等杂项收入。

特别提醒

股票是以“股”为单位，基金则是以“基金单位”为单位。在基金初次发行时，将其基金总额划分为等额的若干整数份，每一份就是一个基金单位。例如，某基金发行时的总额共计 30 亿元，等分为 30 亿份，那么每一份即一个基金单位，代表投资者 1 元的投资额。

1.2.6　基金投资费用

基金投资过程中的费用主要有基金交易费用和基金运营费两种，如图 1–7 所示。

基金交易费用

基金交易费用是指在进行基金交易时发生的费用，主要包括认购费、申购费、赎回费、基金转托管费和基金转换费等。

基金运营费

基金运营费指的是在基金运作过程中所发生的费用，通常是从基金资产中扣除，因此会降低基金净值。主要的基金运营费包括基金管理费、基金托管费、持续销售费、证券交易费、基金信息披露费、与基金相关的会计师费和律师费、持有人大会召开费等按照国家有关规定可以列入的运营费用。

图 1–7　基金投资费用

1.2.7　基金信息披露

基金信息披露是指基金市场上的有关当事人在基金募集、上市交易、投资运作等一系列环节中，依照法律法规向社会公众进行的信息披露。

其开放式基金信息披露的内容包括招募说明书（公开说明书）、定期报告和临时报告三大类。其中，定期报告又由每日公布单位净值公告、季度投资组合公告、中期报告和年度报告 4 项组成，表 1–3 列出了部分内容。法定披露信息由基金管理人编制，基金托管人复核，于规定时限内在中国证监会指定的信息披露报刊和网站上发布。

表 1–3　开放式基金信息披露内容

主要内容	相关说明
招募说明书	招募说明书（初次发行后也称为：“公开说明书”）旨在充分披露可能对投资者投资判断产生重大影响的信息，包括管理人情况、托管人情况、基金销售渠道、申购和赎回的方式及价格、费用种类及比例、基金的投资目标、基金的会计核算原则、收益分配方式等。
公开说明书	公开说明书是指基金成立后定期公告的有关基金简介、基金投资组合公告、基金经营业绩、重要变更事项以及其他按法律规定应披露事项的说明。

续表

主要内容	相关说明
基金中期报告	基金中期报告旨在反映基金上半年的运作及业绩情况。主要内容包括管理人报告、财务报告重要事项等。其中，财务报告包括资产负债表、收益及分配表、净资产变动表等会计报表及其附注，以及关联事项的说明等。该报告在会计年度内的前 6 个月结束后的 60 日内公布。
基金年度报告	基金年度报告是反映基金全年的运作及业绩情况的报告。除中期报告应披露的内容外，年度报告还必须披露托管人报告、审计报告等内容。该报告在会计年度结束后的 90 天内公布。

在证券投资中，依靠强制性信息披露，培育和完善市场运行机制，增强市场参与各方对市场的理解和信心，这是世界各国证券市场监管的普遍做法，基金市场作为证券市场的组成部分也不例外。基金信息披露的作用如图 1–8 所示。

帮助投资者做出投资判断	通过披露基金投资组合、历史业绩和风险状况等信息，现有基金份额持有人可以评价基金经理的管理水平，判定该基金产品是否值得继续持有。另外，对于潜在投资者来说，也可以根据自己的风险偏好和收益预期对基金价值进行理性分析，从而进行投资选择。
防止利益冲突与利益输送	投资者可以基于公开的信息“买者自慎”。信息披露改变了投资者的信息弱势地位，增加了资本市场的透明度，防止利益冲突与利益输送，增加了对基金运作的公众监督，限制和阻止基金管理不当和欺诈行为的发生。
提高证券市场效率	强制性的信息披露可以迫使隐藏的信息得以及时和充分地公开，从而消除逆向选择和道德风险等带来的低效无序状况，提高全市场运作的有效性。
有效防止信息滥用	如果市场任由不充分、不及时甚至虚假的信息传播，那么投资者可能会受这些市场“噪声”的影响而做出错误的投资决策，甚至给基金运作带来致命性打击，这将不利于整个行业的长远发展。

图 1–8　基金信息披露的作用

1.2.8　基金常用名词

了解基金的名词术语是投资基金的必备技能，对于准备和正在购买基金的新用户来说，快速了解这些名词对具体的投资有很大的帮助。基金常用名词如表 1–4 所示。

表 1-4　基金常用名词

常用名词	相关说明
基金资产总值	基金资产总值是包括基金购买的各类证券价值、银行存款本息以及其他投资所形成的价值总和。
基金资产净值	基金资产净值是指基金资产总值减去按照国家有关规定可以在基金资产中扣除的费用后的价值。
基金资产估值	基金资产估值是指通过对基金所拥有的全部资产及所有负债按一定的原则和方法进行估算，进而确定基金资产公允价值的过程。
基金单位净值	基金单位净值即每份基金单位的净资产价值，等于"基金的总资产减去总负债"后的余额再除以"基金全部发行的单位份额总数"。开放式基金的申购和赎回都以这个价格进行。
基金累计净值	基金累计净值是基金单位净值与基金成立以来累计分红的总和。
基金拆分	基金拆分是在保持投资人资产总值不变的前提下，改变基金份额净值和基金总份额的对应关系，重新计算基金资产的一种方式。
工作日	指上海证券交易所和深圳证券交易所的正常交易日。
开放日	指为投资者办理基金申购、赎回等业务的工作日。
T 日	指销售机构在规定时间受理申购、赎回、基金转换或其他基金交易的申请日。
T + n 日	指 T 日后（不包括 T 日）第 n 个工作日。
建仓	对于基金公司来说，指一只新基金公告发行后，在认购结束的封闭期间，基金公司用该基金第一次购买股票或者投资债券等（具体的投资要根据该基金的类型及定位来确定）；对于私人投资者而言，建仓就是指第一次买基金。
持仓	即投资者手上持有的基金份额。
加仓	是指建仓时买入的基金净值增加后，继续加码申购。
补仓	指原有的基金净值下跌，基金被套一定的数额，这时在低位追补买进该基金以摊平成本。被套就是投资人以某净值买入的基金跌到了该净值以下，比如投资者花 1.5 元买的基金跌到了 1.15 元，那就是说投资者在该基金上被套 0.35 元。
满仓	指把投资者账户内的所有资金都用于购买基金，像仓库满了一样。大额资金投入的叫"大户"，更大的叫"主力"；小额投入的叫"散户"，更小的叫"小散户"。
半仓	即用一半的资金买入基金，账户上还留有一半的资金。如果是用 60% 的资金，叫"六成仓"……可依此类推。如投资者有 3 万元资金，用 1.5 万元买了基金，就是半仓，称作半仓操作。它表示没有把资金全部投入，是一种降低风险的措施。

续表

常用名词	相关说明
重仓	指以某只基金买某种股票，投入的资金占总资金的比例最大，这种股票就是这只基金的重仓股。同理，如果投资者买了 3 只基金，有 75% 的资金都投资在其中一只上，那么这只基金就是重仓；反之即为轻仓。
空仓	即投资者把某只基金全部赎回，收回所有资金；或者投资者把全部基金赎回，手中持有现金。
平仓	平仓容易和空仓搞混，应注意区分。平仓即买入后卖出，或卖出后买入。具体地说，比如今天赎回“易方达”基金，等赎回资金到账后，又将赎回的资金重新申购其他基金，相当于调整自己的基金持有组合，但资金总额不变。如果是做多，则是申购基金平仓；如果是做空，则是赎回基金平仓。
做多	表示看好后市，先以低净值申购某基金，等净值上涨后获益。做多就是做多头，多头对市场的判断是上涨，就会立即买入基金，然后在上涨之后卖出，赚取中间的差价，总体来说就是先买后卖。
做空	认为后市看跌，先赎回基金，避免更大的损失。等净值真的下跌后再买入平仓，待净值上涨后赚取差价。
踏空	由于基金净值一直处于上涨之中，净值总是在自己的心理价位之上，无法按预定的价格申购，一路空仓，就叫踏空。
逼空	基金涨势非常强劲，基金净值不断抬升，使做空者（即后市看跌而先期卖出的人）一直没有好的机会参与，亏损不断扩大，最终不得不在高位买入平仓，这个过程叫逼空。
套期保值	是指改变基金的投资类型，以保证资金不减少。例如，为保证基金不被套，在市场不景气的时候可以把股票型基金转为货币基金从而避险。

1.3 为什么基金是好的投资选择

目前，可供国内居民投资的金融产品日益增多。除了传统的银行存款、债券、保险和股票之外，基金作为一种高收益而风险相对较低的投资品种，越来越受到广大投资者的青睐。那么，基金与上述金融产品有什么不同呢？本节将介绍基金与各种投资理财产品的主要区别，使读者进一步了解基金投资的特点。

1.3.1 基金与银行存款的区别

比起人们最熟悉的银行存款，基金在性质、风险水平、预期收益率、信息披露要求等方面都有很大的不同，如图 1–9 所示。

银行存款这种投资方式虽然最为安全，但其利率通常很低，如果把通货膨胀考虑进去的话，银行存款可能是负利息。因此，银行存款一般不宜作为长期投资的首选。此外，基金与银行的定期存款相比，有更好的流动性。在我国，根据现行有关法规，投资基金可享受在收益所得税方面的优惠政策。

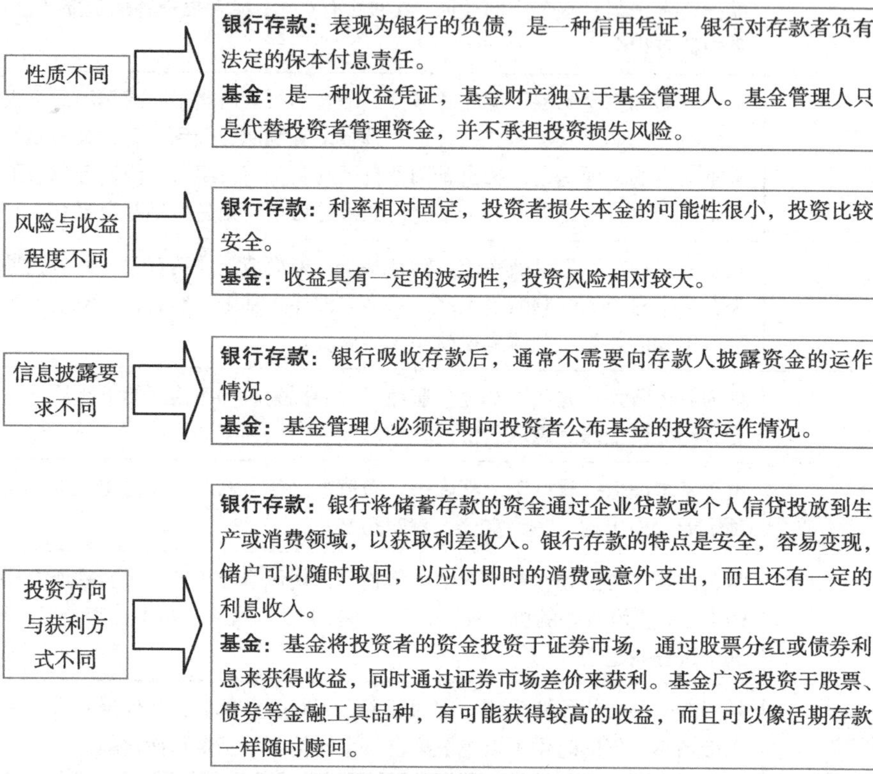

图 1–9　基金与银行存款的主要区别

1.3.2　基金与股票的区别

股票是股份公司（包括有限公司和无限公司）在筹集资本时向出资人发行的股份凭证，代表着其持有者（即股东）对股份公司的所有权。由于股票发行公司的经营效益有很大的不确定性，而且股票市场的价格波动也比较明显，所以股票投资的风险更高。而基金由专业人士理财，采取组合投资的方式，能够在一定程度上降低风险，收益相对股票而言比较稳定。概括起来，基金投资与股票投资的主要区别如图 1–10 所示。

总而言之，股票是投资者自己直接去买卖，盈亏都是自己决定的；基金是把钱拿给专业人士去投资，基本上不会出现与大市背离的状况。股票的风险相对较高，投资

回报自然也要高一些，所谓高风险高回报。如果投资者从未进行过投资，又不追求很高的收益，则可以选择基金。

反映的关系不同	**股票**：反映的是所有权关系。 **基金**：反映的是信托关系。
操作投向不同	**股票**：股票是融资工具，其集资主要投向实业，是一种直接投资方式。 **基金**：基金是信托工具，其集资主要投向有价证券，是一种间接投资方式。
风险与收益状况不同	**股票**：股票的收益是不确定的，其收益取决于发行公司的经营效益，投资股票有较大风险。 **基金**：基金采取组合投资，能够在一定程度上分散风险，风险小于股票，收益也较股票稳定。
投资回收方式不同	**股票**：股票没有到期日，股票投资者不能要求退股；投资者如果想变现，只能在二级市场出售。 **基金**：开放式基金的投资者可以按资产净值赎回基金单位；封闭式基金的投资者在基金存续期内不得赎回基金单位，如果想变现，只能在交易所出售，但存续期满时投资者可以得到退还的投资本金。

图 1-10　基金与股票的主要区别

1.3.3　基金与债券的区别

债券是政府、金融机构、工商企业等直接向社会发行，并且承诺按一定利率支付利息，按约定条件偿还本金的债权债务凭证。基金与债券的区别如图 1-11 所示。

反映的关系不同	**债券**：反映的是债权债务关系。 **基金**：反映的是信托关系。
操作投向不同	**债券**：债券是融资工具，其集资主要投向实业，是一种直接投资方式。 **基金**：基金主要投向有价证券，投资对象包括股票和债券。
风险、收益不同	**债券**：债券的收益一般是事先确定的，其投资风险较小。在我国，国债占债券总发行的比例很大。国债是政府所发行的债券，它最大的特点就是收益相对稳定，比较安全。同时，从银行网点买卖国债的手续比较简单，变现容易，利息收益也不用缴税。但其缺点是，目前在银行发行的国债规模较小，不能满足居民投资的需要，而且收益率也较低。 **基金**：基金的投资风险高于债券，收益也高于债券。证券投资基金的风险、收益状况比债券高，比股票低。

图 1-11　基金与债券的主要区别

特别提醒

债券的本质是借债的证明书，具有法律效力。发行者与债券拥有者之间是一种债权债务关系，债券发行人即债务人，债券持有人（即投资者）即债权人。债券型基金是以债券为投资对象的基金，其对债券资产的投资占基金总资产至少 60% 以上。通过债券基金间接投资于债券，可以获得很大的流动性，随时可将持有的债券基金赎回，费用也相对较低。

1.3.4 基金与投资型保险的区别

投资型保险是近年来保险公司推出的将保险和投资结合于一体的保险品种。基金与投资型保险的区别如图 1–12 所示。

收益率不同	**基金：**基金设立的目的是为了投资获利，而且投资范围目前比投资型保险类产品要广，可以直接投资股票，收益相对较高。 **投资型保险：**投资者交给保险公司的资金，一部分用于支付保险保费，另一部分委托保险公司经营，因此保险公司用于投资的只是部分资金，投资金额有限。同时，目前保险公司的投资范围非常有限，只能用于银行存款、购买债券，以及通过部分资产购买基金间接投资股票市场，因此其获利能力相对有限。
投资成本与风险不同	**基金：**开放式基金可自由申购和赎回，手续费比投资型保险要低得多；而且开放式基金由于进行了比较充分的投资分散化，可以降低风险。目前保险公司大量投资基金产品。 **投资型保险：**投资者在需要资金时，可以要求退保投资型保险，但需要支付较高的费用，因此其流动性较差。由于投资型保险往往是通过投资基金获利，投资者在取得收益方面相当于支付了双重的费用。投资型保险是一种间接投资，成本较高。
信息披露要求不同	**基金：**基金通常会定期进行信息披露，透明度较高，投资者非常清楚基金的运作状况。 **投资型保险：**目前，保监会对投资型保险的信息披露要求比开放式基金要低，投资者较难了解到其投资运作的情况。
功能倾向不同	**基金：**基金是专业从事投资的金融工具，不具有保障功能。 **投资型保险：**投资型保险更注重保障功能，投资只是其辅助功能。

图 1–12 基金与投资型保险的区别

1.3.5 基金与贵金属、收藏品相比的优势

贵金属、收藏品与基金三者相比见图 1–13。

贵金属

优势：金银及其他贵金属的供给有限，而需求存在上涨趋势，因此在较长时期内可以保值。

不足：因为贵金属的价格一般随着生活费用的增长而增长，许多人认为拥有这种资产可以更好地抵御通货膨胀。事实上，通货膨胀时期贵金属的价格并不一定能够同步上涨。这些金属的价格波动很大，而且不像基金那样会产生差价收入和红利收益。

收藏品

优势：拥有收藏品（例如邮票、钱币、艺术品和古董）的主要收益在于从收藏中获得乐趣，很少有投资者将收藏品等同于现金、债券或股票。

不足：它需要很强的专业知识。此外，即使收藏品价值很高，投资者也往往难以找到买主去兑现它的货币价值。

基金

优势 1：基金作为一种相对长期的投资工具，可以通过广泛投资于股票、债券等工具，获得较高的收益，而且投资的分散也使其风险降低。其流动性也比较好，尤其是开放式基金，多通过银行、证券公司网点代销，从买卖程序上与存取款非常相似，变现比较容易。

优势 2：基金投资是一种委托专业人士理财的形式，投资者不需要很多的专业知识和时间，而且起点投资金额低，不像房地产、实业投资和部分收藏品等一般需要大笔资金才能投资。

图 1–13 贵金属、收藏品与基金三者相比

1.3.6 货币基金与银行存款的区别

货币市场基金被称为“准储蓄”产品，在国外往往是由银行发行的。我国目前的货币基金则是由基金公司发行的，其和银行存款的区别如图 1–14 所示。

特点	说明
基金单位的资产净值固定不变	货币基金单位的资产净值始终为 1 元。基金实施红利再投资，使收益不断累积，增加投资者所拥有的基金份额。
流动性好 收益率高	对于收益稍高的银行定期储蓄来说，当储户急需用钱时，能随时取出，但活期储蓄利息极低；而货币基金却可以在交易日随时申购、赎回，一般情况下，申请赎回的第二天就可取到钱，收益率一般也要大于 1 年期的定期存款。
投资成本低	持有货币基金所获得的收入可享受免税政策，而且其管理费用也较低。
风险低	货币市场工具投资组合的平均期限一般为 4 ~ 6 个月，因此风险较低，其收益率通常只受市场利率的影响。对于投资者而言，在股市低迷的时候可以持有货币市场基金来避险，获得稳定收益；当股市转好时则可迅速转换为股票型基金，享受牛市的超额回报，这种快捷便利的转换功能也是银行存款所不能提供的。

图 1–14　货币基金与银行存款的区别

特别提醒

货币基金通常被视为无风险投资工具，适合资金短期投资生息。对于忙于事业的工薪阶层来说，如果每月拿出一定的闲置资金来购买货币基金，长期积累的复利回报将相当可观。

同时，货币基金不像股票、债券那样占用资金，随时可转为现金，只有一两天的周转时间，非常便利。因此，货币基金又称“准储蓄”产品，有保本、定期收益、按月分红等优势。

1.3.7　货币基金与银行理财产品的差异

货币基金主要投向短期债券、央行票据、债券回购等，与银行的人民币理财产品投资范围大致相同。两者的差别主要表现在安全性、收益率、流动性、灵活性、起购点等方面。从目前情况看，货币基金比银行理财产品又胜出一筹，它们的主要区别如图 1–15 所示。

货币基金的安全性更强	**银行理财产品：**银行理财产品分为保本固定收益型、保本浮动收益型和非保本浮动收益型。保本固定收益型和保本浮动收益型的收益、安全性相对较高，与货币基金的收益相似；非保本浮动收益型风险较高，甚至有本金亏损的可能。 **货币基金：**相对于目前银行发行的理财产品而言，货币基金的运作更加透明，风险监控的机制、措施也更加严格和完备。
收益率相差不大	**银行理财产品：**收益率比较固定，如目前的银行理财产品的年化收益率在 4%~5%。 **货币基金：**收益率相对浮动，但总体保持在 5% 左右。不过，货币基金有一个优势是，基金分红不仅对个人投资者免利息税，企业也可按规定免所得税。
货币基金的流动性更好	**银行理财产品：**银行理财产品均有一段时间的锁定要求。 **货币基金：**货币基金的流动性有十分突出的优势，货币基金可随时申购、赎回，且不收取任何手续费，提出赎回申请后一般在两天内款项就可到账。
货币基金的灵活性更强	**银行理财产品：**银行理财产品没有其他产品可供相互转换，即使是同产品不同期限也不存在转换空间。 **货币基金：**可与同一基金公司旗下的其他类型的基金产品相互转换，使投资者在投资货币市场的同时，也可十分及时、方便地捕捉资本市场的机会。
货币基金的投资门槛更低	**银行理财产品：**银行理财产品的购买起点多为 50 000 元及以上，投资起点相对较高。 **货币基金：**货币基金的认购起点多在 1 000 元左右，且免认购费、申购费，免赎回费。

图 1-15　货币基金与银行理财产品的差异

1.3.8　货币市场基金与传统基金的区别

货币市场基金（money market fund，简称 MMF）是指投资于货币市场上短期（1 年以内，平均期限为 120 天）有价证券的一种投资基金。该基金的资产主要投资于短期货币工具，如国库券、商业票据、银行定期存单、政府短期债券、企业债券等短期有价证券。

顾名思义，货币市场基金是以货币市场工具为投资对象的基金。货币市场基金与传统基金相比具有如图 1-16 所示的特点。

投资对象不同	**货币市场基金：**货币市场基金专注于货币市场，如政府短期债券、短期商业票据（CP）、银行同业存款、银行间回购等。货币市场基金投资对象的剩余期限一般较短，我国货币市场基金只能投资剩余期限在 397 天以内的债券。 **传统基金：**开放式基金产品以投资资本市场为主，主要投资对象为股票、股权凭证、国债、公司债、企业债、可转换公司债、资产支持证券等。
投资成本不同	**货币市场基金：**货币市场基金通常不收取赎回费用，而且其管理费用也较低，货币市场基金的年管理费用为基金资产净值的 0.25% ~ 1%。此外，货币市场基金的最低申购金额一般较低，比如易方达保证金收益货币市场基金的最低申购金额只有 1 元。 **传统基金：**传统基金的年管理费率通常为 1% ~ 2.5%。
投资风险不同	**货币市场基金：**一般而言，发行货币市场基金的基金管理公司也发行股票、债券或者其他类型的多种基金。投资者若想规避股票、债券类基金的风险，可以将一些基金转换成该公司的货币市场基金，而不必缴纳转换费，或者缴纳较低的转换费。货币市场基金通常被视为无风险或低风险投资工具，适合资本短期投资生息以备不时之需，特别是在利率高、通货膨胀率高、证券流动性下降和可信度降低时，可使本金免遭损失。 **传统基金：**基金的投资目标不同，其投资风险通常也不同。主要有股票投资风险和债券投资风险。其中，股票投资风险主要取决于上市公司的经营风险、证券市场风险和经济周期波动风险等；债券投资风险主要指利率变动影响债券投资收益的风险和债券投资的信用风险。
计价份额和方式不同	**货币市场基金：**货币市场基金每份份额的净值始终保持在 1 元，超过 1 元后的收益会按时自动转化为基金份额，拥有多少基金份额即拥有多少资产，十分简明直接。 **传统基金：**传统基金产品则是份额不变，而通过净值的变化来反映资产变化。

图 1-16　货币市场基金与传统基金的区别

CHAPTER 2

第2章 选基金的方法与技巧

学前提示

俗话说:“正确的选择是成功的前提。”基金的品种很多，要想正确地选择基金，投资者必须了解基金的选择原则和依据，掌握基金公司和基金经理人的选择，以及如何选择适合自己的投资方法等。

要点展示

- 利用基金公司巧选基金
- 利用基金经理巧选基金
- 利用天天基金网巧选基金
- 利用基金的评级巧选基金
- 通过基金净值巧选基金
- 通过基金年报巧选基金
- 通过绩效指标巧选基金

2.1 利用基金公司巧选基金

基金管理公司既是基金资金的募集者，也是基金的管理方，它的主要职责是根据基金合同的相关约定，对基金的资金进行投资运作，在控制风险的基础上为投资者谋求收益的最大化。基金公司的选择对基金投资至关重要，一家好的基金公司能给投资人带来滚滚红利，而一家能力不强的基金公司则可能无法让投资人获利。

2.1.1 多角度分析公司能力

选择一家优秀的基金公司是投资基金的主要环节。投资人在选择基金管理公司时，首先要对基金公司的能力进行全面分析，看该公司是否有足够的能力管好一只基金。只有在对基金公司有所了解之后，投资人才能放心购入基金，因此，在此过程中对基金公司进行分析就显得很有必要了。

下面以天天基金网为例，重点对借助互联网分析基金公司方法的具体步骤一一进行分解。

步骤 1 进入天天基金网首页，在其左上位置单击“基金数据”链接，如图 2-1 所示。

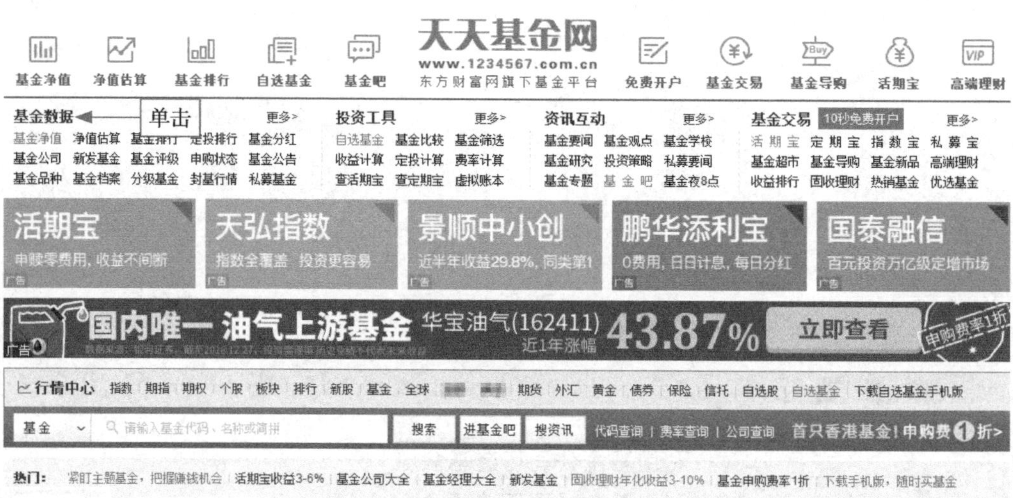

图 2-1　单击“基金数据”链接

步骤 2 执行上述步骤，进入“基金数据”页面后，单击“基金公司”按钮，如图 2-2 所示。

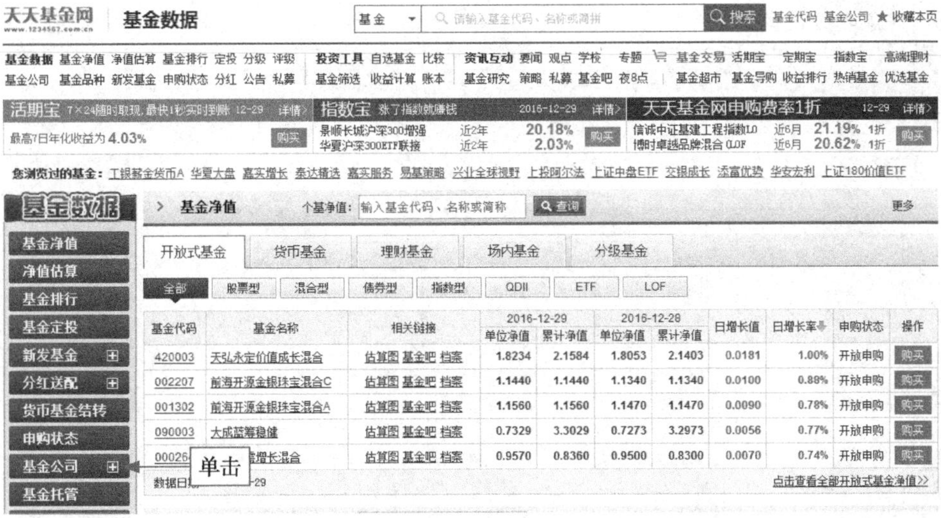

图 2-2　单击“基金公司”按钮

步骤 3 在展开的列表中单击“基金公司一览”链接，执行操作后，即可查看所有基金公司的成立时间、旗下基金数、管理规模、评级情况、总经理等资料，如图 2-3 所示。

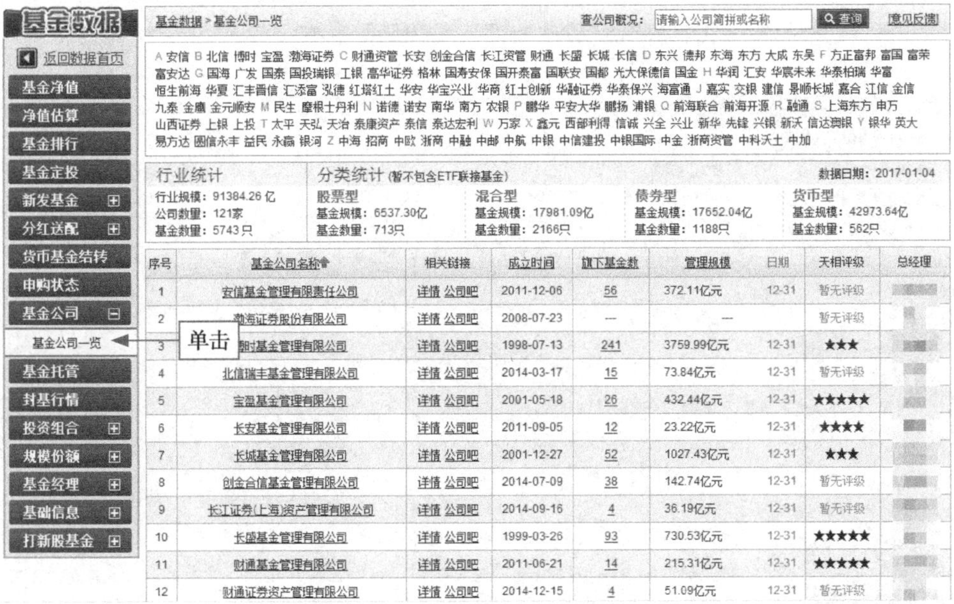

图 2-3　“基金公司一览”界面

步骤 4 在“基金公司一览”界面中，单击“管理规模”链接，可以降序查看所有基金公司的规模排名，如图 2-4 所示。

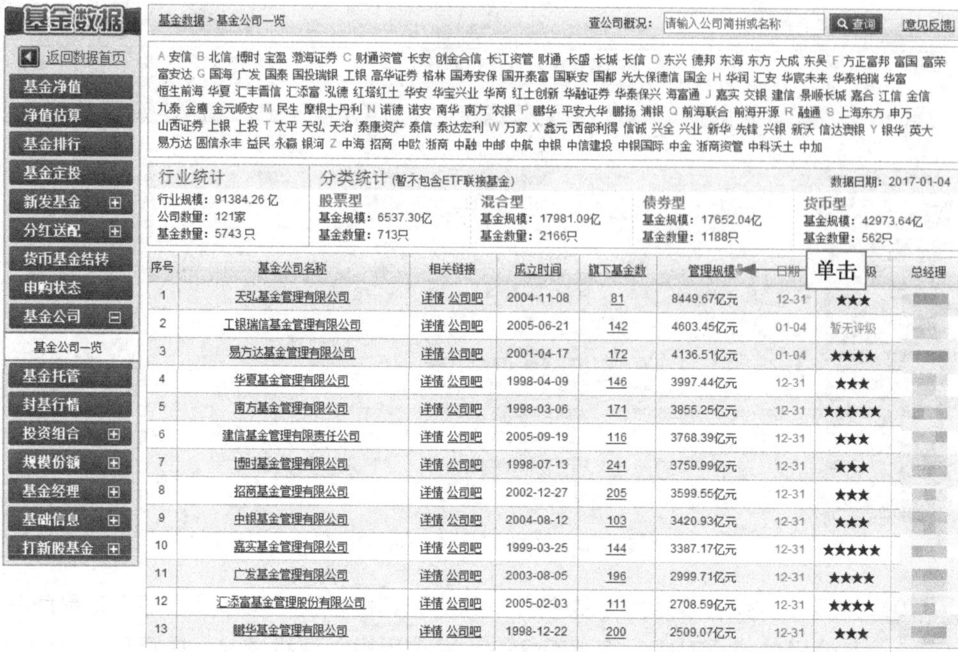

图 2-4　查看基金公司规模

步骤⑤ 单击“相关链接”列中的“详情”链接，可以查看某一基金公司的详情，并可直接购买旗下的相应基金品种，如图 2-5 所示。

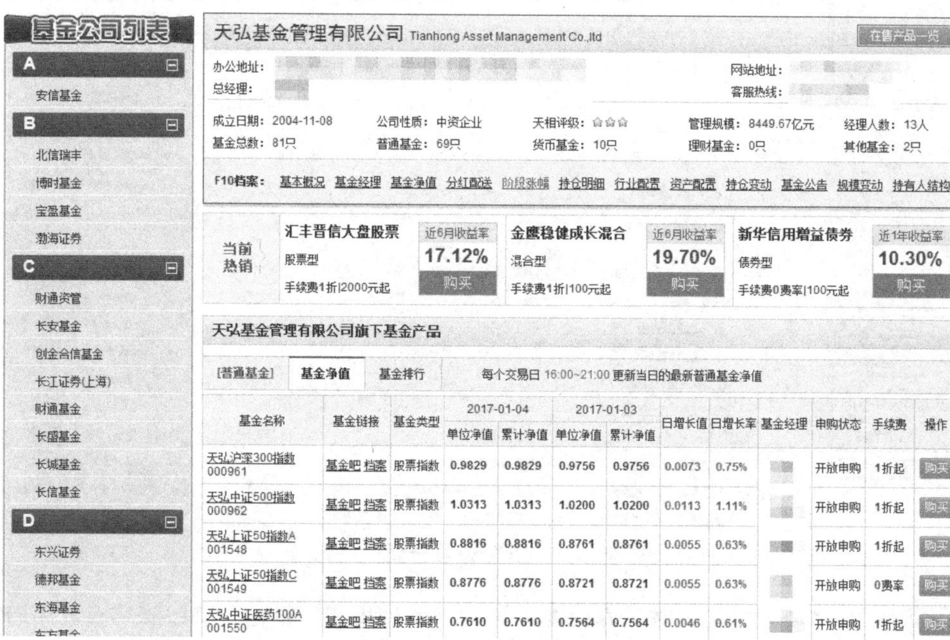

图 2-5　基金公司详情

特别提醒

在选择基金管理公司前要对其能力进行全面分析，包括机构的规范性和股权的稳定性，基金业绩的持续性，公司的形象、信誉以及服务质量等。

（1）机构的规范性和股权的稳定性。一家资质良好的基金公司应该有规范的治理机构和稳定的股权结构，以保证各股东之间相互制约，没有一股独大的现象。此外，公司还应该建立完善的独立董事制度，保证独立董事在公司决策时有一定的发言权。同时，投资者需将投资团队的稳定与否作为选择基金的重要依据。如果一家基金公司的人员经常发生变化，就说明其团队治理结构及内部管理可能还不够完善，而这无形之中就会增加基金业绩的不确定性。

（2）基金业绩的持续性。在基金投资中，投资者应该将“稳”放在首位。相比之下，业绩稳定的基金比业绩剧烈变化的基金更具可靠性。优秀的基金公司通常具有在任何环境下都能保持稳定盈利的能力，投资者在选择基金公司时，需要看它的业绩是不是良好而稳定。除此之外，投资者还需对基金公司的投资理念、投资流程、研究方法、风险管理和控制等方面进行考量。

（3）公司的形象、信誉及服务质量。投资者在选择基金管理公司时，应重点考察基金管理公司的形象、信誉以及服务质量等。基金公司是为投资者管理财产、追求增值的机构，其基本的经营原则是诚信经营，按照规则办事，不损害任何投资者的合法权益。与在商场、酒店等消费时应该享受相应的服务一样，作为代客理财的服务机构，基金公司的重要职责就是提供优质的理财服务。

2.1.2 查询基金公司的概况

因为基金管理公司是基金的管理方，所以其管理水平将直接影响基金的具体表现。因此，在进行基金投资时，投资者需要先对基金管理公司的基本情况进行一番考查。

下面以天天基金网为例，介绍查询基金公司概况的方法。

步骤① 进入天天基金网的“基金数据”页面，在“查公司概况”文本框中输入相应基金公司的名称或简拼，单击“查询”按钮，如图 2-6 所示。

步骤② 执行操作后，进入该基金公司的详情页面，即可查看基金公司的相应数据，如图 2-7 所示。

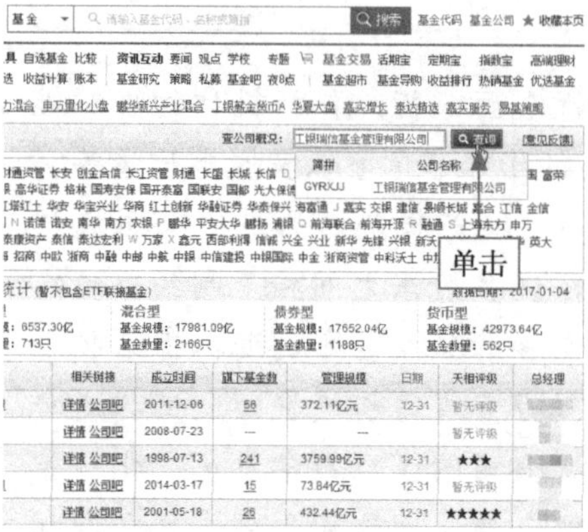

图 2–6　单击“查询”按钮

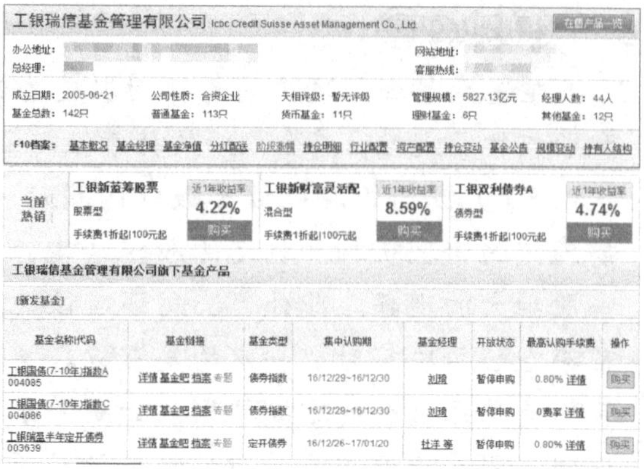

图 2–7　基金公司详情

特别提醒

在基金公司详情页面中，投资者可以查看旗下基金产品、管理规模变动、旗下基金累计收益率、旗下基金总持仓、旗下基金平均阶段涨幅、旗下基金平均季度和年度涨幅、持有人结构、行业配置、申购赎回、资产配置、旗下基金新闻和旗下基金公告等信息。

步骤 3 例如，截至 2016 年 12 月 31 日，工银瑞信基金的期末净资产为 4 601.35 亿元，比上期减少 17.63%，如图 2-8 所示。

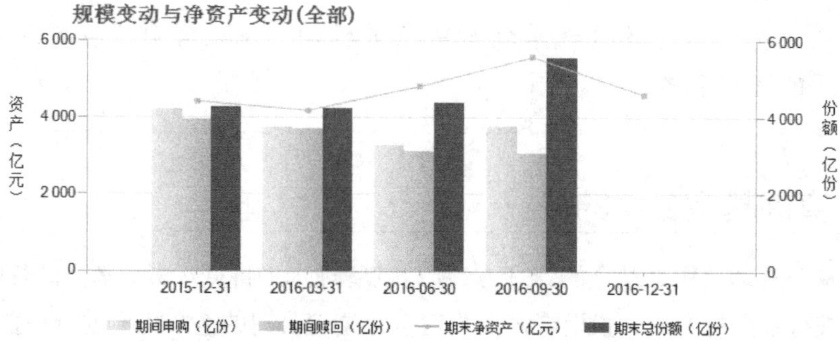

图 2–8　基金公司规模变动与净资产变动数据

步骤 4 为了准确挑选基金产品，建议投资者还要关注基金的阶段性涨幅情况，如图 2-9 所示。

步骤 5 另外，通过持仓变动，用户可以查看该基金公司累计买入、累计卖出情况，如图 2-10 所示。

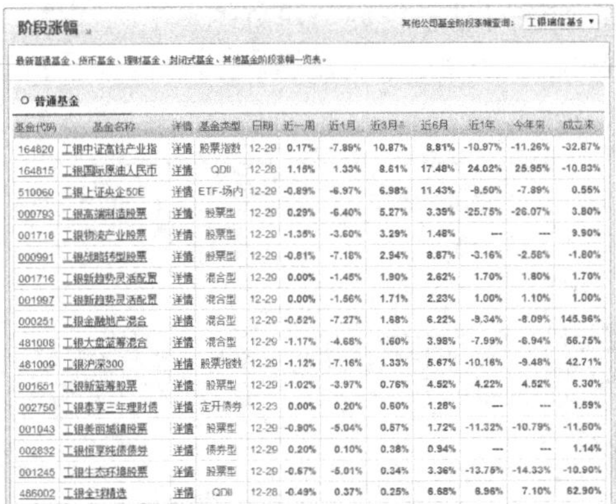

阶段涨幅

其他公司基金阶段涨幅查询：工银瑞信基金

最新普通基金、货币基金、理财基金、封闭式基金、其他基金阶段涨幅一览表。

○ 普通基金

基金代码	基金名称	详情	基金类型	日期	近一周	近1月	近3月	近6月	近1年	今年来	成立来
164820	工银中证高铁产业指	详情	股票指数	12-29	0.17%	-7.89%	10.87%	8.81%	-10.97%	-11.26%	-32.87%
164815	工银国际原油人民币	详情	QDII	12-28	1.15%	1.33%	8.61%	17.48%	24.02%	25.95%	-10.83%
510060	工银上证央企50E	详情	ETF-场内	12-29	-0.89%	-6.97%	6.98%	11.43%	-8.50%	-7.89%	0.55%
000793	工银高端制造股票	详情	股票型	12-29	0.29%	-6.40%	5.27%	3.39%	-25.75%	-26.07%	3.80%
001718	工银物流产业股票	详情	股票型	12-29	-1.35%	-3.60%	3.29%	1.48%	---	---	9.90%
000991	工银战略转型股票	详情	股票型	12-29	-0.81%	-7.18%	2.94%	8.87%	-3.16%	-2.58%	-1.80%
001716	工银新趋势灵活配置	详情	混合型	12-29	0.00%	-1.45%	1.90%	2.62%	1.70%	1.80%	1.70%
001997	工银新趋势灵活配置	详情	混合型	12-29	0.00%	-1.56%	1.71%	2.23%	1.00%	1.10%	1.00%
000251	工银金融地产混合	详情	混合型	12-29	-0.52%	-7.27%	1.68%	6.22%	-9.34%	-8.09%	145.96%
481008	工银大盘蓝筹混合	详情	混合型	12-29	-1.17%	-4.68%	1.60%	3.98%	-7.99%	-6.94%	56.75%
481009	工银沪深300	详情	股票指数	12-29	-1.12%	-7.16%	1.33%	5.67%	-10.16%	-9.48%	42.71%
001651	工银新蓝筹股票	详情	股票型	12-29	-1.02%	-3.97%	0.76%	4.52%	4.22%	4.52%	6.30%
002750	工银泰享三年理财债	详情	定开债券	12-23	0.00%	0.20%	0.60%	1.28%	---	---	1.59%
001043	工银美丽城镇股票	详情	股票型	12-29	-0.90%	-5.04%	0.57%	1.72%	-11.32%	-10.79%	-11.50%
002832	工银恒享纯债债券	详情	债券型	12-29	0.20%	0.10%	0.38%	0.94%	---	---	1.14%
001245	工银生态环境股票	详情	股票型	12-29	-0.67%	-5.01%	0.34%	3.36%	-13.75%	-14.33%	-10.90%
486002	工银全球精选	详情	QDII	12-28	-0.49%	0.37%	0.25%	6.68%	8.96%	7.10%	62.90%

图 2-9 基金阶段性涨幅情况

持仓变动

其他公司持仓变动查询：工银瑞信基金

累计买入 累计卖出 选择年度：2016年 选择基金类型：全部

累计买入、卖出金额超出期初基金资产净值2%或前20名的股票明细。

○ 工银瑞信基金 2016年2季度累计买入股票明细（全部） 截止至：2016-06-30

序号	股票代码	股票名称	相关资讯	买入基金数	本期累计买入金额（万元）
1	600030	中信证券	详情 股吧 行情 档案	27	21,153.11
2	600547	山东黄金	详情 股吧 行情 档案	18	16,389.95
3	600060	海信电器	详情 股吧 行情 档案	28	12,585.96
4	601688	华泰证券	详情 股吧 行情 档案	21	8,858.33
5	600489	中金黄金	详情 股吧 行情 档案	17	8,667.37
6	600155	宝硕股份	详情 股吧 行情 档案	17	8,402.96
7	300059	东方财富	详情 股吧 行情 档案	15	7,946.20
8	600348	阳泉煤业	详情 股吧 行情 档案	13	7,219.92
9	002001	新和成	详情 股吧 行情 档案	10	6,548.45
10	001979	招商蛇口	详情 股吧 行情 档案	12	5,853.85
11	600666	奥瑞德	详情 股吧 行情 档案	11	5,803.51
12	000567	海德股份	详情 股吧 行情 档案	11	5,731.75
13	601088	中国神华	详情 股吧 行情 档案	11	5,047.62
14	002155	湖南黄金	详情 股吧 行情 档案	13	4,922.60
15	601318	中国平安	详情 股吧 行情 档案	11	4,913.61

图 2-10 基金持仓变动情况

特别提醒

在国外比较成熟的市场上，对选择基金公司有个通行而有效的“4P”标准。用该标准来考查基金，投资者就可以基本把握优质的基金公司和基金产品。

（1）理念（philosophy）。这里指投资理念，这种投资理念是对投资行为的认知，是一种作用于投资行为的价值观，是指导一家基金公司投资运作的纲领性因素。投资者首先要看其理念是否成熟而合理，其次看自己是否认可这一理念，进而认可该基金公司。

（2）团队（people）。任何投资理念和投资管理的执行都是靠“人”，团队专业能力的强弱是基金业绩的一项重要决定因素。投资能力一般的团队很难做出中长期优异的业绩。

（3）流程（process）。单纯依靠“人”做投资，难免会产生因主观因素而造成的失误，这时，严谨、科学的投资流程就显得十分必要。依靠流程的约束和执行可以规范基金管理人的投资行为，使基金管理人具备复制优秀基金的能力，使其业绩具备持续性。

（4）绩效（performance）。绩效是最简单、最直观的一个评价指标。但是投资者需要注意的是，它只是一个辅助性工具，因为以往业绩的本质仍然有赖于前述三大标准的实现。

2.1.3 全面考察基金的业绩

对基金公司的综合实力可以通过不同角度多方面衡量，但最重要、最直接的因素还是公司旗下基金的业绩。优秀基金管理公司的业绩可能在短期内不是最好的，但是从长远来看，一家好的基金公司能在牛市中尽量获取收益，在熊市中尽量回避损失，给投资者带来持续稳定的回报。因此，投资者应加强对基金管理公司总体水平的评估。评判基金业绩的 6 个标准如图 2-11 所示。

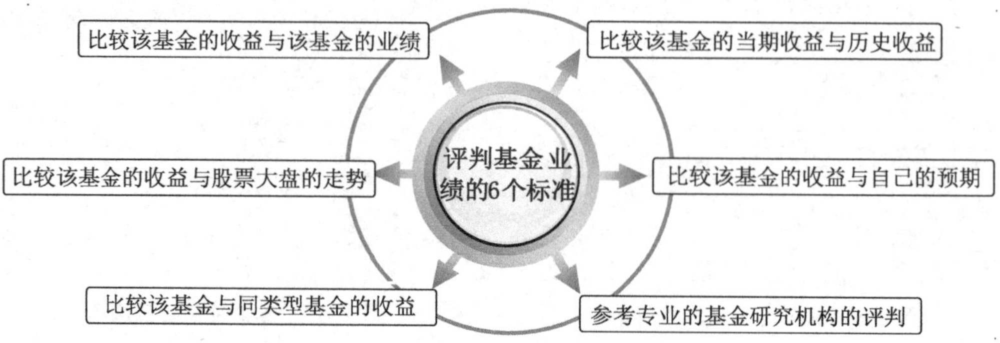

图 2-11　评判基金业绩的 6 个标准

特别提醒

投资者在选择基金时，还应该对不同的指标进行分析，可参考以下几个指标。

（1）盈利指标：包括累计回报率和年均回报率两种。累计回报率就是从投资者购入基金一直到赎回基金时每年所取得的回报率之和，可以认为是年收益率的总和；年均回报率就是指在投资者持有基金的时间内每年所取得的平均回报率。

（2）指数指标：指数是最常见的一种基准，投资者在研读基金的持有者报告时，会经常看到基金与不止一个指数相对照。指数对比图包括基金净值走势与不同指数走势的对比，通常建议选择上证指数和深证指数等。

（3）同类对比：基金与指数的对比分析有时不如不同基金之间的对比更能说明问题，以某只基金真正的同类组信息为参照工具，投资者可以在更有利的位置上评价该基金的运作情况。

（4）风险指标：风险指标通常包括贝塔系数、波动值以及夏普指数这3个。贝塔系数是用来衡量单一股票或基金与参考指标之间的相对变化关系；波动值就是价格变动的标准差，表示一个投资工具的回报的可能变动程度；夏普指数是一个经过风险调整后的绩效指标，代表投资者每多承担一分风险，可以拿到几分的超额报酬。

（5）成本指标：基金运作的全部成本由一次性费用和年度运作费两部分组成。不同品种基金的收费和费率有所不同，投资者需要根据自己的情况进行合理选择。

（6）换手率：换手率是衡量基金投资的组合变化频率和基金经理持有该基金平均时间长度的重要指标。通过该指标，投资者可以判断基金经理的投资风格，即是买入并长期持有还是积极地进行换手。一般来说，如果基金的换手率较低，说明该基金相对稳健，风险较低；反之，则表示该基金较为激进，可能存在较高风险。

2.2 利用基金经理巧选基金

基金管理人是基金资产的管理者和运用者，投资者应侧重选择那些严格遵守基金契约、具备坚定的投资理念和风险控制流程的基金管理人来逐步实现财富增长的目标。

2.2.1 了解基金经理

基金经理是基金管理方即基金公司的代表，他们不仅负责基金公司共同基金或其他投资项目的管理，而且在事先一致同意的前提下，还可以适当进行投资决策。一个优秀的基金经理应具备以下素质，如图 2-12 所示。

基本面研究分析能力强	基金公司应该以基本面为最主要的投资操作依据，所以基金经理的基本面研究分析能力是非常重要的指标。
丰富的投资经验	如果基金经理总是处在多头市场，可能因对市场过于乐观而采取过于积极的投资策略；相反，如果基金经理总是处在空头市场，则可能会因为对市场悲观而采取过于保守的策略。因此，唯有亲身经历多次多头与空头市场，并能应对各种市场变化，才能算是一个合格的基金经理。
具备良好的道德操守	基金经理所掌管的资金，动辄数十亿元，其道德操守自然是相当重要的。不过，一般投资者是不容易观察到此项标准的，但大部分的基金公司在年度考核时会对这项条件做出评判。
独立思考，良好的洞察力	基金经理在每一个决策关头要有主见，如果迟疑不前，极可能丧失大好良机。此外，基金经理对其本身情绪管理、压力疏解的能力也是非常重要的。

图 2-12 优秀的基金经理应具备的素质

因为基金经理管理的资金规模较为庞大，他们的操作可能会对证券市场产生一定的影响。所以，为了证券市场的正常运行，基金经理需要在对投资对象进行相应的考查之后，从券商或公司研究部门的研究报告中选择投资标的，以尽量规避市场可能存在的风险。

一般来说，申请成为基金管理人的机构要依照本国或本地区的有关证券投资信托法规，经政府有关主管部门审核批准后，方可取得基金管理人的资格。

2.2.2 选择优秀的基金经理

选择了相应的基金公司后，投资者还需要选择一个好的基金经理管理其所投资的基金。下面以天天基金网为例，介绍选择优秀的基金经理的方法。

步骤 1 进入相应基金公司的详情页面，单击“基本资料”下方的“基金经理”链接，如图 2-13 所示。

步骤 2 执行上述操作后，即可查看该基金公司的基金经理及相关情况，如图 2-14 所示。

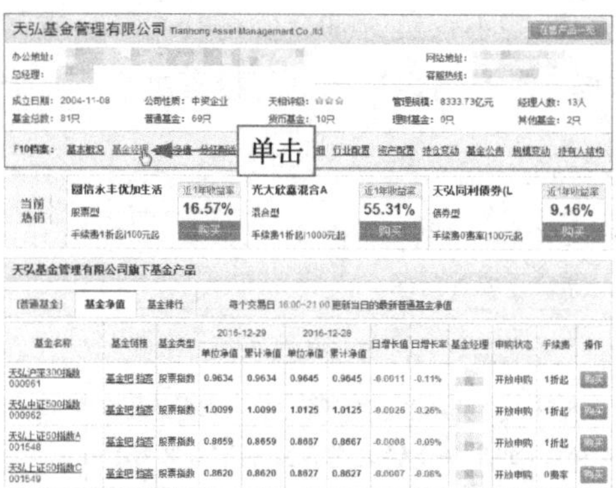

图 2-13 单击“基金经理”链接

图 2-14 基金经理列表

步骤 3 选择相应的基金经理后，即可查看其档案，如图 2-15 所示。

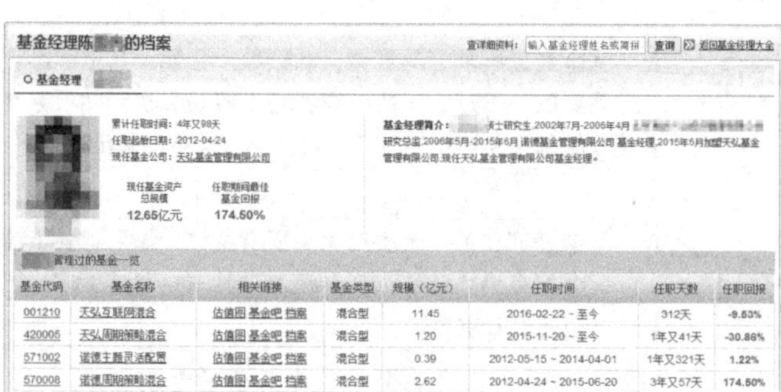

图 2-15 基金经理档案

特别提醒

基金经理的从业年限、公司任职年限是一个重要的选择依据。管理团队的能力与基金的业绩同样重要，因为经验丰富的经理已经经历了大风大浪，所以即使基金的行情较为极端，也能够沉着应对，从而可以更好地保持基金业绩的稳定。

步骤 4 用户可以查看基金经理管理过的基金，以及现任基金业绩与排名详情，如图 2-16 所示。

管理过的基金一览

基金代码	基金名称	相关链接	基金类型	规模（亿元）	任职时间	任职天数	任职回报
512880	国泰中证全指证券公司ETF	估值图 基金吧 档案	ETF-场内	2.27	2016-07-26 ~ 至今	157天	2.27%
512660	国泰中证军工ETF	估值图 基金吧 档案	ETF-场内	2.95	2016-07-26 ~ 至今	157天	-1.99%
000218	国泰黄金ETF联接	估值图 基金吧 档案	联接基金	1.15	2016-04-13 ~ 至今	261天	0.79%
020011	国泰沪深300	估值图 基金吧 档案	股票指数	17.97	2015-04-10 ~ 至今	1年又265天	-19.11%
150215	国泰深证TMT50指数分级A	估值图 基金吧 档案	固定收益	2.69	2015-03-26 ~ 至今	1年又280天	8.73%
150216	国泰深证TMT50指数分级B	估值图 基金吧 档案	分级杠杆	2.69	2015-03-26 ~ 至今	1年又280天	-69.39%
160224	国泰深证TMT50指数分级	估值图 基金吧 档案	股票指数	2.69	2015-03-26 ~ 至今	1年又280天	-31.23%
020021	国泰上证180金融联接	估值图 基金吧 档案	联接基金	5.43	2014-01-13 ~ 至今	2年又352天	62.61%
510230	国泰上证180金融ETF	估值图 基金吧 档案	ETF-场内	32.69	2014-01-13 ~ 至今	2年又352天	69.78%
518800	国泰黄金ETF	估值图 基金吧 档案	ETF-场内	6.66	2014-01-13 ~ 至今	2年又352天	6.63%

现任基金业绩与排名详情

基金代码	基金名称	基金类型	近三月	同类排名	近六月	同类排名	近一年	同类排名	近两年	同类排名	今年来	同类排名
512880	国泰中证全指证券公司ETF	ETF-场内	0.85%	259|650	-	-|614	-	-|575	-	-|318	-	-|581
512660	国泰中证军工ETF	ETF-场内	1.44%	216|650	-	-|614	-	-|575	-	-|318	-	-|581
000218	国泰黄金ETF联接	联接基金	-7.17%	4|14	-6.55%	2|13	-	-|9	-	-|9	-	-|9
020011	国泰沪深300	股票指数	1.81%	190|650	6.77%	160|614	-8.88%	212|575	0.50%	218|318	-8.15%	213|581
150215	国泰深证TMT50指数分级A	固定收益	1.08%	148|260	2.21%	183|260	4.52%	107|260	-	-|110	4.49%	121|260
150216	国泰深证TMT50指数分级B	分级杠杆	-12.29%	245|260	-15.43%	242|260	-42.33%	216|260	-	-|110	-40.85%	214|260

图 2-16　基金经理管理过的基金，现任基金与排名详情

步骤 5 另外，用户还可以查看基金经理的现任基金收益率走势、现任基金排名走势等情况，分析他们的投资风格，如图 2-17 所示。

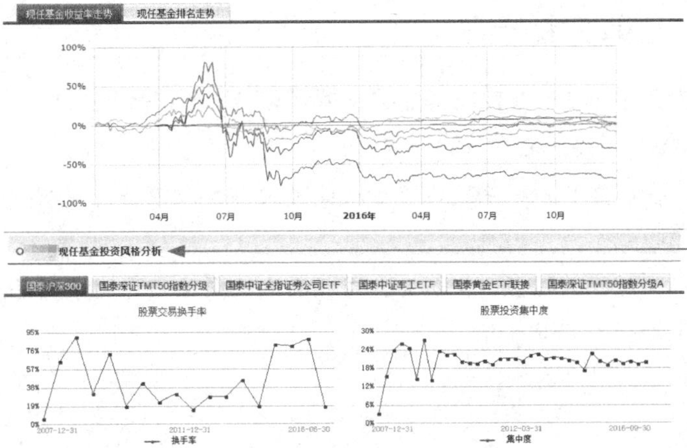

投资风格非常重要，没有投资风格的基金经理只能获得市场的平均利润，而具备鲜明投资风格的基金经理往往能够持续获得超额投资回报。不同的基金经理必然会有不同的投资风格，这本无可厚非，但是基金经理有责任保障投资者的收益。因此，投资者不能盲目地选择基金经理，而应该结合自己的投资偏好及风险承受能力进行选择。

图 2-17　现任基金收益率走势

笔者认为，投资者必须多阅读基金定期报告，从而了解基金经理的方方面面，这是非常必要的功课。除此之外，投资者还可通过媒体报道以及与基金经理日常的交流，来对基金经理进行更进一步的了解。

2.3　利用天天基金网巧选基金

如今的基金投资，投资者通常都是在网上进行的。与传统的基金投资方式相比，网上投资基金一般有 4 个优势，如图 2–18 所示。

快捷的一站式投资服务	在网上投资基金，投资者只需去银行办理具有网银功能的银行卡，就可以在线申请基金账户，甚至可以在网上银行完成基金的投资。
全天候随时交易	在网上投资基金，可以 24 小时随时交易，不会错过最佳的买卖时机。
投资成本更低	在网上投资基金，省去了很多交易步骤，证券公司的经营成本也更低，所以不管是购买还是赎回，其费用都会比传统的交易方式更低。
工具齐全，功能完善	在网上不但可以完成传统投资的全部功能，还可以利用基金计算器、投资规划等功能，全面地服务于基金投资。

图 2–18　网上投资基金的优势

2.3.1　在天天基金网上看基金行情

投资者在选择一只基金前，在网上查看该基金的行情走势是十分必要的工作。下面以天天基金网为例，介绍网上查看基金行情的方法。

步骤 1 进入天天基金网，在搜索文本框中输入基金代码或关键字，单击“搜索”按钮，如图 2-19 所示。

步骤 2 执行操作后，进入所查询的基金行情页面，可查看当前净值估算与该款基金的基本信息，如图 2-20 所示。

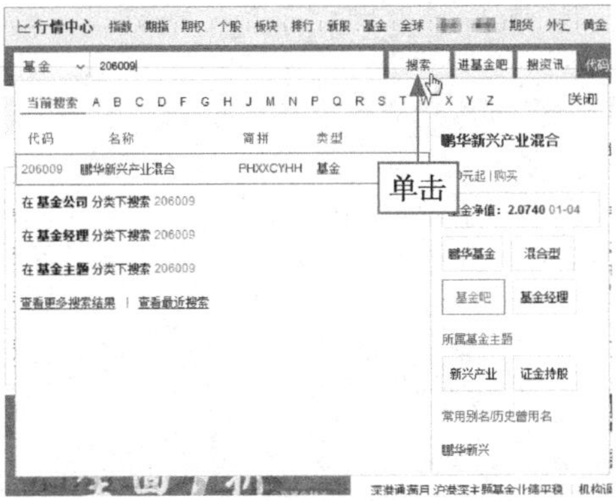

图 2-19 单击“搜索”按钮

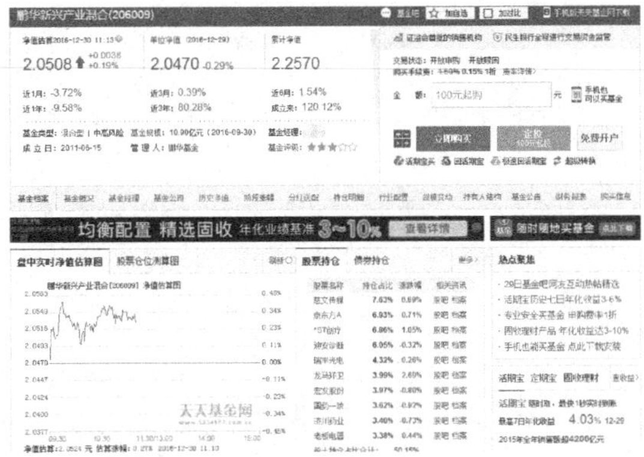

图 2-20 基金行情页面

步骤 3 在页面下方，还有很多基金行情内容，可以逐一查看。例如，“阶段涨幅”可以帮助用户查看与预判该基金在各个阶段的涨跌，收益率走势图可以直观地展示该基金的历史收益变化，帮助用户判断高点位置，如图 2-21 所示。

步骤 4 查看基金的历史净值和分红送配数据可以帮助用户了解基金的历史收益；通过基金评级可以快速看出该基金的行情好坏，如图 2-22 所示。

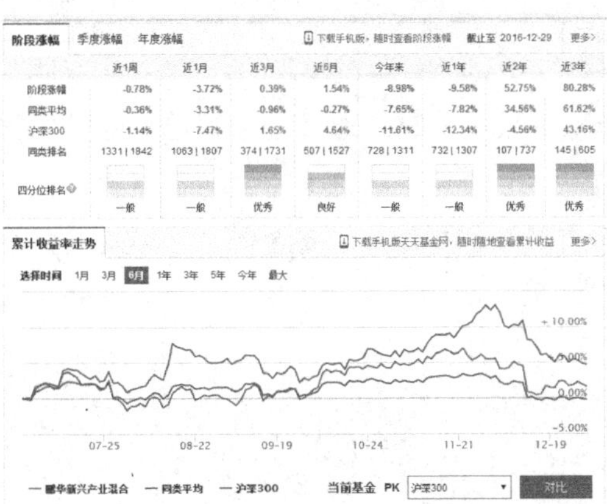

图 2-21 “阶段涨幅”界面

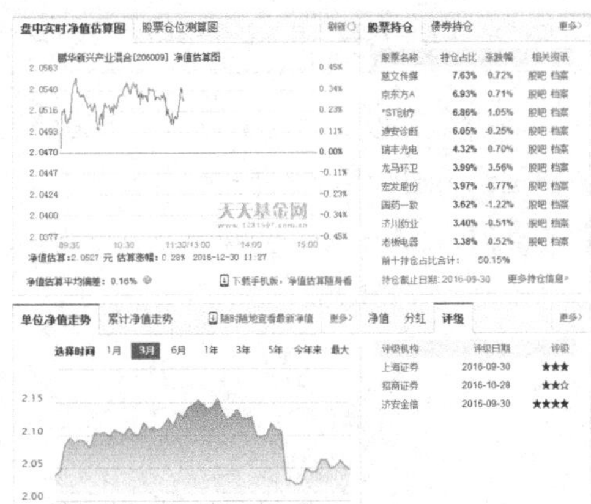

图 2-22 基金评级

步骤 5 同类排名对比图是从走势图的角度来比较该基金在同行业基金中的表现，其中资产配置图以柱形图的形式表现了该基金各投资对象的占比，可直接判断风险大小，如图 2-23 所示。

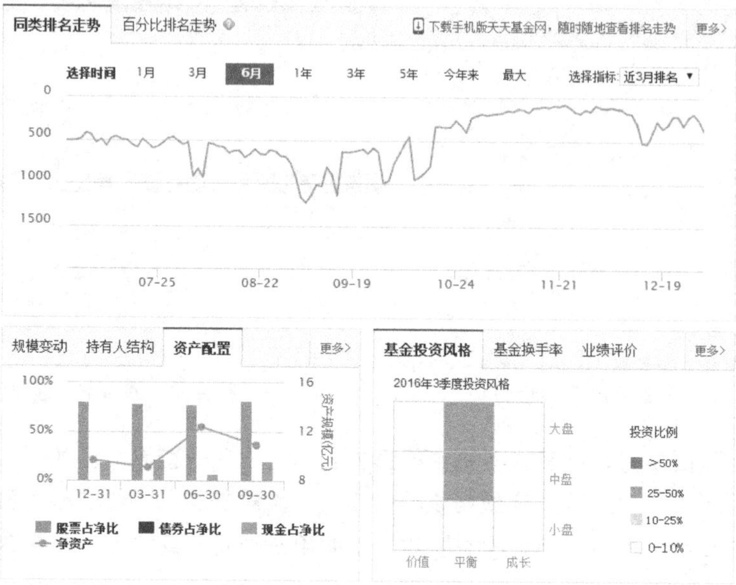

图 2-23 同类排名走势

2.3.2 使用天天基金网的筛选功能

当投资者想要投资基金却不知道该选择哪一只基金时，通过基金筛选功能可以很方便地选出适合自己的基金。

步骤 1 进入天天基金网，在首页的“投资工具”栏中单击“基金筛选”链接，如图 2-24 所示。

图 2-24 单击“基金筛选”链接

步骤 2 执行操作后，在新打开的页面中即可看到默认的“近 1 年业绩前 20 强基金”的基金列表，如图 2-25 所示。

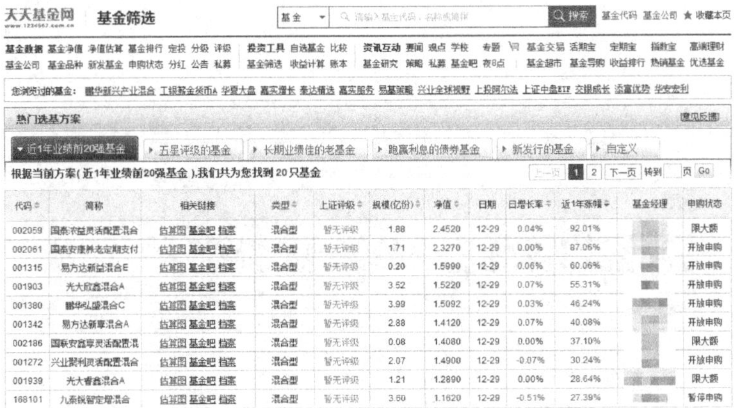

图 2-25　基金列表

步骤 3 选择右侧的“自定义”选项卡，单击下方的筛选内容按钮，即可设置筛选条件。每设置一个筛选条件，下方的基金列表即会出现变动，最终选出用户所需要的基金，如图 2-26 所示。

图 2-26　设置筛选条件

2.3.3　使用天天基金网的基金比较功能

如果投资者在两只基金之间犹豫不决，可以使用基金比较功能来比较这两只基金，具体操作如下。

步骤 1 进入天天基金网，在首页的“投资工具”栏中单击“基金比较”链接，如图 2-27 所示。

图 2-27 单击“基金比较”链接

步骤 2 执行操作后，在新打开的页面中单击“添加基金比较”下拉按钮，单击要比较的基金名称的链接，如图 2-28 所示。

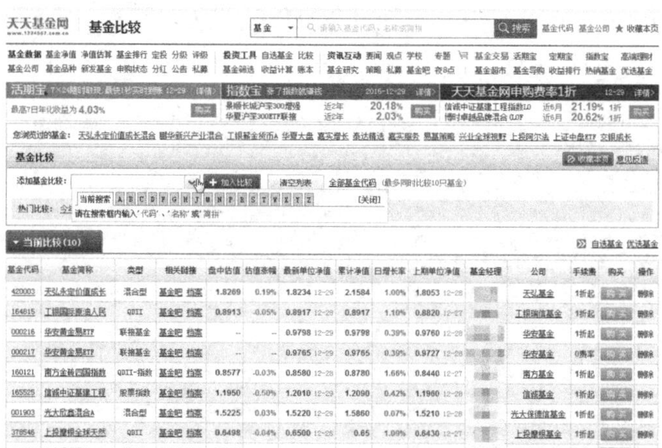

图 2-28 单击“添加基金比较”下拉按钮

特别提醒

在进行基金对比的时候需要注意，只有同一类型的基金才具有比较的价值。如果是不同类型的基金，结构可能完全不同，就没有参考价值。

步骤 3 在该页面下方的比较栏中，即可看到所比较的基金的业绩评级对比数据，如图 2-29 所示。

步骤 4 在该页面下方，还可以通过收益率的走势图来直观地比较两只基金，让比较的结果更加形象，如图 2-30 所示。

业绩评级比较　资产配置比较

阶段收益	420003 天弘永定价值	164815 工银国际原油	000216 华安黄金易E	000217 华安黄金易E	160121 南方金砖四国	165525 信诚中证基建	001903 光大欣鑫混合	378546 上投摩根全球	001939 光大睿鑫混合	002186 国联安鑫享灵
成立日期	2008-12-02	2013-05-28	2013-08-22	2013-08-22	2010-12-09	2015-08-06	2015-11-16	2012-03-26	2015-11-17	2015-11-28
今年来	16.55%	25.95%	17.06%	17.09%	19.67%	21.56%	54.86%	43.49%	28.64%	37.23%
近1周	1.23%	1.15%	1.14%	1.13%	1.06%	0.92%	0.40%	0.31%	0.23%	0.14%
近1月	-4.77%	1.33%	-2.15%	-2.16%	-0.81%	-7.97%	-2.81%	0.15%	-0.92%	-1.12%
近3月	0.88%	8.61%	-7.47%	-7.52%	-0.69%	14.38%	-2.81%	8.88%	-1.00%	0.21%
近6月	11.22%	17.48%	-7.08%	-7.13%	14.10%	21.19%	-0.86%	21.95%	0.47%	0.93%
近1年	16.38%	24.02%	16.09%	16.11%	18.34%	21.44%	55.31%	41.92%	28.64%	37.10%
近2年	51.76%	4.66%	9.35%	9.47%	13.34%	--	--	2.69%	--	--
近3年	117.69%	-13.09%	9.35%	9.23%	8.33%	--	--	-15.69%	--	--
近5年	135.86%	--	--	--	11.14%	--	--	--	--	--
成立来	144.31%	-10.83%	-2.02%	-2.35%	-12.52%	21.11%	58.42%	-35.06%	28.90%	37.37%
基金评级(3年期)	天弘永定价值	工银国际原油	华安黄金易E	华安黄金易E	南方金砖四国	信诚中证基建	光大欣鑫混合	上投摩根全球	光大睿鑫混合	国联安鑫享灵
海通证券	★★	暂无评级	暂无评级	暂无评级	暂无评级	暂无评级	暂无评级	暂无评级	暂无评级	暂无评级
招商证券	★★★★★	暂无评级	暂无评级	暂无评级	暂无评级	暂无评级	暂无评级	暂无评级	暂无评级	暂无评级
上海证券	★★★★★	暂无评级	暂无评级	暂无评级	暂无评级	暂无评级	暂无评级	暂无评级	暂无评级	暂无评级
济安金信	★★★★	★★	暂无评级	暂无评级	★★★	暂无评级	暂无评级	★	暂无评级	暂无评级

➜点此展开显示历史年度收益和定投收益比较

图 2-29　业绩评级对比

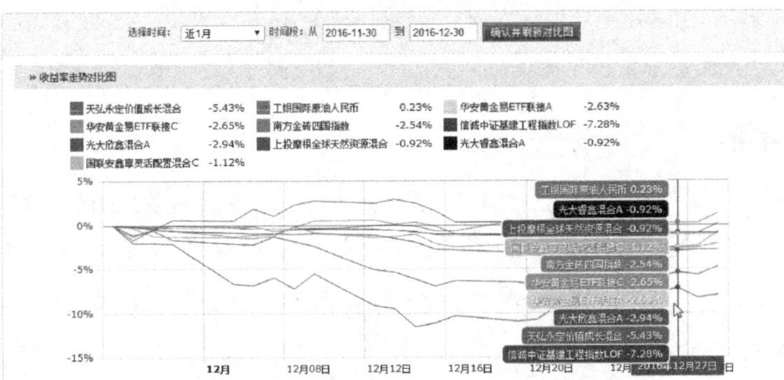

图 2-30　收益率走势图比较

特别提醒

与股市的“说变就变”不同，开放式基金的变化幅度通常比较小，它既不太会涨停，也难以跌停。所以，投资者在选准了一只开放式基金之后，只需适时查看即可，而无需时时刻刻盯着行情不放。因为过分关注行情而导致心情的剧烈变化，反而得不偿失。

2.3.4　使用天天基金网的基金计算器

基金的计算虽然步骤比较简单，而且可以使用简单的公式来进行，但因为基金计算涉及的内容非常多，包括申购费用、赎回费用、收益计算、定投计算等，所以投资者最好是使用网上的基金计算器来计算基金数据，并以此作为选择基金的依据。

天天基金网的基金计算器具体的操作方法如下。

步骤① 从天天基金网首页的“投资工具”栏中进入“自选基金”界面，并在该界面单击“基金计算器”链接，如图 2-31 所示。

步骤② 进入计算器页面，选择一种计算器命令，输入相关数据，单击“计算”按钮，即可在下方看到计算的结果，如图 2-32 所示。

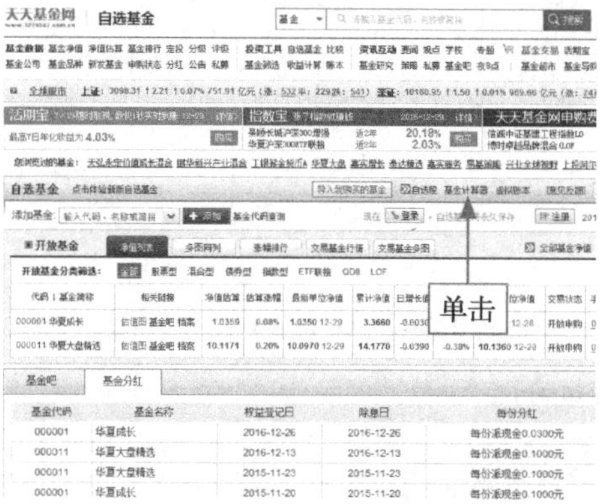

图 2-31　单击“基金计算器”链接

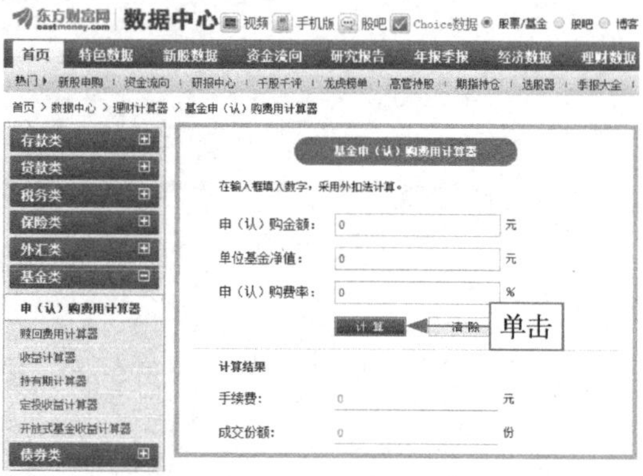

图 2-32　单击“计算”按钮

特别提醒

对于基金认（申）购费用、认（申）购份额的计算，其实存在两种方法：“内扣法”与“外扣法”。值得注意的是，这两种计算方法的计算结果是不一样的。

（1）内扣法：针对的是净申购金额，即从申购款总额中扣除申购费用。计算时用乘法，计算简单。

计算公式如下：

申购费用＝申购金额 × 申购费率

净申购金额＝申购金额－申购费用

申购份额＝净申购金额 ÷ 当日基金份额净值

（2）外扣法：是针对申购金额而言的。其中，申购金额包括申购费用和净申购金额。计算时用除法，较复杂。

计算公式如下：

申购费用＝申购金额－净申购金额

净申购金额＝申购金额 ÷（1＋申购费率）

申购份额＝净申购金额 ÷ 申购当日基金份额净值

2.4　利用基金的评级巧选基金

众多基金产品让投资者眼花缭乱，甚至有一些投资者盲目投资。因此，如何从上百只基金中挑选出目标基金便成了投资者亟待解决的问题，而基金评级正是解决这一问题的良药。

2.4.1　网上查看基金评级

对于比较“懒”的投资者来说，通过网上查看基金评级不失为一种快捷的方法。下面以天天基金网为例，介绍通过互联网查看基金评级的方法。

步骤 1 进入天天基金网，单击“基金评级”按钮，如图 2-33 所示。

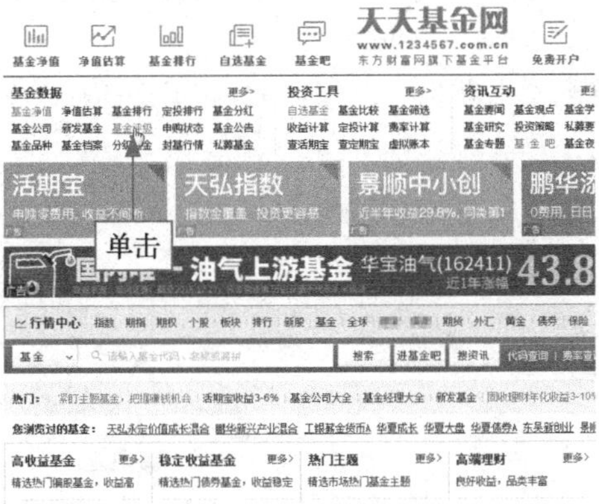

图 2-33　单击“基金评级”按钮

步骤 2 执行操作后，即可进入“基金评级”界面，默认显示全部基金的评级，如图 2-34 所示。

图 2-34　“基金评级”界面

步骤 3 用户可以设置相应条件，查看特定范围内的基金评级。例如，单击“股票型”链接，即可查看所有股票型基金的评级，如图 2-35 所示。

步骤 4 又如，在“全部基金管理公司”下拉列表中选择“嘉实基金”选项，即可查看嘉实基金管理公司旗下的所有基金的评级情况，如图 2-36 所示。

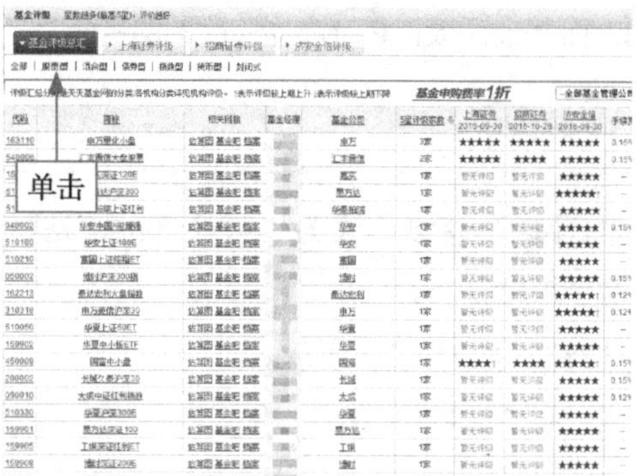

图 2-35　根据基金类型查看

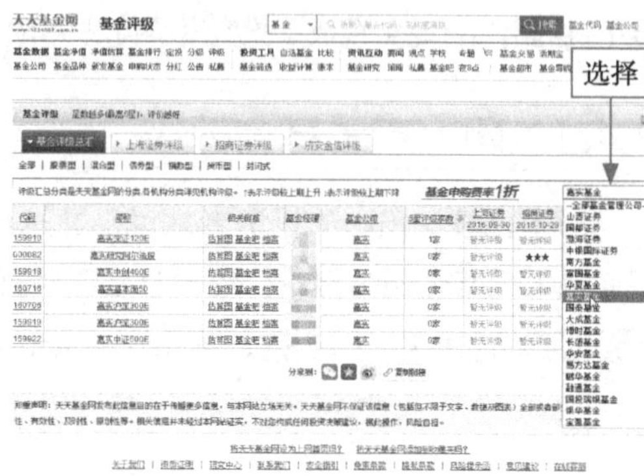

图 2-36　根据基金管理公司查看

步骤 5 再如，单击“上海证券评级”按钮，用户还可以切换查看该评级公司对基金的评级情况，如图 2-37 所示。

步骤 6 单击评级列表顶部的“3 年评级”链接，用户还可以切换查看升序或降序的评级情况，如图 2-38 所示。

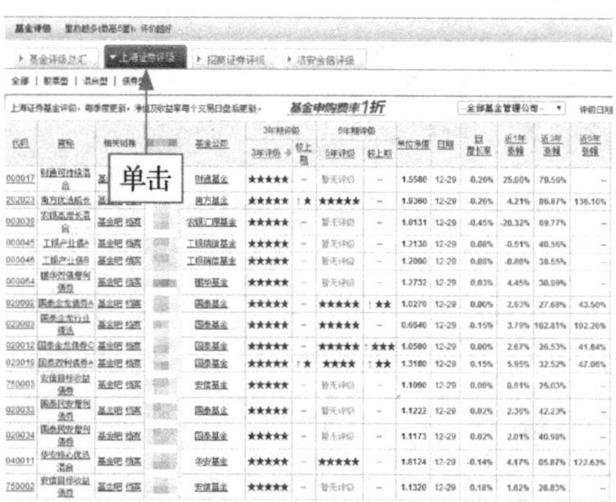

图 2-37　根据评级公司查看

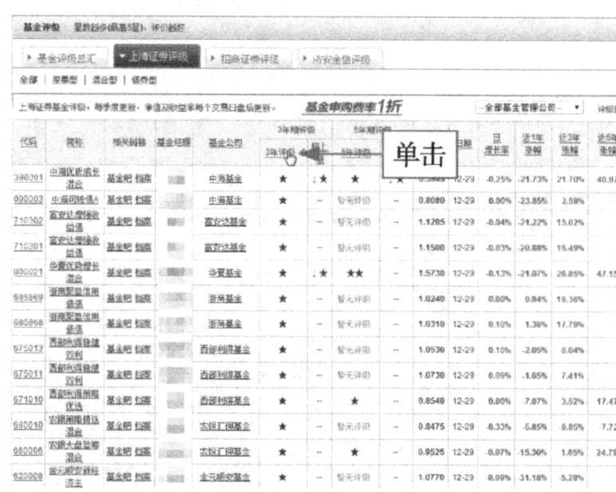

图 2-38　切换查看升序或降序的评级情况

2.4.2　基金评级的 5 个优点

人们在购买各金融机构推出的理财产品时，往往只会注意基金产品的收益率。其实，投资者在购买基金产品时，还要注意每个基金产品的基金评级，这是购买基金产品的重要指标。

通过基金评级机构对市场中的基金产品进行监管，不论是对基金市场还是对基金经理或是基金投资者都有不少好处。基金评级的优点如图 2–39 所示。

从基金投资者的角度	评级结果是其投资决策的重要参考指标，有利于投资者科学地评价基金，挑选适合自己偏好的基金。
从基金公司内部管理的角度	有利于基金管理公司评价旗下基金的经营业绩，还可以对基金经理产生约束和激励，方便考核基金经理。
从基金经理的角度	评级可以反馈市场信息、调整策略，有利于基金经理研发新的基金品种。
从市场监管部门的角度	有利于基金托管银行更好地发挥监督职责，加强基金信息披露的规范化，增加基金公司管理的透明度，方便部门监管。
从基金行业自身发展的角度	有利于基金研究数据平台的建设，其研究成果可以指导、促进基金市场健康发展。

图 2–39　基金评级的 5 个优点

2.4.3　我国有哪些基金评级机构

基金产品自出现起，就依靠其比银行存款收益高且比投资股市风险小等优势吸引了广大投资者的目光。但是一时火爆的基金市场也出现了很多负面情况，所以，国家为保障金融市场的良好发展，就开设了一些基金评级机构，希望通过这种评级机构来让基金产品市场健康发展。

基金评级机构就是为企业公司投资者及大众投资者提供关于基金的数据和相关资料的服务机构。国内 3 家基金评级机构如图 2–40 所示。

诚然，基金评级机构起到了非常重要的作用，很多人都会根据机构的评级来选择基金。基金评级的一些思想以及研究的方法对于市场的影响是非常大的。基金评级机构的作用在于它能够让大众信服，它做出来的数据具有独立性，它的评价结果具备让投资者相信的公正性。

目前，基金评级机构虽然还处在发展和推广阶段，但前途一片光明，基金评级机构在未来将发挥更大的作用。

晨星

机构简介：晨星成立于 1982 年，它成立的初衷是通过财经资讯和分析应用软件工具，提供基金和股票的分析及评级，给投资者的投资提供便利。它不仅是美国主要的投资研究机构之一，更是基金评级的国际性权威机构之一。2003 年 2 月 20 日在深圳设立了中国总部。

评级原理：晨星公司采取计算基金收益评级与风险评级的差额的方式，按照差额的大小将基金评为 5 个不同的星级。

理柏

机构简介：理柏成立于 1973 年，作为国际性的基金研究机构，它致力于基金资讯、分析应用工具及研究服务的提供。它的总部设在美国纽约市，现在已经在包括英国伦敦、中国香港、日本东京等世界范围内的 18 个主要金融中心设立分支机构。早在 1998 年成为路透集团全资附属公司之时，该机构就已将业务拓展到亚洲。

评级原理：理柏根据排名将基金分为 5 档，其中排名前 20% 的为第一档，排名为 21%~40% 的为第二档，以此类推，最差的一档是第五档，即排名为 81%~100% 的基金公司。晨星与理柏评级的侧重点不同，前者侧重于基金本身，而后者则更多的是对基金公司的考察。

银河

机构简介：银河证券基金研究中心成立于 2001 年 6 月 12 日，是中国银河证券股份公司研究所管理的二级部门，是国内第一家专业基金研究评价机构。银河证券坚持自主开发基金系统，在公司内部，研究部门和信息技术部门组建了跨部门的基金系统项目组。

评级原理：银河证券根据收益评价指标、风险评价指标及风险调整后收益指标对基金进行评级，具体操作与上述两家机构相似。

图 2-40　3 家基金评级机构

2.5　通过基金净值巧选基金

有的投资人觉得在选基金时应该选净值相对较低的，因为他们可以用同等数额的资金买到更多净值较低的基金的份额，这样看来似乎购买净值较低的基金比较划算。但是净值较低的基金的前景也具有较大的不确定性，因为净值太低的基金是很难在短期内涨起来的，有的净值较低的基金甚至会从某一刻开始一蹶不振。那么，究竟如何通过净值选择基金呢？

2.5.1　初识基金净值

基金净值，或许称之为“基金单位净值”更合适，它代表的是当前的基金总净资产与总份额的比值，其计算公式为：

基金净值 =（基金总资产 – 基金总负债）/ 基金总份额

需要特别说明的是，公式中的基金总资产代表的是基金的全部资产；基金总负债表示基金的所有负债总额；而基金总份额则是当前发行的基金总数量。

特别提醒

基金净值的计算是建立在基金估值的基础之上的，而资金在市场中又具有流动性，基金在不同时间的资产往往会有所差异，所以在投资之前，投资者需要计算实时的基金净值。

2.5.2 基金净值的查找

查找基金净值很简单，投资者只需在天天基金网首页的搜索栏中输入基金名称，便可在新跳出的页面中看到该基金的净值估算、单位净值和累计净值的当前数值以及变化情况。图 2–41 所示为国泰金鑫（519606）的净值情况。

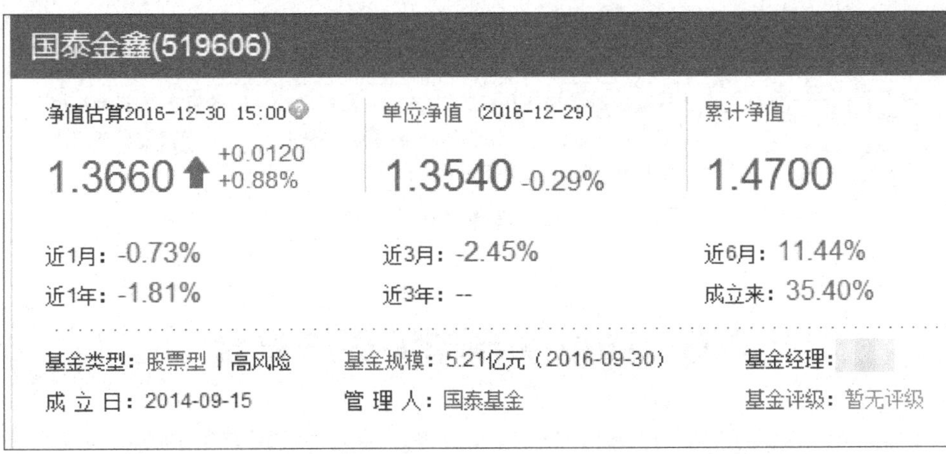

图 2–41　国泰金鑫（519606）的净值情况

2.5.3 基金净值和股价的关系

基金净值和股价是存在相同点的，两者都表示单位数量的价格，即它们都是总净资产与份额总数的比值。但是两者又存在一些明显的不同，这主要体现在是否受供求关系的影响而出现直接变动。

具体来说，股票的价格是直接受供求关系影响的，随着买盘的大幅增加，股票价格必然会出现上涨。相反，卖盘的大量出现必将导致股票价格的下跌；而基金净值则不会随着供求的变化出现变动。这是因为当基金被购买或赎回时，它的总份额也会相应地发生变化。

2.5.4 用基金净值选基金的具体方法

投资者往往单纯地将基金净值当成衡量基金前景的主要依据。有的投资者认为净值较低的基金可能会给自己带来更为可观的利润；有的投资者觉得净值较高的基金通常是老牌基金公司旗下的产品，这些基金公司经验丰富，所以它旗下的产品投资风险相对较小。

其实这两种观点都过于片面，因为基金净值仅代表当前基金的价值量，它的高低不能完全预示基金的未来情况。虽然不能直接通过基金净值判断基金前景，但是投资者还是可以通过一些基金净值数据选择基金，其中最主要的方法有两个，如图 2-42 所示。

参考基金累计净值数值 ⇒ 基金累计净值代表的是当前基金净值与全部分红的累加，它的数值可以说明该基金的盈利能力。通常情况下，累计净值越高的基金，越可能获利。

通过基金净值增长率评估 ⇒ 基金净值增长率代表的是该基金在一定时间内的资产净值增长情况，它的数值可以说明该基金的利润空间。所以，净值增长率越高的基金，越有可能获得可观的利润。

图 2-42 用基金净值选基金的方法

2.6 通过基金年报巧选基金

基金年报，顾名思义，就是指基金年度报告。基金公司每年年末或年初都会公布本年度或上一年基金盈利等方面的具体情况。年度报告中包含基金一年间方方面面的内容，投资者可以根据这些内容选择自己看好的基金。图 2-43 所示为《国泰金鑫股票型证券投资基金 2015 年年度报告》。

毫无疑问，基金年报对投资者的基金选择是有重大的意义，但是基金年报的内容很多，一份基金年报通常会有数十页之多（《国泰金鑫股票型证券投资基金 2015 年年度报告》多达 67 页），而且其中不乏专业术语。对于一个基金投资新手来说，即使花了大量的时间也未必能完全掌握基金的方方面面。

因此，投资者在查阅基金年报时不应一味地追求全面，而应该运用一些技巧，有重点地进行了解。总的来说，投资者在看基金年报时，需要具备6种技能，如图2-44所示。

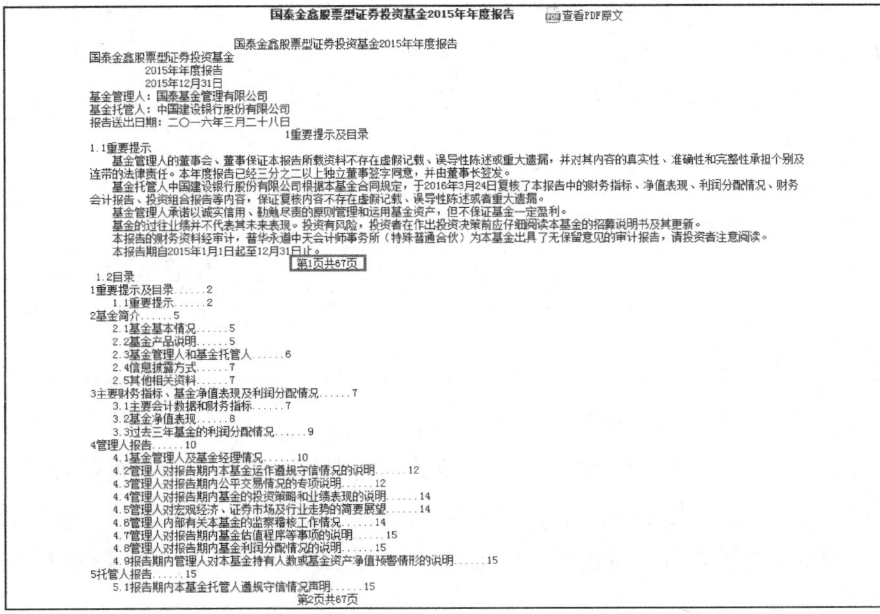

国泰金鑫股票型证券投资基金2015年年度报告 查看PDF原文

国泰金鑫股票型证券投资基金2015年年度报告

国泰金鑫股票型证券投资基金
2015年年度报告
2015年12月31日
基金管理人：国泰基金管理有限公司
基金托管人：中国建设银行股份有限公司
报告送出日期：二〇一六年三月二十八日

1重要提示及目录

1.1重要提示

基金管理人的董事会、董事保证本报告所载资料不存在虚假记载、误导性陈述或重大遗漏，并对其内容的真实性、准确性和完整性承担个别及连带的法律责任。本年度报告已经三分之二以上独立董事签字同意，并由董事长签发。

基金托管人中国建设银行股份有限公司根据本基金合同规定，于2016年3月24日复核了本报告中的财务指标、净值表现、利润分配情况、财务会计报告、投资组合报告等内容，保证复核内容不存在虚假记载、误导性陈述或者重大遗漏。

基金管理人承诺以诚实信用、勤勉尽责的原则管理和运用基金资产，但不保证基金一定盈利。

基金的过往业绩并不代表其未来表现。投资有风险，投资者在作出投资决策前应仔细阅读本基金的招募说明书及其更新。

本报告的财务资料经审计，普华永道中天会计师事务所（特殊普通合伙）为本基金出具了无保留意见的审计报告，请投资者注意阅读。

本报告期自2015年1月1日起至12月31日止。

第1页共67页

1.2目录

1重要提示及目录......2
1.1重要提示......2
2基金简介......5
2.1基金基本情况......5
2.2基金产品说明......5
2.3基金管理人和基金托管人......6
2.4信息披露方式......7
2.5其他相关资料......7
3主要财务指标、基金净值表现及利润分配情况......7
3.1主要会计数据和财务指标......7
3.2基金净值表现......8
3.3过去三年基金的利润分配情况......9
4管理人报告......10
4.1基金管理人及基金经理情况......10
4.2管理人对报告期内本基金运作遵规守信情况的说明......12
4.3管理人对报告期内公平交易情况的专项说明......12
4.4管理人对报告期内基金的投资策略和业绩表现的说明......14
4.5管理人对宏观经济、证券市场及行业走势的简要展望......14
4.6管理人内部有关本基金的监察稽核工作情况......14
4.7管理人对报告期内基金估值程序等事项的说明......15
4.8管理人对报告期内基金利润分配情况的说明......15
4.9报告期内管理人对本基金持有人数或基金资产净值预警情形的说明......15
5托管人报告......15
5.1报告期内本基金托管人遵规守信情况声明......15

第2页共67页

图2-43 《国泰金鑫股票型证券投资基金2015年年度报告》

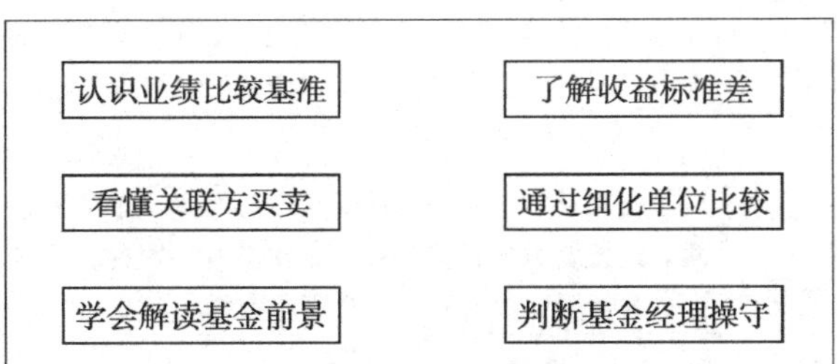

图2-44 看基金年报需具备的技能

2.6.1 认识业绩比较基准

常见的基金业绩比较方式主要包括两种：一种是全域比较，即把所有基金或同组基金进行比较并排名；另一种是将实际增长率和预测的基准进行比较，这个预测的基准就是指基金的“业绩比较基准”。

任何基金都少不了“业绩比较基准”这项内容，它其实就是基金公司给自身预设的一个目标。投资者可以从基金的预设目标来看该基金的未来方向，因此，投资者可将其作为评价基金公司业绩的一个指标。

特别提醒

混合型基金的大部分资产投资于无风险或风险较小的市场，只有较小的一部分用于股票投资等高风险的领域，因此，基金业绩和股票大盘指数之间是没有可比性的。但是许多基金公司为了让自己的业绩“更好看”，通常会将基金业绩与一些关系不大的指数进行比较，这其实是对投资者的误导。

所以，投资者在查阅基金业绩时，需重点把握“业绩比较基准”，而不能被基金的某些数据误导。

2.6.2 了解收益标准差

如果说净值增长率呈现的是基金的盈利水平，那么，收益标准差就是对该盈利水平稳定程度的衡量。收益标准差是基金净值波动情况的直接呈现，是投资者投资时不可忽视的一个指标。但是基金年报中大多不会直接出现该数据，投资者需要自行计算。

虽然收益标准差对投资者投资基金意义重大，但在实际操作中，还需注意两个问题，具体如图 2–45 所示。

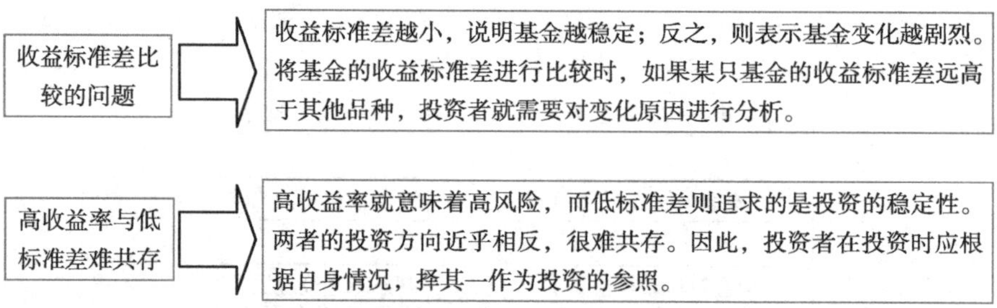

图 2–45　查阅收益标准差需注意的问题

2.6.3 看懂关联方买卖

基金的关联方，通俗地说就是指与基金控制有关联的一方或多方。基金公司的股东、基金公司的员工以及与基金股东或基金相关的企业等都可视为基金的关联方，他们的买卖情况都可以在基金年报中看到。

因为关联方在投资本公司的基金时，通常可以获得一些消息，所以他们在消息的获取方面是优于普通基金投资者的。因此，投资者可以通过适度地跟随关联方的买卖进行交易，以减少可能存在的风险。

2.6.4 通过细化单位比较

基金公司的资产动辄数亿，甚至数十亿。投资者很难透过这些巨大的数字看清基金公司的具体情况。在这种情况下，投资者不妨在计算出基金的单位收益并与其他基金进行比较之后，具体分析基金的盈利情况。

比如，某基金 2016 年为 1 亿基金单位，而年报中的总收益为 1.1 亿元。那么，2016 年该基金的单位基金收益就是 1.1 ÷ 1 ＝ 1.1 元。这样看起来，基金的收益情况就一目了然了。

2.6.5 学会解读基金前景

基金前景的展望是基金经理须在年度报告中重点解读的内容，它包含基金经理对当前经济情况的分析以及未来一年的投资方向。所以，如果投资者投资方向尚不明确，可以适度地参考基金经理的前景展望，并将自己的资金交由已看好的基金经理打理。

特别提醒

基金的前景展望决定了基金的未来方向，它对于基金的投资至关重要。因此，投资者需在基金前景展望上引起足够的重视。如果觉得单凭基金经理在某个年度报告中的前景展望还不能看出该基金经理的水准，还可以查看该基金经理以往对前景的展望是否准确，并在此基础上做出慎重的选择。

2.6.6 判断基金经理操守

因为基金采取的是投资者委托基金经理进行操作的投资方式，所以，基金经理的职业操守可以在很大程度上影响投资者的盈亏情况。如果基金经理很负责，将资金交给他们自然是放心的。但是基金市场也有部分基金经理是不负责任的，将资金交给他们无疑会平添不少风险。

因此，在选择基金经理时，投资者应该做足功课，如果碰到难以决策的情况，不妨适度参考基金经理以往的投资策略及业绩表现，进一步判断该基金经理负责与否。

2.7 通过绩效指标巧选基金

投资者要从众多的基金品种中选择最适合自己的品种，必须要学会用绩效指标对目标基金进行具体分析。通过这些指标，投资者不仅可以验证基金公司的相关报告内容，更能实时了解基金的动态。

常用的绩效指标主要有 6 种，除了前面提到的“业绩比较基准”和“收益标准差”之外，投资者还需重点把握 4 种常见绩效指标，如图 2–46 所示。

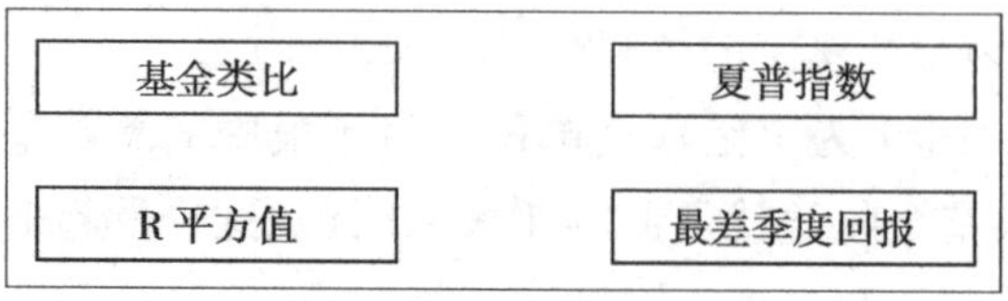

图 2–46　重点把握的 4 种常用绩效指标

接下来就对上述 4 种常见的绩效指标进行说明。

1. 基金类比

投资者在进行基金投资时，仅仅看基金公司给出的比较数值是不够的，还需要在目标基金与同类别其他基金品种的横向比较中，了解目标基金在同类基金中所处的位置，以决定是否继续进行投资。

2. 夏普指数

夏普指数，也称为“夏普比率”，是基金绩效评价中一个衡量调整风险后的收益率标准化指标。它可以说是收益率与标准差的综合体，数值越大，就说明该基金的收益越可观。

3. R 平方值

R 平方值是业绩基准波动对基金表现影响程度的直观呈现。它的数值越大，说明业绩基准波动对基金表现的影响越深刻，该指数本身也就越可靠。

4. 最差季度回报

最差季度回报呈现的是基金表现最差的情况，这实际上也揭示了基金的下跌空间。因此，投资者在衡量投资风险时，有必要对该指标进行关注。

CHAPTER 3

第3章 基金的买卖技巧

学前提示

随着中国基金市场的不断发展壮大，基金投资与管理也日益成熟和完善，基金以其稳健的收益赢得了众多投资者的青睐，越来越多的投资者选择基金作为投资组合的一部分。当投资者已经对基金的投资有一定了解并且已经选择了一只基金之后，该如何进行买卖呢？本章将介绍基金的开户、申购和赎回等操作方法。

要点展示

- 开设基金账户的方法
- 开放式基金买卖须知
- 开放式基金认购准备
- 开放式基金申购须知
- 开放式基金赎回须知
- 封闭式基金买卖须知
- 基金行情信息的查看

3.1 开设基金账户的方法

投资者在选择好购买渠道后，即可办理基金开户手续，即开设基金账户和交易账户。基金账户又称 TA 基金账户（transaction account），是指注册登记机构为投资者建立的用于管理和记录投资者基金种类和数量变化等情况的账户。

3.1.1 开户前的准备

投资者在办理认购、申购业务前，必须先开立基金账户。投资者在申请开立基金账户的同时，直销柜台将同时为其开立一个交易账户。办理基金账户的一般流程如图 3–1 所示。

图 3–1 办理基金账户的一般流程

交易账户用于记录投资者通过该销售机构办理基金交易所引起的基金份额的变动及结余情况，通常由销售机构为投资者开立。基金账户和交易账户是一对多的关系，一个投资者在银行只有一个交易账户，但是可以同时买多个基金公司的基金，即一个交易账户对多个基金账户。

个人投资者开户需准备以下资料：

（1）出示有效身份证件原件，提供有关证件的复印件（包括中华人民共和国居民身份证、中华人民共和国护照、军官证、士兵证、文职证或警官证）。除上述明确列举的有效身份证件以外，投资者提交其他证件的，由注册登记机构最后认定其是否有效。

（2）出示同名的银行卡、储蓄存折或指定银行账户开户证明原件，并提供其复印件。

（3）提供填妥的《开放式基金日常账户业务申请表》。

基金开户必须由投资者亲自办理。投资者提交开户申请时，除了提供正确的姓名、证件类型、证件号码、银行账户的详细信息之外，还必须（至少但不限于）提供完整的通信地址、邮政编码以及联系电话。

机构投资者开户需准备以下资料：

（1）出示有效企业法人营业执照或注册登记证书原件，并提供加盖单位公章的复印件。

（2）提供填妥的《开放式基金业务授权委托书》。

（3）出示业务经办人有效身份证件，并提供复印件。

（4）提供填妥的预留印鉴卡一式三份（注意：预留印鉴必须包括至少一个公章和一个私章）。

（5）出示指定银行交收账户的开户证明原件，提供原件或加盖公章或预留印鉴的复印件。

（6）提供填妥的并加盖公章和法定代表人签章的《开放式基金日常账户业务申请表》。

（7）机构投资者可以开通传真交易，需提供加盖公章和法人章的传真交易协议一式四份。

特别提醒

投资者在进行基金开户时，必须注意以下事项：

（1）开户确认成功后，机构投资者凭经办人的身份证件和预留印鉴办理业务；个人投资者凭身份证办理业务。

（2）如果投资者类型为个人并且证件类型为身份证，则身份证号码必须合法，即位数、号码所含的出生年月信息、18位身份证的校验位必须合法。

（3）如果投资者类型为机构，则其法定代表人及经办人的证件号码要求一致。

（4）投资者T日开户当天，直销中心为其分配一个临时的基金账号和一个正式的交易账号。

（5）投资者可在T日使用临时基金账号或交易账号进行交易。如该投资者开户确认成功，则注册登记机构将为其分配一个正式的基金账号，投资者可在T+2日查询到该基金账号。

（6）投资者在直销柜台办理基金账户开户业务，必须遵循基金管理有限公司的基金业务管理规则以及其他有关法律法规。

3.1.2 利用网上银行开户

传统的开户方式是到银行办理第三方存管，这种开户方式适用于传统的柜台式基金投资，而如果投资者是在网上投资基金，开户自然也是在网上进行。下面以兴业银行网上银行为例，介绍开设基金账户的具体操作方法。

步骤 1 进入兴业银行官网，在“登录区”单击“个人网上银行”按钮，在弹出的列表框中选择“登录”选项，如图 3-2 所示。

步骤 2 执行操作后，即可进入登录页面，如果用户是首次登录，则切换至“首次登录”选项卡，在输入账户账号、证件号码、账户密码后，单击“下一步”按钮，如图 3-3 所示。

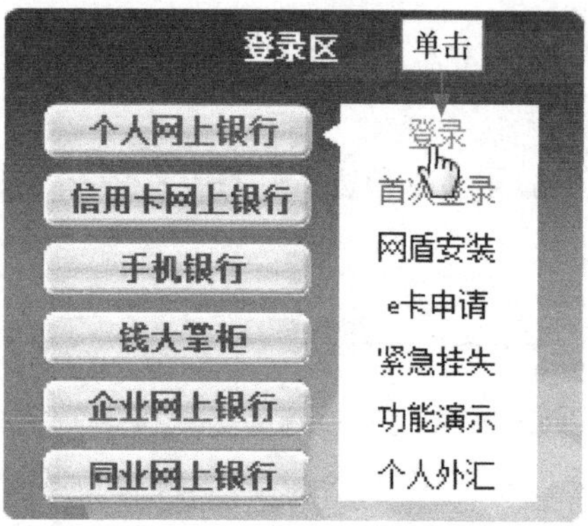

图 3-2　单击“登录”选项

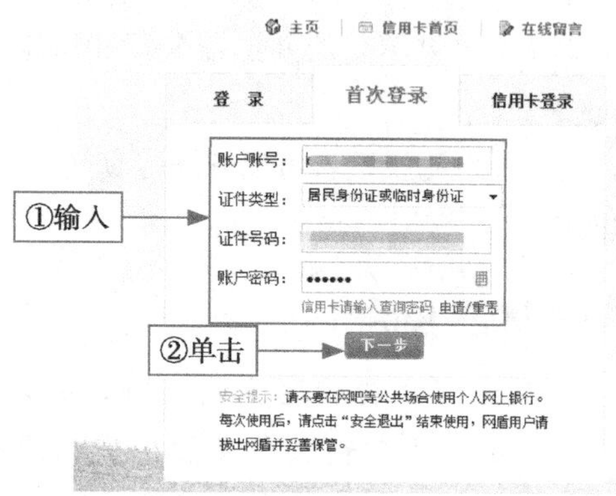

图 3-3　单击“下一步”按钮

步骤 3 首次登录的用户还需要设置网上银行登录密码，输入密码后单击“确认”按钮，如图 3-4 所示。

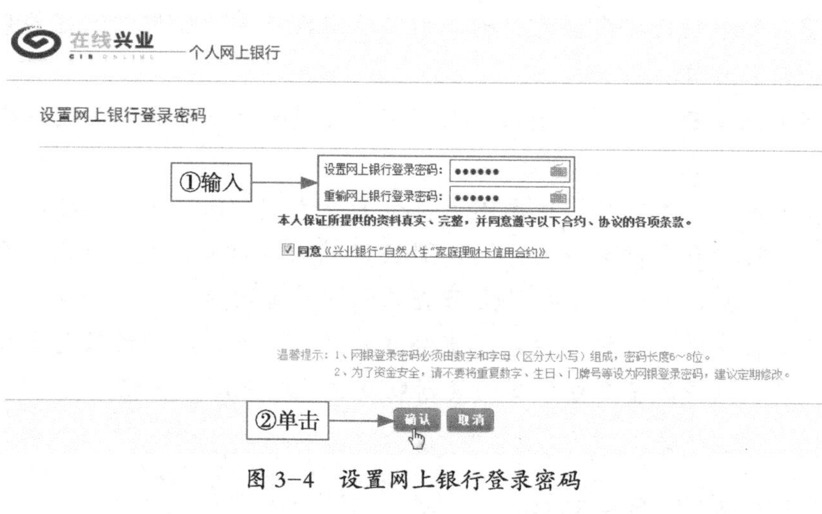

图 3-4　设置网上银行登录密码

步骤 4 登录网上银行后，单击导航栏中的“投资理财”按钮，如图 3-5 所示。

步骤 5 在弹出的列表框中选择“基金代销”的“开户”选项，如图 3-6 所示。

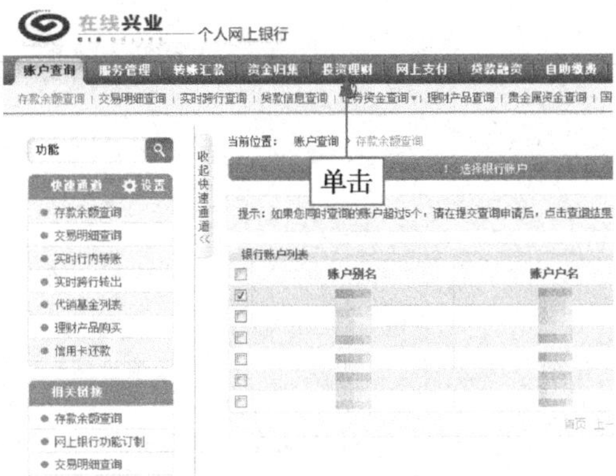

图 3–5　单击“投资理财”按钮

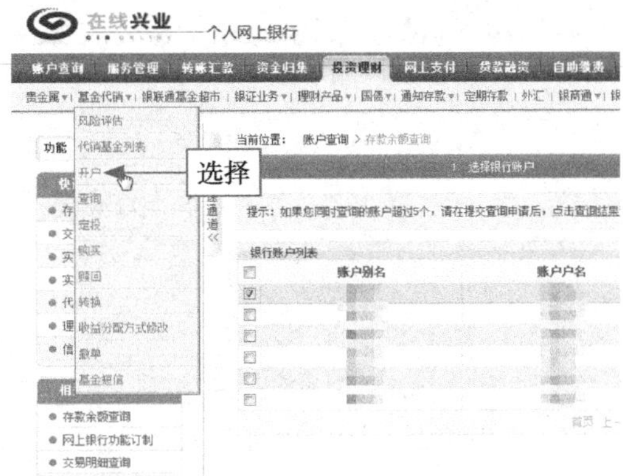

图 3–6　选择“开户”选项

步骤 6 在银行账户列表中，选中要开设基金账户的银行账户，如图 3-7 所示。

步骤 7 在页面下方的代销基金列表中，选择相应的开户机构和基金，在“操作”列中单击“开户”链接，如图 3-8 所示。

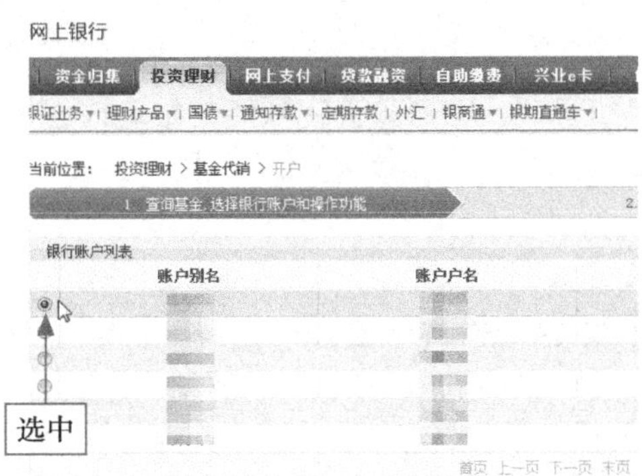

图 3–7　选择银行账户

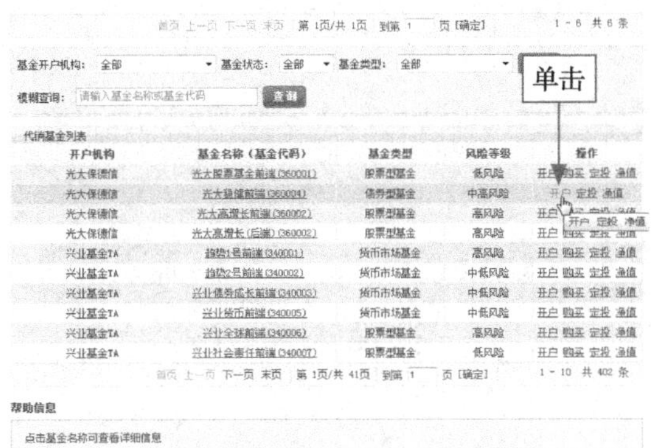

图 3–8　单击“开户”链接

步骤 8 执行操作后，进入“办理基金业务”界面，依次设置证件类型、证件号码、通信地址、邮政编码等信息，选中“本人同意”复选框，并单击“确认”按钮，如图 3-9 所示。

步骤 9 执行操作后，进入“返回交易处理结果”界面，完成基金开户申请的提交过程，如图 3-10 所示。用户可以在此页面中单击“购买”或“定投”按钮，快速购买基金。

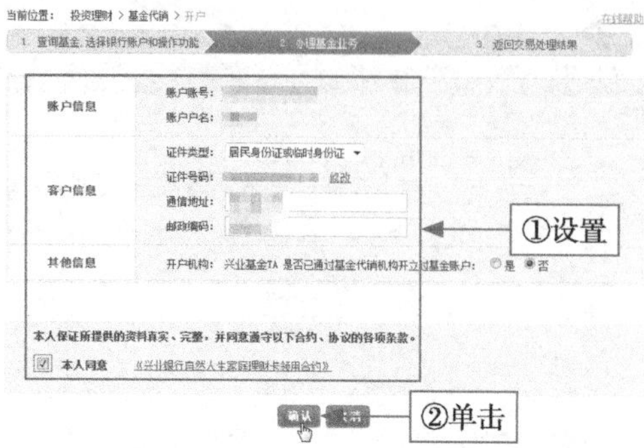

图 3-9 单击“确认”按钮

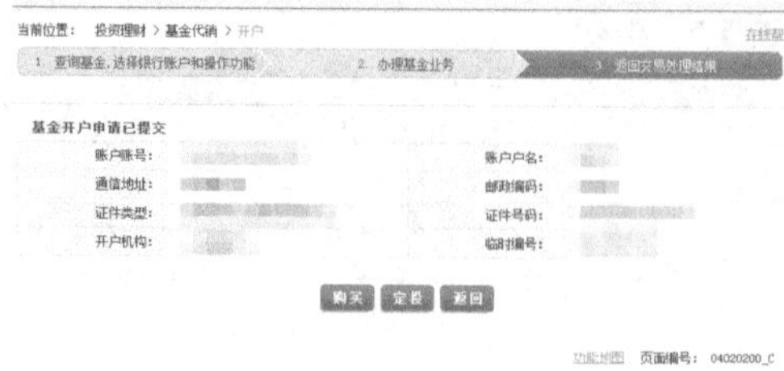

图 3-10 “返回交易处理结果”界面

3.1.3 利用理财平台代理开户

网上开户也有很多途径，其中之一就是在天天基金网这样的综合型理财平台进行代理开户，其具体操作如下：

步骤 1 进入天天基金网，在其首页顶部的菜单栏中单击“免费开户”按钮，如图 3-11 所示。

步骤 2 执行操作后，在新打开的页面输入手机号码、图形验证码和短信校验码，单击“下一步”按钮，如图 3-12 所示。

图 3-11 单击“免费开户”按钮

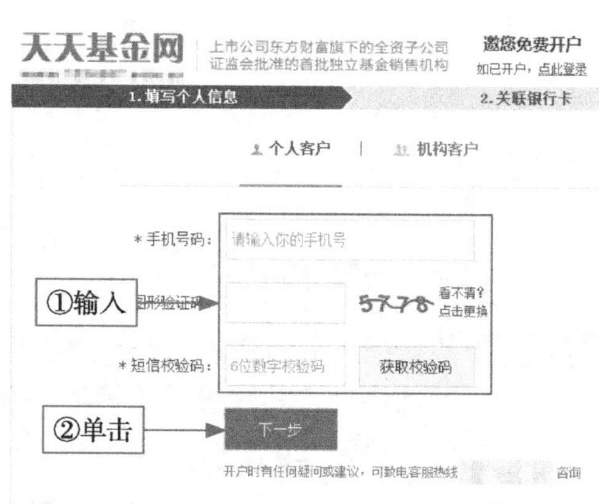

图 3-12 单击“下一步”按钮

步骤 3 在新打开的页面中，设置交易密码，并单击“下一步”按钮，如图 3-13 所示。

步骤 4 执行操作后，进入“关联银行卡”界面，选中相应银行，如图 3-14 所示，单击“下一步”按钮。

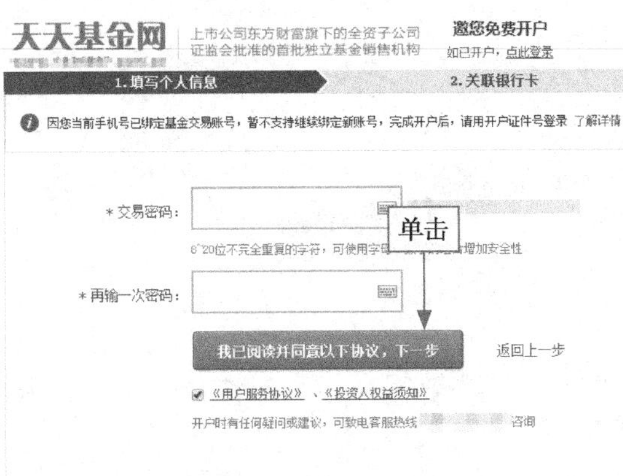

图 3-13 设置交易密码

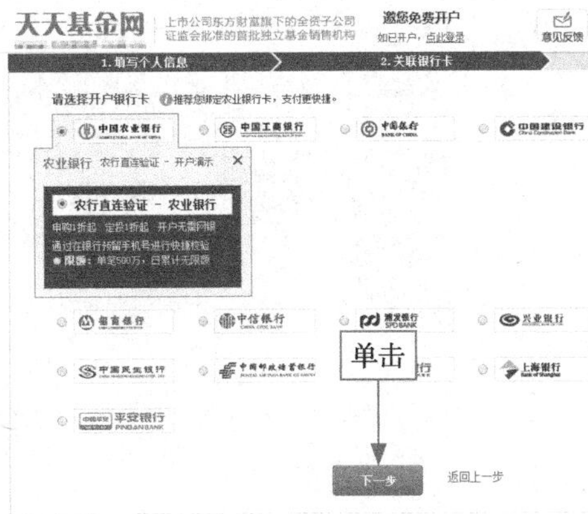

图 3-14 选择银行界面

步骤 5 在页面下方，设置相应的银行卡号、持卡人证件类型和号码、持卡人真实姓名，如图 3-15 所示，单击“开始安全验证”按钮。

步骤 6 执行操作后，即可完成开户操作，开户成功，如图 3-16 所示。

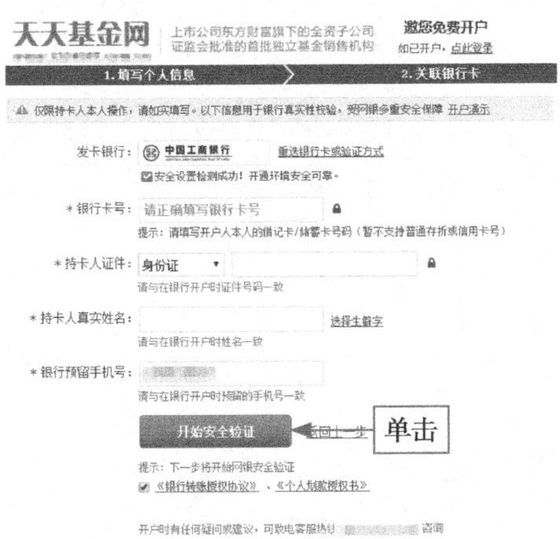

图 3-15 填写银行卡信息

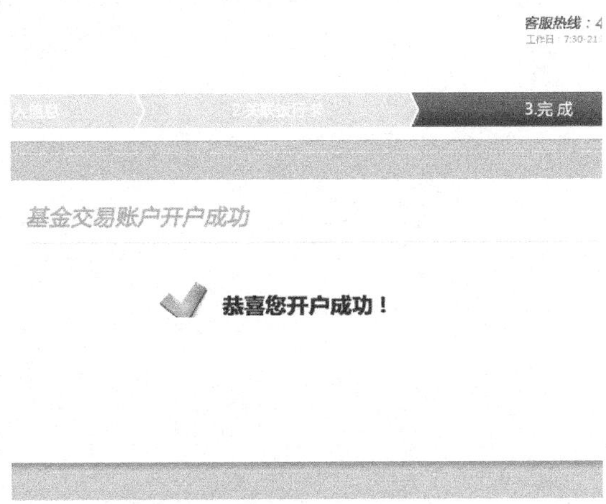

图 3-16 开户成功

3.1.4 利用基金公司官网开户

除了在上述综合类基金投资平台开户之外，投资者还可以在基金公司进行开户。需要注意的是，在基金公司开立的基金账户，可能只允许购买该基金公司的基金，并会被收取一定的费用。

下面以南方基金公司开户为例，介绍具体的操作方法。

步骤 1 进入南方基金官方网站，在其首页的左上方位置单击“免费开户”按钮，如图 3-17 所示。

图 3-17　单击“免费开户”按钮

步骤 2 执行操作后，进入“南方 e 站通”界面，在该界面填写手机号、附加码和验证码，如图 3-18 所示，单击“下一步”按钮。

图 3-18　“南方 e 站通”界面

步骤 3 执行上述操作后，系统会弹出“设置密码”界面，投资者需设置并确认密码，如图 3-19 所示。

步骤 4 密码设置并确认后，只需单击正下方的快速注册，便会转至“注册成功”界面，如图 3-20 所示。

图 3-19 “设置密码”界面

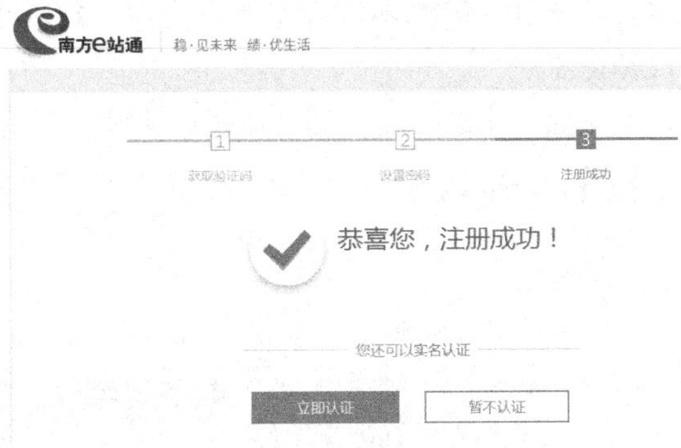

图 3-20 “注册成功”界面

3.2 开放式基金买卖须知

开放式基金的交易渠道主要有3个，即基金公司直销、证券公司代销和银行代销，它们各自的优势和不足如图3-21所示。投资者选择交易渠道并办理好相关的手续后，就可以进行基金的相关操作了。

基金公司直销

优势：直接可以在网上办相关手续，不但交易手续费有优惠，而且购买不受时间的限制。

不足：单个基金公司的账号只能购买其旗下的产品，如果投资者要买其他公司的基金产品，还需要另外办理相关手续。

证券公司代销

优势：基金品种较为齐全，且可以网上交易，基金的买卖比较便捷。除此之外，有的证券公司的客户经理还会对基金产品进行一些介绍，给投资者提供参考意见。

不足：证券公司网点相对分散，而且投资者如果要对基金进行购买，还需在证券公司开设资金账户。

银行代销

优势：网点较多，买卖比较方便。

不足：从银行买卖基金没有申购优惠，且银行代销的多为新基金，可供选择的品种较少。除此之外，银行代销的只是一个基金公司旗下的部分基金产品，所以，如果投资者要进行基金的转换，可能会比较麻烦。

图 3-21 开放式基金各交易渠道的优势和不足

3.2.1 基金公司网上开户流程

在基金公司开设基金账户之前，投资者需要先到该基金公司的指定银行办理银行卡，并且开通网上银行的相关服务，只有在此基础上投资者才能顺利地在基金公司开设基金账户。

下面以华夏基金管理公司开户为例，介绍具体的操作方法。

步骤 1 进入华夏基金管理公司的官网，在其首页的右上方位置“个人登录”处单击“开户”链接，如图 3-22 所示。

图 3-22　华夏基金管理公司官网首页

步骤 2 执行上述操作后，页面将转至“选择支付卡”界面，如图 3-23 所示。

图 3-23　“选择支付卡”界面

步骤 3 支付卡选择完成后，页面将转至“身份验证”界面，如图 3-24 所示。

图 3-24 “身份验证”界面

步骤 4 在“身份验证”界面填写相关信息后，单击下方的“确认”按钮，页面将转至“填写资料”界面，如图 3-25 所示。

图 3-25 “填写资料”界面

步骤 5 在“填写资料”界面填写相关信息后，单击下方的“提交”按钮，如果页面转至“开户成功”界面，就说明开户完成了，如图 3-26 所示。

图 3-26 “开户成功”界面

3.2.2 银行或证券公司的开户

与基金公司网上开户不同，在银行或证券公司开户，要先到相关网点开通证券交易功能，并且还要开设 3 个账户，具体如图 3-27 所示。

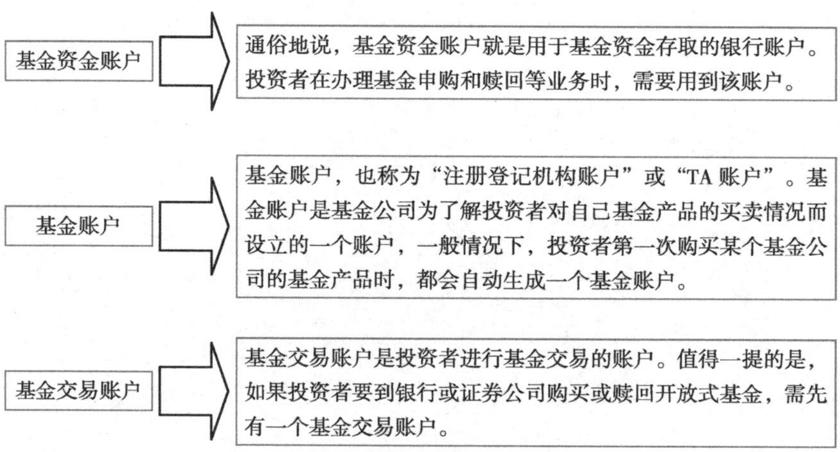

图 3-27 开放式基金的 3 个账户

因为部分投资者难以区分基金账户和基金交易账户，下面就来说一说两者的不同点。首先，这两个账户的开设机构是不同的，基金账户需在基金公司开设，而基金交易账户则是在代销机构开设。其次，两者的差别还可能体现在数量上，比如从基金公司来看，每个投资者只有一个基金账户，却可能拥有多个交易账户。

3.2.3 开放式基金的买卖

投资者如果有买入某基金的想法，应事先对目标基金品种的信息有所了解，并在此基础上对购买风险和收益情况等有一个大致的认知，不应因一时兴起，在对目标基金一无所知的情况下盲目购买。

而基金的赎回则意味着投资者要将一部分或全部持有的基金卖出变现。这虽是基金投资获利不可或缺的一步，但同时也失去了持有的基金份额，因此，在进行基金赎回操作时，投资者应多一分慎重。

特别提醒

基金赎回是需要一个过程的，投资者提交赎回申请后，需先经过基金管理人的有效性确认；在确认赎回有效之后，通常还要几个工作日，赎回款才能到账。赎回金额是以赎回申请当日的基金净值计算的，投资者的赎回申请得到基金公司确认后就不会再随时间而变化了。

3.3 开放式基金认购准备

虽然不同基金的发行规则和认购流程可能会有所不同，但是投资者进行基金的认购通常要经过开户、认购和确认这 3 步。在此过程中，资料的准备是重中之重。这一节就重点探讨基金开户和认购需要准备的材料。

3.3.1 开户材料的准备

同样是基金开户，但是个人开户和机构开户在材料的准备上还是会有不同，接下来就对个人开户和机构开户需准备的资料分别进行说明。

1. 个人开户的材料准备

个人开户通常需要准备 3 种材料，具体如下：

（1）投资者本人有效身份证原件；

（2）填写完成的《账户开户申请表》；

（3）投资者本人当地活期存款账户或基金公司指定银行的银行卡。

2. 机构开户的材料准备

相较于个人开户，机构开户需要准备的材料要多一些，机构开户通常需要准备以下 5 种材料：

（1）机构经办人有效身份证原件；

（2）填写完成的《账户开户申请表》；

（3）基金公司指定银行开具的《开户许可证》；

（4）《法人授权委托书》和加盖公章的《预留印鉴卡》；

（5）加盖公章的企业法人营业执照、组织机构代码证和税务登记证的原件及其复印件。

3.3.2 认购材料的准备

根据认购主体和认购渠道的不同，认购材料的准备可分为个人认购基金的材料准备、机构在基金直销中心认购基金的材料准备和机构在基金代销网点认购基金的材料准备 3 种，下面就对这 3 种认购方式需要准备的材料进行说明。

1. 个人认购基金的材料准备

个人认购基金通常需要准备以下 4 种材料：

（1）基金账户卡；

（2）投资者本人有效身份证；

（3）填写完成的《银行代销基金认购申请表》；

（4）有足够认购资金的投资者本人的当地银行借记卡。

2. 机构在基金直销中心认购基金的材料准备

机构在基金直销中心认购基金通常需要准备以下 4 种材料：

（1）基金账户卡；

（2）机构经办人有效身份证原件；

（3）填写完成的《认购申请书》；

（4）划付认购资金的凭证回单或回单复印件。

3. 机构在基金代销网点认购基金的材料准备

机构在基金代销网点认购基金通常需要准备以下 4 种材料：

（1）基金账户卡；

（2）机构经办人身份证原件；

（3）填写完成的《银行代销基金认购申请表》；

（4）有足够认购资金的机构代销银行存款账户。

提交认购材料之后，投资者可以到基金销售机构查询认购结果，有需要的还可以到基金销售网点打印成交确认单。除此之外，因为投资者在认购时填写了预留地址，所以，基金成立后投资者会收到基金公司寄来的确认认购的相关资料。

3.4 开放式基金申购须知

开放式基金的基金合同生效后，都会经历一个短暂的封闭期，期间无法进行赎回等操作，只有等封闭期结束，进入正常申购赎回期之后，投资者才可以在基金的开放日进行申购等操作。

3.4.1 3步申购基金

投资者进行基金申购通常需要经过以下3步：

步骤① 按照要求在基金销售网点办理相关手续，并在工作日的交易时段提出申购申请，填写完《申购申请表》。

步骤② 网点对投资者的申请表及账户卡等进行审核，审核完成后，录入信息，冻结申购款项，并且将信息上传给基金公司的过户经理。基金公司过户经理收到信息后会下传确认信息，并将相关信息上传给管理人。

步骤③ 基金管理人收到申购申请后，将在3个工作日内对申购有效性进行确认。一旦申购成功，投资者就可以通过领取确认凭证来确认申购的完成。

3.4.2 申购选择须知

投资者在申购过程中填写资料时应注意两点，一是投资方式的选择，二是红利的选择。投资者需要结合自身实际情况做出选择。

投资方式的选择，就是选择一次性投资还是选择定额定期投资的问题。一次性投资可能会享受低费用的优惠，但是需要一次性投入大量资金；而定额定期投资虽然每次只需要支付少量固定的金额，却无法享受低费用的优惠。

红利的选择分为现金分红和红利再投资两种。虽然现金分红的方式可以拿到实际的红利，但它也是以放弃这部分资金的再投资机会作为前提的；而红利再投资则是将获得的红利再次进行投资，虽然有效地利用了资金，但也可能会给既得利润带来风险。

3.4.3 自行封闭的基金

开放式基金的自行封闭是指当开放式基金达到规模后，基金公司对基金采取的只赎回、不申购举措。

自行封闭是基金发展到一定程度之后必然会经历的一个过程。因为当基金规模过大时，基金经理为了消化资金，需要到其他自己不熟悉的领域进行投资，这样一来就很难保持之前的盈利水平了。所以，为了保持基金的整体盈利水平，当基金发展到一定程度后，都会选择自行封闭基金。

3.5 开放式基金赎回须知

投资者可以在证券交易所的交易时间内，进行开放式基金的赎回。需要特别注意的是，基金的赎回以 15：00 为界，15：00 之前进行的赎回操作，以当日收盘后的基金净值进行结算；而 15：00 之后进行的赎回操作，则是以次日收盘后的基金净值进行结算。

3.5.1 有限制的赎回

为了避免资金赎回过多造成开放式基金无法正常运营，投资者进行基金赎回时，通常会受到一定的限制。总体来说，基金赎回主要有 3 个限制，具体如图 3-28 所示。

时间限制 → 基金赎回的时间限制主要体现在赎回时间和赎回款到账时间的限制。
具体来说，如果是基金首次募集的资金，通常要在基金运作 3 个月左右才能够进行赎回，而且基金允许赎回之后，时间也多被固定在某几个时间段。进行赎回之后，也要等待几天才能收到赎回款。

额度限制 → 虽然基金一般都不会明确限制赎回的额度，但是当赎回量过大时，赎回申请可能会被顺延。比如，当单个开放日内的赎回量超过基金总量的 10% 时，超过 10% 的部分可能要到下一个交易日才能办理。

费率限制 → 投资者赎回基金时，需要交纳一些费用，而这个费用会随着基金的持有时间而变化。通常来说，基金持有时间越长，这个费用就越低。

图 3-28 开放式基金赎回的 3 个限制

3.5.2 3 步赎回基金

投资者进行基金的赎回通常需要经过以下 3 步：

步骤 1 按照要求在基金销售网点办理相关手续，并在工作日的交易时段提出赎回申请，填写并提交《赎回申请表》。

步骤 2 网点对投资者赎回的相关资料进行审核，审核完成后，录入信息，冻结赎回部分，并且将信息上传给基金公司的过户经理。基金公司过户经理收到信息后会下传确认信息，并将相关信息上传给相关管理人。

步骤 3 基金托管人和网点下划赎回款，资金到账之后，投资者领取确认凭证，至此赎回就成功了。

3.5.3 概说巨额赎回

巨额赎回是指单个开放日内的赎回量超过了基金总量的 10%。巨额赎回出现后，基金管理人会通过邮寄等方式告知投资者，而基金公司则会在相关媒体进行公告。

巨额赎回发生时，基金管理人会采取相应举措，对赎回进行一些调整。总体来说，巨额赎回的处理方案主要有 3 个，具体如图 3-29 所示。

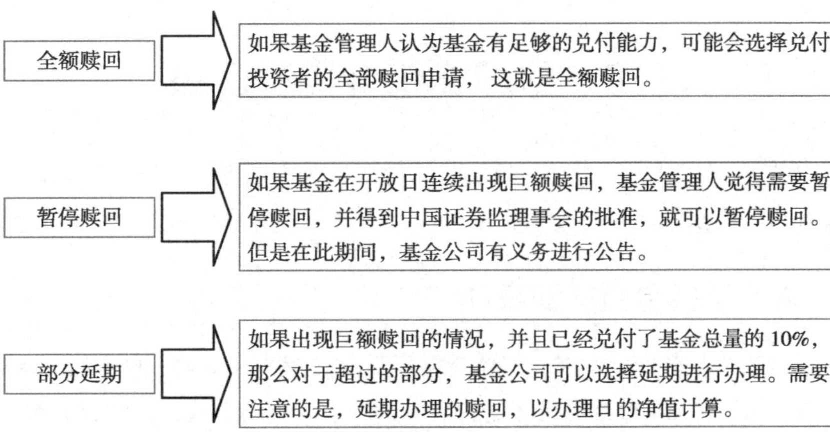

图 3-29　巨额赎回的 3 个处理方案

3.5.4 3 大基金赎回技巧

除了急需将基金赎回兑现之外，基金的赎回既是持有基金的投资结束，也是新一轮投资的开始。因此，为了让赎回时获得的利润最大化，投资者需要掌握一定的赎回技巧。总体来说，基金赎回主要有 3 个技巧，具体如图 3-30 所示。

选择赎回时间	基金获益很关键的一点就是对赎回时间的把握，以股票型基金为例，只有当行情看跌的情况下进行赎回，才能保证收益。
分析基金前景	是否对基金赎回，应该建立在对基金前景分析的基础上。如果基金未来可期，自然应该继续持有。但是，如果基金前景堪忧，就需要及时赎回，以保证既得利润。
迂回赎回策略	即使不看好当前的基金品种，也并不是只有赎回兑现这一种解决途径。投资者可以通过基金转换将当前持有的基金品种换成其他基金品种。这不仅解决了问题，更关键的是它还比直接赎回的费用低，可保障既得利润。

图 3–30　基金赎回的 3 个技巧

3.6　封闭式基金买卖须知

与开放式基金有很大的不同，封闭式基金买卖是在证券交易所进行的，它的买卖方法与股票有一些相似性。

3.6.1　封闭式基金的申购事项

在进行封闭式基金的申购时，投资者需要重点注意 3 大事项，具体如下所示：

（1）配号认购。因为封闭式基金采取的是网上发行的方式，认购量必然会超过发行量，所以，它需要以“配号摇签”的形式对基金份额进行分配。只有当投资者的配号与中签号一致时，才说明申购中签了。

（2）申购须知。申购之前，投资者需要先获得一个可用于申购的账户，并在该账户内存入用于申购的资金。这个账户可以是基金账户，也可以是沪、深股票账户。如果确认中签了，还需要对申购的相关规则进行学习，打有准备之仗。

（3）账户须知。投资者拥有了股票账户之后，不要再去另外开设基金账户，且每个投资者对应一个资金账户，不得用多个资金账户进行申购。

3.6.2　封闭式基金的主要特点

封闭式基金主要有 7 个特点，具体如图 3–31 所示。

特点	说明
竞价定价	封闭式基金的开盘价并不是由基金公司制定的，而是采取集合竞价的形式进行确定。
T + 1交易	与许多理财产品不同，封闭式基金采取的是T + 1的交易方式，也就是在买入之后的下一个交易日才能将其卖出。
涨跌限制	封闭式基金单个交易日内的涨跌幅度控制在10%以内（上市首日除外）。
交易量限制	封闭式基金的最小交易量限定为100个基金单位，如果剩下部分不足100，又要进行交易时，必须将剩下部分全部卖出。
佣金标准	封闭式基金的买卖需要支付佣金，但是佣金的比例须低于成交量的3‰，具体数额通常由券商和投资者协商决定。
指定交易	在未办理完成转托管相关手续的情况下，投资者只能在开户的证券营业部交易封闭式基金。
单位规定	封闭式基金的委托价格以“1基金单位”进行计算，而申报价格的最小单位则是精确到小数点后四位，即0.000 1元。

图3-31 封闭式基金的主要特点

特别提醒

基金净值既是判断一个基金盈利能力的主要依据之一，也是投资者买卖基金时需要重点关注的内容。基金公司会在对资产状况进行评估之后，在固定媒体上定期对基金的单位净值进行公布。投资者需要及时了解基金的净值变化，并据此对下一步操作进行计划。

3.7 基金行情信息的查看

大多数炒股的行情分析软件上都有基金行情的相关信息，投资者如果有需要，可以进行查询。本节以大智慧软件为例，进行具体说明。

3.7.1 “大智慧”的下载与安装

“大智慧”是目前较为常用的证券信息平台，投资者可以下载并安装该软件，对基金的行情进行实时查询。该软件的下载与安装步骤具体如下所示：

步骤 1 进入大智慧的官网，单击其页面右侧的“电脑版大智慧365”下方的“免费下载”按钮，如图 3-32 所示。

图 3-32　大智慧官网首页

步骤 2 在弹出的“新建下载任务”对话框中进行相关设置，并单击“下载”按钮，如图 3-33 所示。

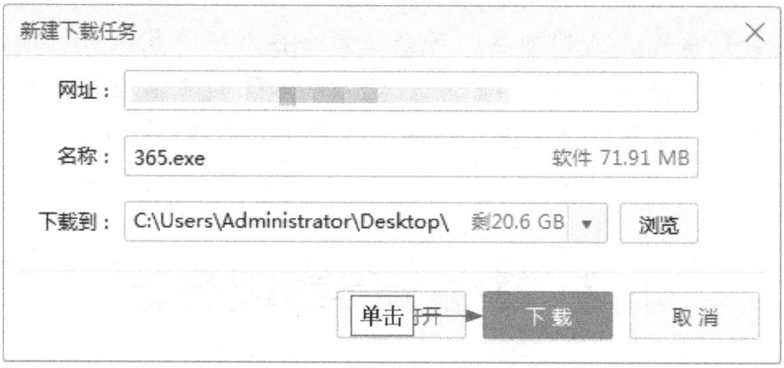

图 3-33　“新建下载任务”对话框

步骤 3 下载完成后，会在下载路径生成一个名为“365”的图标，如图 3-34 所示。双击该图标，进行软件的安装。

步骤 4 根据安装向导对软件进行安装，如果完成之后出现了一个名为“大智慧365”的快捷图标，就说明安装成功了，如图 3-35 所示。

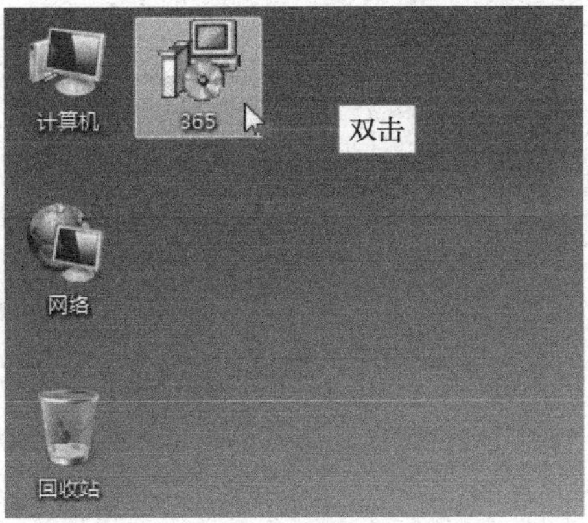

图 3-34 双击“365”图标

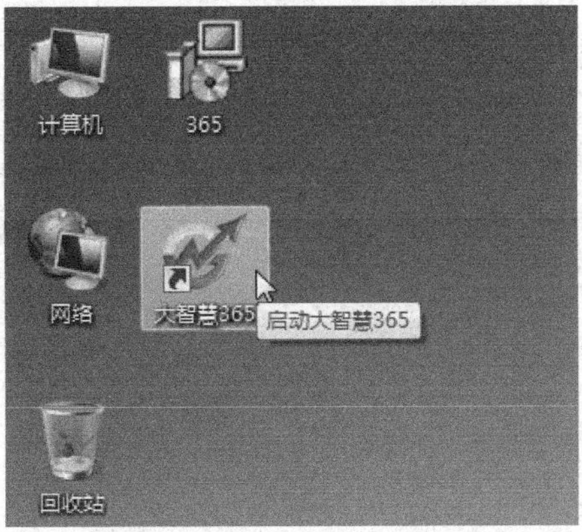

图 3-35 “大智慧 365”快捷图标

3.7.2 通过“大智慧”查询行情

“大智慧”安装完成后，就可以进入软件实时查询基金的行情了。利用“大智慧”查询行情的具体步骤如下所示：

步骤 1 双击“大智慧 365”快捷图标，进入“大智慧 365”的登录界面。在页面中输入用户名和密码，并单击“登录”按钮，登录软件，如图 3-36 所示。如果投资者还没有注册账号，可以单击页面右侧的“一步完成注册！”，进行注册。

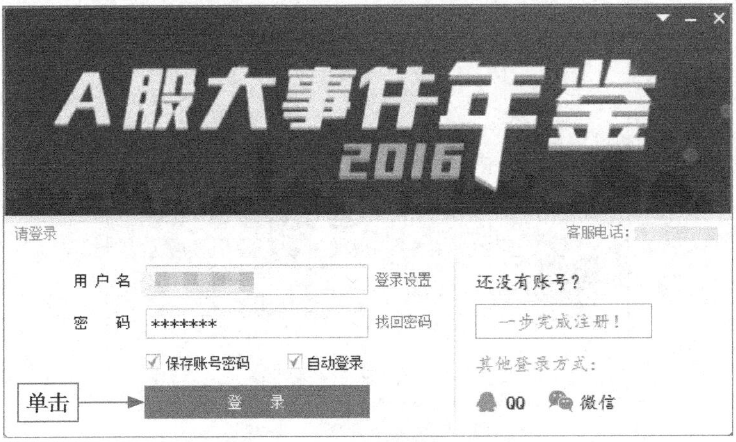

图 3-36 “大智慧 365”登录界面

步骤 2 完成上述操作之后，页面将转至“大智慧”软件的默认界面。单击该页面中的“基金”按钮，如图 3-37 所示。

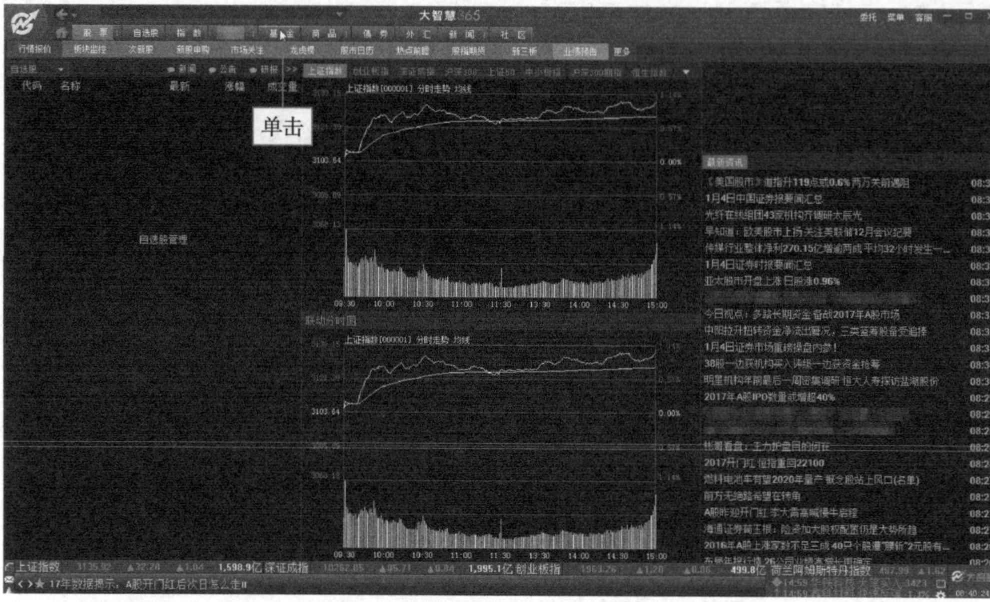

图 3-37　单击“基金”按钮

特别提醒

如果投资者对系统默认的外观不适应，可以在软件中执行“菜单”—“终端”—“选项”—“外观”命令，对软件的外观进行设置，如图 3-38 所示。

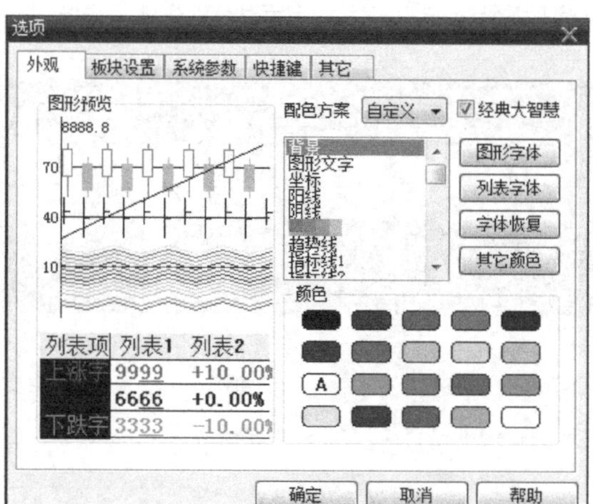

图 3-38　“外观”界面

步骤 3 执行上述命令之后，页面将转至基金分级行情界面。投资者可以在该界面看到基金的代码、名称及行情，如图 3-39 所示。

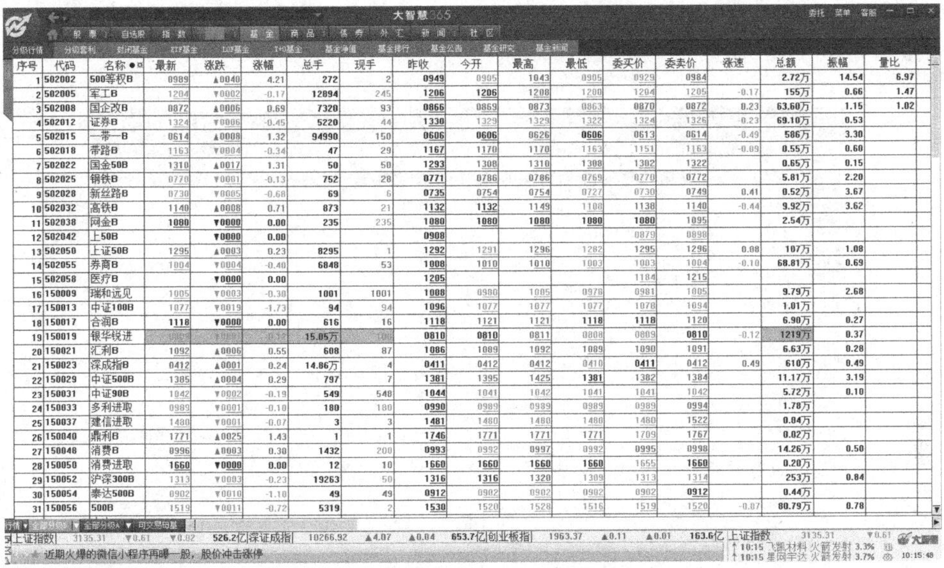

序号	代码	名称	最新	涨跌	涨幅	总手	现手	昨收	今开	最高	最低	委买价	委卖价	涨速	总额	振幅	量比
1	502002	500等权B	0989	▲0040	4.21	272	2	0949	0905	1043	0905	0929	0984		2.72万	14.54	6.97
2	502005	军工B	1204	▼0002	-0.17	12894	245	1206	1206	1208	1200	1204	1205	-0.17	155万	0.66	1.47
3	502008	国企改B	0872	▲0006	0.69	7320	93	0866	0869	0873	0863	0870	0872	0.23	63.60万	1.15	1.02
4	502012	证券B	1324	▼0006	-0.45	5220	44	1330	1329	1329	1322	1324	1326	-0.23	69.10万	0.53	
5	502015	一带一B	0614	▲0008	1.32	94990	150	0606	0606	0626	0606	0613	0614	-0.49	586万	3.30	
6	502018	带路B	1163	▼0004	-0.34	47	29	1167	1170	1170	1163	1151	1163	-0.09	0.55万	0.60	
7	502022	国金50B	1310	▲0017	1.31	50	50	1293	1308	1310	1308	1302	1322		0.65万	0.15	
8	502025	钢铁B	0770	▼0001	-0.13	752	28	0771	0786	0786	0769	0770	0772		5.81万	2.20	
9	502028	新丝路B	0730	▼0005	-0.68	69	6	0735	0754	0754	0727	0730	0749	0.41	0.52万	3.67	
10	502032	高铁B	1140	▲0008	0.71	873	21	1132	1132	1149	1108	1138	1140	-0.44	9.92万	3.62	
11	502038	网金B	1080	▼0000	0.00	235	235	1080	1080	1080	1080	1080	1095		2.54万		
12	502042	上50B		▼0000	0.00			0908				0879	0898				
13	502050	上证50B	1295	▲0003	0.23	8295	1	1292	1291	1296	1282	1295	1296	0.08	107万	1.08	
14	502055	券商B	1004	▼0004	-0.40	6848	53	1008	1010	1010	1003	1003	1004	-0.10	68.81万	0.69	
15	502058	医疗B		▼0000	0.00			1205				1184	1215				
16	150009	瑞和远见	1005	▼0003	-0.30	1001	1001	1008	0980	1005	0978	0981	1005		9.79万	2.68	
17	150013	中证100B	1077	▼0019	-1.73	94	94	1096	1077	1077	1077	1078	1094		1.01万		
18	150017	合润B	1118	▼0000	0.00	616	16	1118	1121	1121	1118	1118	1120		6.90万	0.27	
19	150019	银华锐进	[illegible]	[illegible]	[illegible]	15.05万	[illegible]	0810	0810	0811	0808	0809	0810	-0.12	1219万	0.37	
20	150021	汇利B	1092	▲0006	0.55	608	87	1086	1089	1092	1089	1090	1091		6.63万	0.28	
21	150023	深成指B	0412	▲0001	0.24	14.86万	4	0411	0412	0412	0410	0411	0412	0.49	610万	0.49	
22	150029	中证500B	1385	▲0004	0.29	797	7	1381	1395	1425	1381	1382	1384		11.17万	3.19	
23	150031	中证90B	1042	▼0002	-0.19	549	548	1044	1041	1042	1041	1041	1042		5.72万	0.10	
24	150033	多利进取	0989	▼0001	-0.10	180	180	0990	0989	0989	0989	0989	0994		1.78万		
25	150037	建信进取	1480	▼0001	-0.07	3	3	1481	1480	1480	1480	1480	1522		0.04万		
26	150040	鼎利B	1771	▲0025	1.43	1	1	1746	1771	1771	1771	1709	1767		0.02万		
27	150048	消费B	0996	▲0003	0.30	1432	200	0993	0992	0997	0992	0995	0998		14.26万	0.50	
28	150050	消费进取	1660	▼0000	0.00	12	10	1660	1660	1660	1660	1655	1660		0.20万		
29	150052	沪深300B	1313	▼0003	-0.23	19263	50	1316	1316	1320	1309	1313	1314		253万	0.84	
30	150054	泰达500B	0902	▼0010	-1.10	49	49	0912	0902	0902	0902	0902	0912		0.44万		
31	150056	500B	1519	▼0011	-0.72	5319	2	1530	1520	1528	1516	1519	1520	-0.07	80.79万	0.78	

图 3-39 基金分级行情界面

步骤 4 如果投资者想了解某个基金品种的详情，还可以在基金报价信息界面单击其名称，实时查看该基金的分时走势、技术分析、基本资料以及其他信息，图 3-40 所示为“500 等权 B”的分时走势图。

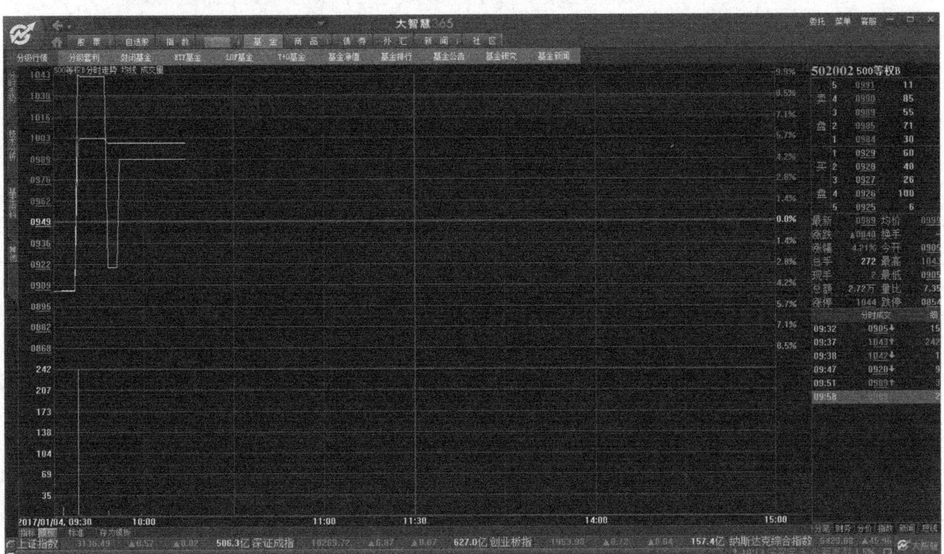

图 3-40 “500 等权 B”的分时走势图

特别提醒

除了在“分级行情”界面直接选择基金之外，投资者还可以根据基金的类别，对需要查看的基金进行选择，图 3-41、图 3-42 所示分别为“ETF 基金”和“LOF 基金”的报价信息界面。

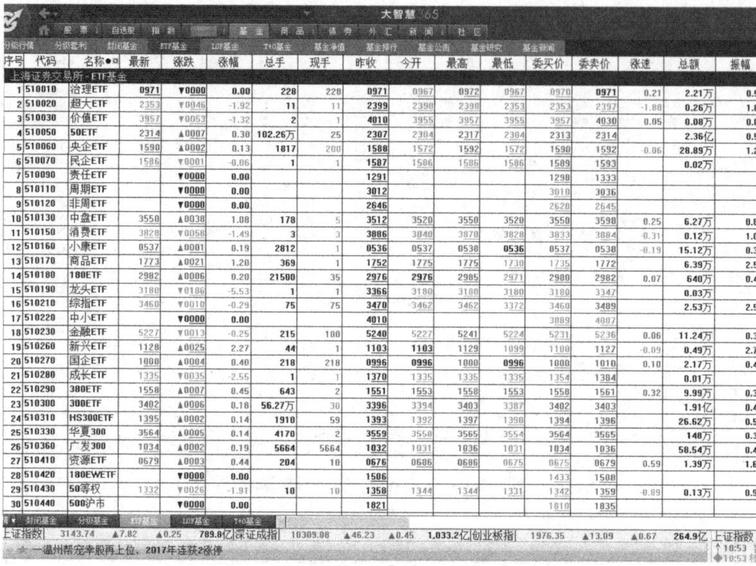

上海证券交易所 - ETF基金

序号	代码	名称	最新	涨跌	涨幅	总手	现手	昨收	今开	最高	最低	委买价	委卖价	涨速	总额	振幅
1	510010	治理ETF	0971	▼0000	0.00	228	228	0971	0967	0972	0967	0970	0971	0.21	2.21万	0.51
2	510020	超大ETF	2353	▼0046	-1.92	11	11	2399	2398	2398	2353	2353	2397	-1.88	0.26万	1.88
3	510030	价值ETF	3957	▼0053	-1.32	2	1	4010	3955	3957	3955	3957	4030	0.05	0.08万	0.05
4	510050	50ETF	2314	▲0007	0.30	102.26万	25	2307	2304	2317	2304	2313	2314		2.36亿	0.56
5	510060	央企ETF	1590	▲0002	0.13	1817	200	1588	1572	1592	1572	1590	1592	-0.06	28.89万	1.26
6	510070	民企ETF	1586	▼0001	-0.06	1	1	1587	1586	1586	1586	1589	1593		0.02万	
7	510090	责任ETF		▼0000	0.00			1291				1298	1333			
8	510110	周期ETF		▼0000	0.00			3012				3010	3036			
9	510120	非周ETF		▼0000	0.00			2646				2620	2645			
10	510130	中盘ETF	3550	▲0038	1.08	178	5	3512	3520	3550	3520	3550	3598	0.25	6.27万	0.85
11	510150	消费ETF	3828	▼0058	-1.49	3	3	3886	3840	3870	3828	3833	3884	-0.31	0.12万	1.08
12	510160	小康ETF	0537	▲0001	0.19	2812	1	0536	0537	0538	0536	0537	0538	-0.19	15.12万	0.37
13	510170	商品ETF	1773	▲0021	1.20	369	1	1752	1775	1775	1730	1735	1772		6.39万	2.57
14	510180	180ETF	2982	▲0006	0.20	21500	35	2976	2976	2985	2971	2980	2982	0.07	640万	0.47
15	510190	龙头ETF	3180	▼0186	-5.53	1	1	3366	3180	3180	3180	3180	3347		0.03万	
16	510210	综指ETF	3460	▼0010	-0.29	75	75	3470	3462	3462	3372	3460	3489		2.53万	2.59
17	510220	中小ETF		▼0000	0.00			4010				3889	4007			
18	510230	金融ETF	5227	▼0013	-0.25	215	100	5240	5227	5241	5224	5231	5236	0.06	11.24万	0.32
19	510260	新兴ETF	1128	▲0025	2.27	44	1	1103	1103	1129	1099	1100	1127	-0.09	0.49万	2.72
20	510270	国企ETF	1000	▲0004	0.40	218	218	0996	0996	1000	0996	1000	1010	0.10	2.17万	0.40
21	510280	成长ETF	1335	▼0035	-2.55	1	1	1370	1335	1335	1335	1354	1384		0.01万	
22	510290	380ETF	1558	▲0007	0.45	643	2	1551	1553	1558	1553	1558	1561	0.32	9.99万	0.32
23	510300	300ETF	3402	▲0006	0.18	56.27万	30	3396	3394	3403	3387	3402	3403		1.91亿	0.47
24	510310	HS300ETF	1395	▲0002	0.14	1910	59	1393	1392	1397	1390	1394	1396		26.62万	0.50
25	510330	华夏300	3564	▲0005	0.14	4170	2	3559	3558	3565	3554	3564	3565		148万	0.31
26	510360	广发300	1034	▲0002	0.19	5664	5664	1032	1031	1036	1031	1034	1036		58.54万	0.48
27	510410	资源ETF	0679	▲0003	0.44	204	10	0676	0686	0686	0675	0675	0679	0.59	1.39万	1.63
28	510420	180EWETF		▼0000	0.00			1506				1433	1508			
29	510430	50等权	1332	▼0026	-1.91	10	10	1358	1344	1344	1331	1342	1359	-0.89	0.13万	0.96
30	510440	500沪市		▼0000	0.00			1821				1810	1835			

图 3-41 “ETF 基金”报价信息界面

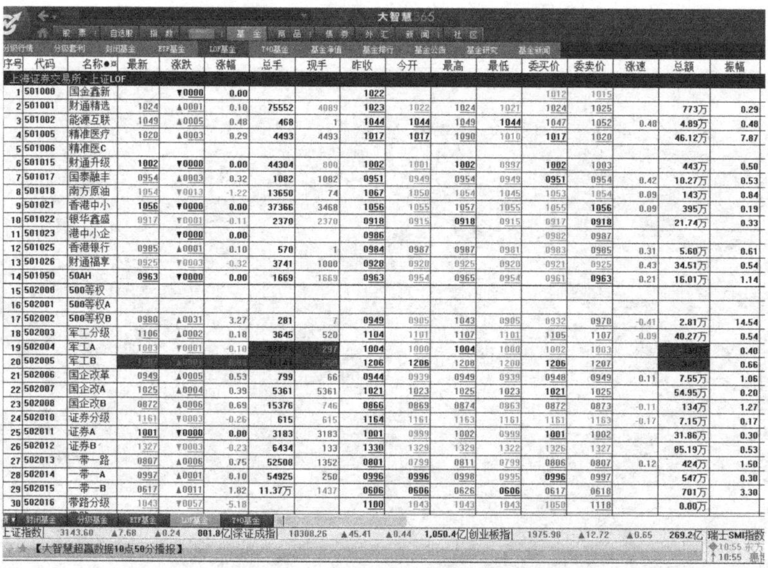

上海证券交易所 - 上证LOF

序号	代码	名称	最新	涨跌	涨幅	总手	现手	昨收	今开	最高	最低	委买价	委卖价	涨速	总额	振幅
1	501000	国金鑫新		▼0000	0.00			1022				1012	1015			
2	501001	财通精选	1024	▲0001	0.10	75552	4089	1023	1022	1024	1021	1024	1025		773万	0.29
3	501002	能源互联	1049	▲0005	0.48	468	1	1044	1044	1049	1044	1047	1052	0.48	4.89万	0.48
4	501005	精准医疗	1020	▲0003	0.29	4493	4493	1017	1017	1090	1010	1017	1020		46.12万	7.87
5	501006	精准医C														
6	501015	财通升级	1002	▼0000	0.00	44304	800	1002	1001	1002	0997	1002	1003		443万	0.50
7	501017	国泰融丰	0954	▲0003	0.32	1082	1082	0951	0949	0954	0949	0951	0954	0.42	10.27万	0.53
8	501018	南方原油	1054	▼0013	-1.22	13650	74	1067	1050	1054	1045	1053	1054	0.09	143万	0.84
9	501021	香港中小	1056	▼0000	0.00	37366	3468	1056	1055	1057	1055	1055	1056	0.09	395万	0.19
10	501022	银华鑫盛	0917	▼0001	-0.11	2370	2370	0918	0915	0918	0915	0917	0918		21.74万	0.33
11	501023	港中小企		▼0000	0.00			0986				0982	0987			
12	501025	香港银行	0985	▲0001	0.10	570	1	0984	0987	0987	0981	0983	0985	0.31	5.60万	0.61
13	501026	财通福享	0925	▼0003	-0.32	3741	1000	0928	0920	0925	0920	0921	0925	0.43	34.51万	0.54
14	501050	50AH	0963	▼0000	0.00	1669	1669	0963	0954	0965	0954	0961	0963	0.21	16.01万	1.14
15	502000	500等权														
16	502001	500等权A														
17	502002	500等权B	0980	▲0031	3.27	281	7	0949	0905	1043	0905	0932	0970	-0.41	2.81万	14.54
18	502003	军工分级	1106	▲0002	0.18	3645	520	1104	1101	1107	1101	1105	1107	-0.09	40.27万	0.54
19	502004	军工A	1003	▼0001	-0.10	[illegible]	297	1004	1000	1004	1000	1002	1003		[illegible]	0.40
20	502005	军工B	[illegible]	[illegible]	[illegible]	[illegible]	[illegible]	1206	1206	1208	1200	1206	1207		[illegible]	0.66
21	502006	国企改革	0949	▲0005	0.53	799	66	0944	0939	0949	0939	0948	0949	0.11	7.55万	1.06
22	502007	国企改A	1025	▲0004	0.39	5361	5361	1021	1023	1025	1023	1021	1025		54.95万	0.20
23	502008	国企改B	0872	▲0006	0.69	15376	746	0866	0869	0874	0863	0872	0873	-0.11	134万	1.27
24	502010	证券分级	1161	▼0003	-0.26	615	615	1164	1161	1163	1161	1161	1163	-0.17	7.15万	0.17
25	502011	证券A	1001	▼0000	0.00	3183	3183	1001	0999	1002	0999	1001	1002		31.86万	0.30
26	502012	证券B	1327	▼0003	-0.23	6434	133	1330	1329	1329	1322	1326	1327		85.19万	0.53
27	502013	一带一路	0807	▲0006	0.75	52508	1352	0801	0799	0811	0799	0806	0807	0.12	424万	1.50
28	502014	一带一A	0997	▲0001	0.10	54925	250	0996	0996	0998	0995	0996	0997		547万	0.30
29	502015	一带一B	0617	▲0011	1.82	11.37万	1437	0606	0606	0626	0606	0617	0618		701万	3.30
30	502016	带路分级	1043	▼0057	-5.18			1100	1043	1043	1043	1050	1118		0.00万	

图 3-42 “LOF 基金”报价信息界面

CHAPTER 4

第 4 章 巧用转换及转托管

学前提示

基金的申购和赎回直接决定了投资者的收益，自然成为基金投资者非常重视的部分。但是除了这两步之外，基金投资中还有许多不容忽视的因素，这其中包括基金转换和转托管。

要点展示

- 基金的转换业务
- 转换的时机选择和技巧把握
- 基金的转托管业务

4.1 基金的转换业务

当前所持有的基金不被看好时，部分投资者为了避免可能的风险，不惜亏本对持有份额进行赎回。这固然是一种解决问题的方式，但是以这种方式收场未免有些不甘心。其实在这种情况下，投资者完全可以选择另一种方式，即进行基金的转换。

4.1.1 基金转换的概念

基金转换即投资者在已经持有某公司发行的开放式基金的情况下，将持有部分或全部基金份额直接转换成该公司旗下的其他开放式基金品种相应份额的一种业务。通过基金转换的方式，投资者可以直接转换基金投资品种，而无需经过先赎回再申购的烦琐过程，图 4–1 所示就很好地说明了基金转换的便利性。

图 4–1 便利的基金转换

4.1.2 基金转换的好处

相较于先赎回再申购的基金投资方式，投资者进行基金的转换主要有两点好处，具体如下。

1. 节约时间

如果采取先赎回再申购的方式，投资者需要等待几个工作日之后，才能对赎回的资金进行再投资；而基金转换则基本实现了“T + 0”交易，如图 4–2 所示。

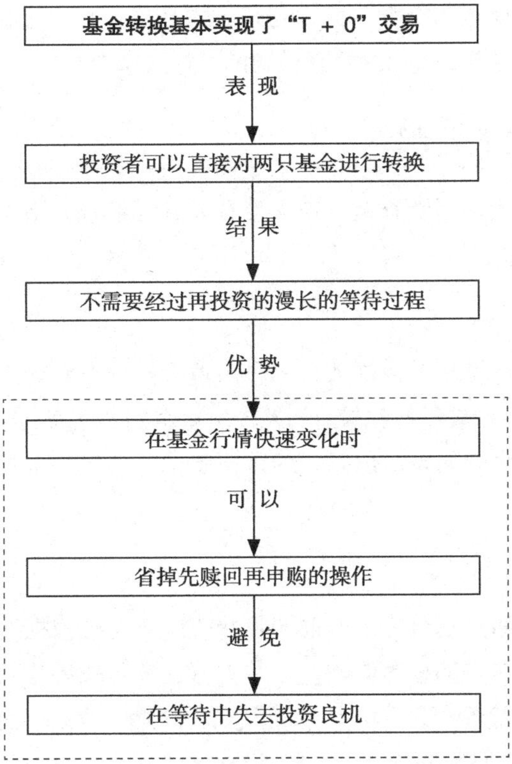

图 4-2 基金转换的“T + 0”优势

2. 节省费用

如果采取先赎回再申购的方式，投资者既要在赎回时支付一定费用，又要在重新申购时再行付费。

4.1.3 基金转换的条件

基金的转换是有条件限制的，通常情况下转换的两个基金品种需要满足两个条件，具体如下所示。

1. 销售品种要求

需要进行转换的两只基金在销售品种上是有要求的。首先，进行基金转换的两只基金都必须是开放式基金；其次，进行基金转换的两只基金必须是在同一销售机构销售，并且两只基金的注册登记人必须是相同的。

2. 收费模式限制

需要进行转换的两只基金的收费模式也是有限制的。具体来说，前端收费模式的开放式基金，只能转换至前端收费模式的开放式基金；而后端收费模式的开放式基金则可以转换成前端收费模式或后端收费模式的开放式基金。

4.1.4 基金转换的费用

基金转换的费用由赎回费补差及申购费补差共同组成，下面就对赎回费补差和申购费补差进行详细说明。

1. 赎回费补差

赎回费补差需先计算出转换申请日的转出基金赎回费和转换申请日的同等金额转入基金的赎回费，并对两者进行比较。如果转出基金的赎回费高于转入基金的赎回费，需收取赎回费差；反之，如果转出基金的赎回费低于转入基金的赎回费，就不需要收取赎回费差。

2. 申购费补差

如果需要转换的两只基金都采取前端收费模式，需要根据转出金额分别计算转换申请日的转出基金和转入基金的申购费，并进行比较。如果是由申购费低的基金转换到申购费高的基金，需要收取申购费差价；反之，如果是由申购费高的基金转换到申购费低的基金，则无需收取差价。

需要特别说明的是，基金转换的相关费用由持有者承担，并且具体数额需结合转换时两只基金的申购费率和赎回费率进行确定。因此，即使有基金转换的需求，投资者也应该对转换的具体时间进行选择。

4.2 转换的时机选择和技巧把握

基金转换最关键的两点是对时机的选择和对技巧的把握，做好了这两点，投资者基金转换的成功率将大大增加。

4.2.1 基金转换的时机

因为转换的相关费用是根据转换当日的具体情况进行计算的，所以，转换时机的选择是投资者在基金转换中需要重点把握的一步。总体来说，投资者可以通过 3 种方式选择基金转换的时机，具体如图 4–3 所示。

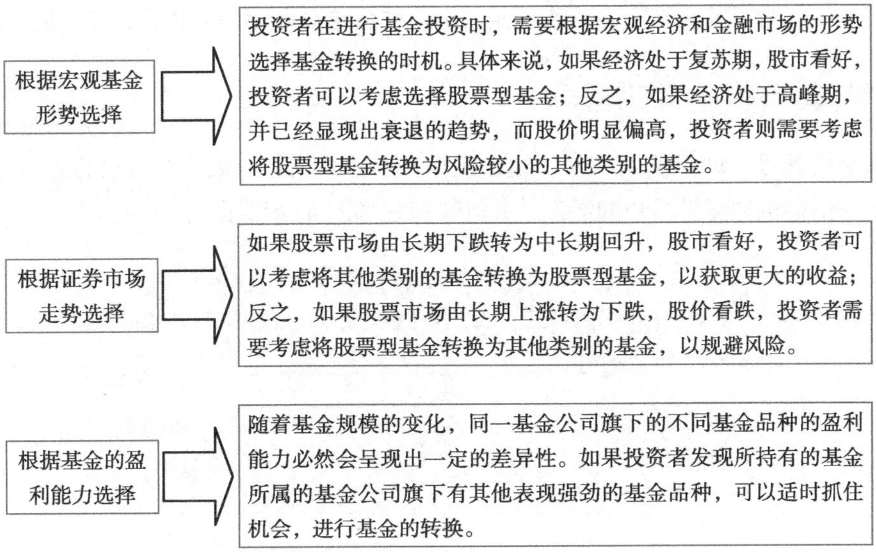

图 4–3　基金转换的 3 种时机

4.2.2　基金转换的技巧

在进行基金的转换时，除了时机的选择，投资者还需要掌握一定的技巧。基金转换的技巧主要包括 5 种，具体如下所示：

（1）当持有的股票型基金回报已达到获利点时，投资者应该考虑是否将持有的股票型基金转换为其他类型基金；

（2）当需要将持有的股票型基金“了结”，却无资金使用需求时，投资者可以考虑将股票型基金转换为债券型基金、货币市场基金等风险相对较小的基金类型；

（3）当持有的股票型基金跌破止损点，却无资金使用需求时，投资者应该考虑是否进行基金的转换；

（4）当相关股票看多时，投资者可以考虑是否要将投资于其他类型基金的持有部分，转换为看好的股票型基金的份额；

（5）当经济周期由高峰下滑时，投资者应该考虑及时对持有的股票型基金份额进行“逢高了结”，并将该类基金的持有份额部分或全部转换为债券型基金、货币市场基金等其他风险较小的基金类别。

4.3　基金的转托管业务

受一些因素的影响，投资者原来的基金投资渠道可能已经无法再适应当前的投资需求。此时，为了基金投资的便利，投资者往往会选择办理基金转托管业务。

4.3.1 基金转托管的概念

基金转托管，即投资者将某一销售机构交易账户内持有的部分或全部基金份额转出至另一销售机构交易账户的操作，其具体流程如图 4–4 所示。

T 日，投资者提出转托管申请，转出方交易所会员营业部按照上交所的要求申报转托管，上交所将申请数据发送给中国结算公司 TA 系统。

↓

T 日日终，中国结算公司 TA 系统处理转托管申报，对于合格的申报数据，记减投资者上海证券账户基金份额，记增其开放式基金账户基金份额。

↓

T+ 1 日，中国结算公司将结果反馈给上交所，上交所再将结果发送给转出方的会员营业部。

↓

T+ 2 日起，投资者可以在场外转入方的基金管理公司或代销机构处查询转入的基金份额。

图 4–4 基金转托管流程

特别提醒

部分投资者可能无法区分基金转换和基金转托管，其实这两者是有明显区别的。进行基金转换的两只基金必须是同一家基金公司旗下的产品，它们都是同一个注册人登记，并且相关操作只能在一个销售机构进行，它实际上就是指投资品种的转换；而转托管则是指投资者将在一个销售网点的基金份额转出至另一个销售网点，它的实质是投资渠道的变化。

4.3.2 办理基金转托管的方式

根据是否需要办理确认手续，转托管的办理有两种方式，即一步式转托管和两步式转托管。

具体来说，实行一步式转托管，在原托管机构办理转托管业务两日后，便可直接在新托管机构进行查询，无需办理确认手续；而实行两步式转托管，则在原托管机构办理转托管业务后，还需要通过办理相关手续进行确认。

4.3.3 办理基金转托管的注意事项

投资者在办理基金转托管业务时需要重点对转出的份额进行把握。虽然进行转托管时转出的基金份额可以是全部份额，也可以是部分份额，但是转出部分不能低于《基金契约》中规定的最小数额，如果转出部分低于规定的最小数额，那么，转托管业务就会被认定为失败。

当然，如果投资者持有的份额总数低于规定的最小数额，也可以进行转托管业务，但是必须是将所持有的全部份额一次性转出，否则会被认定为转托管失败。

CHAPTER 5

第5章 网上基金投资实战

学前提示

作为常见的理财方式之一，基金一直以来都有比较好的“群众基础”，其实这与它网上投资的便利性有着很大的关系。

网上投资基金主要有3大方式，即在基金公司官网交易、利用软件交易和通过网银交易，本章将一一进行详细说明。

要点展示

- 封闭式基金的网上交易
- 通过基金公司交易基金
- 利用炒基金软件投资基金
- 通过网上银行交易基金

5.1 封闭式基金的网上交易

封闭式基金采取的是网上发行的方式，投资者可以通过交易软件进行封闭式基金的相关操作。本节以大智慧软件和华宝证券网上交易系统为例，进行具体说明。

5.1.1 交易系统的登录

网上交易系统的登录步骤如下所示：

步骤 1 登录“大智慧 365”，单击其页面右上方的“委托”按钮，具体如图 5-1 所示。

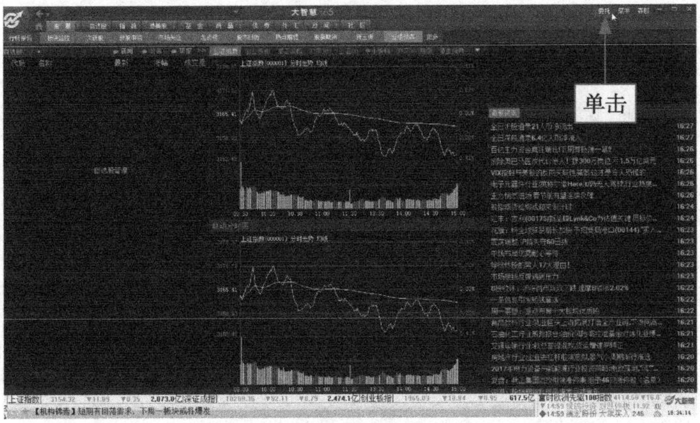

图 5-1 单击“委托”按钮

步骤 2 执行上述操作后，在弹出的“自助委托设置”界面单击需要选择的委托方，如图 5-2 所示。

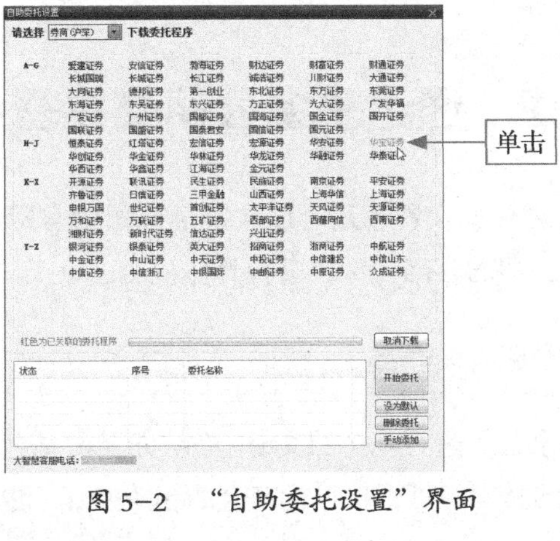

图 5-2 “自助委托设置”界面

步骤 3 下载和安装交易系统之后，打开交易系统，输入相关信息，单击“确定”按钮，如图 5-3 所示。

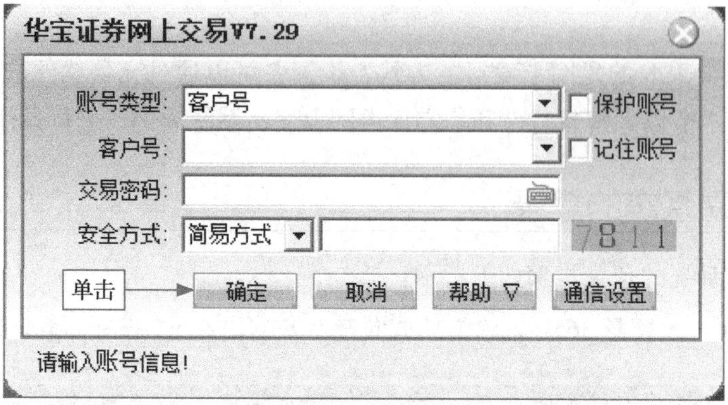

图 5-3 “华宝证券网上交易 V7.29”的登录界面

经过上面 3 步就可以登录网上交易系统了。在这里需要特别提醒的一点是，在买入封闭式基金之前，投资者必须保证基金账户内有足够购买基金的资金，如果基金账户内资金不足，应及时转入资金。

5.1.2 封闭式基金交易须知

登录交易系统后，投资者可以通过输入基金代码的方式了解目标封闭式基金的相关信息，并对其进行购买。

但是在真正买入时投资者还需要对买入的数量进行把握。软件中出现的“可买股”是投资者当前资金能够购买的封闭式基金最大份额，投资者既可以按该数额进行买入，也可以买入低于该数额的封闭式基金份额。因此，投资者应该结合目标基金的行情以及自身具体情况填写买入数额，而不应一味追求买入量的最大化。

5.2 通过基金公司交易基金

除了利用交易软件之外，投资者还可以在基金公司的官网进行基金交易操作。这一节将以南方基金管理公司的官网为例，进行具体说明。

5.2.1 基金公司官网的登录

投资者如果想在基金公司进行基金的交易，必须先登录基金公司的网上交易系统。通常情况下，基金公司的官网即可直接进行基金的相关操作，也就是说，在交易之前，投资者需先登录基金公司的官网。

以南方基金管理公司为例，其登录步骤如下所示：

步骤 1 进入南方基金管理公司的官网，单击其页面左上方的“快速登录”按钮，如图 5-4 所示。

步骤 2 在弹出的“用户登录”界面中正确输入账号和密码，并单击“登录”按钮，如图 5-5 所示。

图 5-4 南方基金首页

图 5-5 “用户登录”界面

步骤 3 执行上述操作之后，如果页面转至“南方 e 站通”首页，即表示登录成功了，如图 5-6 所示。

图 5-6 “南方 e 站通”首页

5.2.2 利用基金公司官网申购基金

登录基金公司的官网之后，就可以进行基金的申购了。以南方基金官网为例，其申购步骤如下所示：

步骤 1 进入“南方 e 站通”首页，并单击其上方菜单栏中的“基金交易”按钮，如图 5-7 所示。

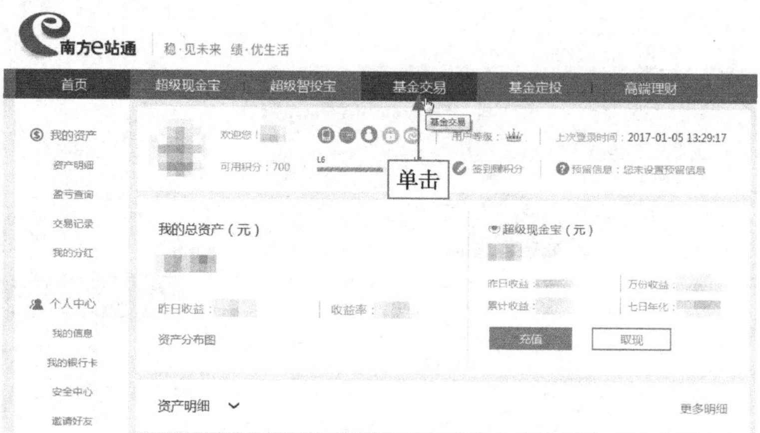

图 5-7 单击“基金交易”按钮

步骤 2 执行上述操作之后，页面将转至“基金购买”界面。选择好需要购买的品种之后，在对应位置单击“购买”按钮，如图 5-8 所示。如果投资者已经有了看好的基金品种，还可以利用搜索栏的搜索功能，快速锁定目标基金。

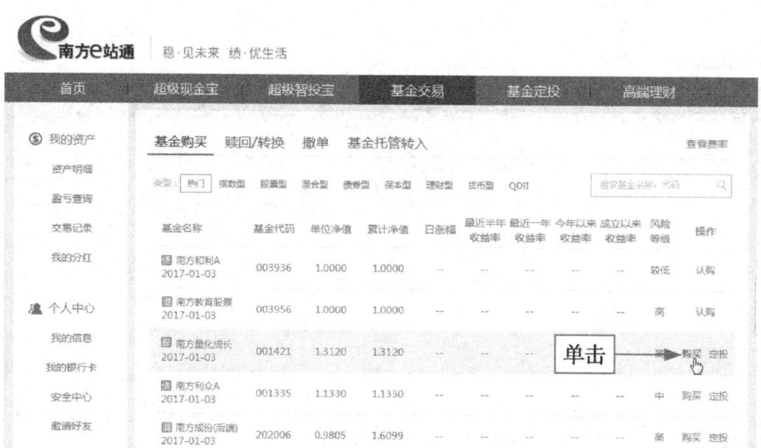

图 5-8 “基金购买”界面

步骤 3 单击“购买”按钮之后，页面将转至“申购基金”的“申请”界面。投资者需要在该界面填写申购基金的相关信息，并对购买的风险进行确认。做好这些之后，单击“下一步”按钮，如图 5-9 所示。

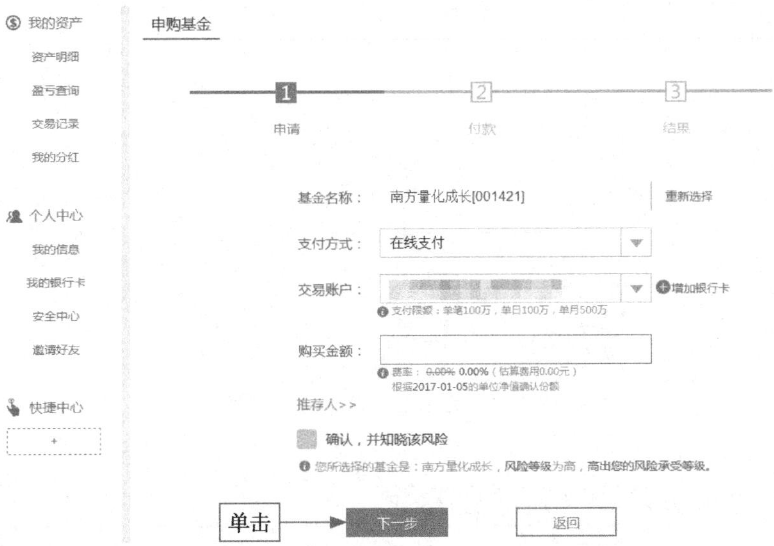

图 5-9 “申购基金”的“申请”界面

步骤 4 在新弹出的“申购基金”的“付款”界面中对申购信息进行确认，在输入交易密码之后，单击“下一步”按钮，如图 5-10 所示。

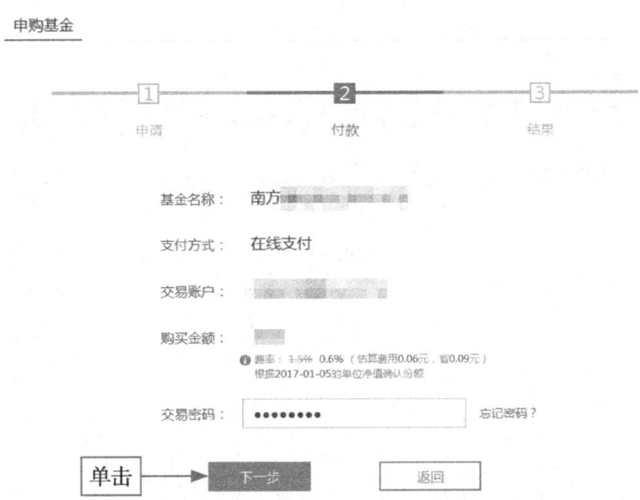

图 5-10 “申购基金”的“付款”界面

步骤 5 执行以上操作之后，如果页面转至“申购基金”的“结果”界面，并显示“支付成功”，就表示已经对目标基金进行了申购，如图 5-11 所示。

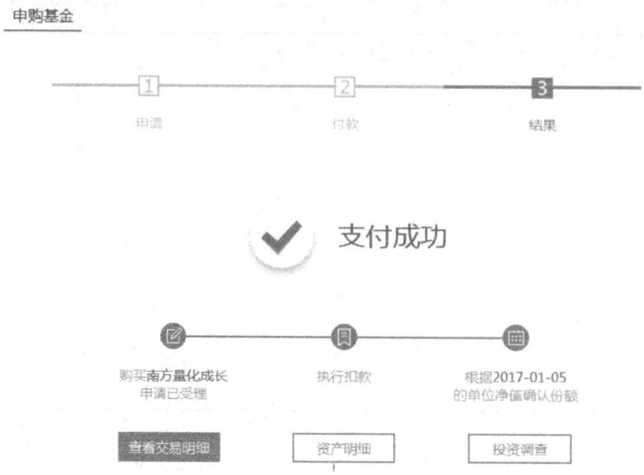

图 5-11　“申购基金”的“结果”界面

5.2.3　利用基金公司官网赎回基金

在基金公司的官网上不但可以对该公司旗下的基金品种进行申购，还可以直接对持有的基金进行赎回。以南方基金的官网为例，其赎回步骤如下所示：

步骤 1　进入“南方 e 站通”的“基金交易”界面，并单击页面中的“赎回 / 转换”按钮，如图 5-12 所示。

图 5-12　“基金交易”界面

步骤 2　执行上述操作后，页面将转至“赎回 / 转换”界面。在该页面中选择需要赎回的基金品种，并单击其后方的“赎回”按钮，如图 5-13 所示。

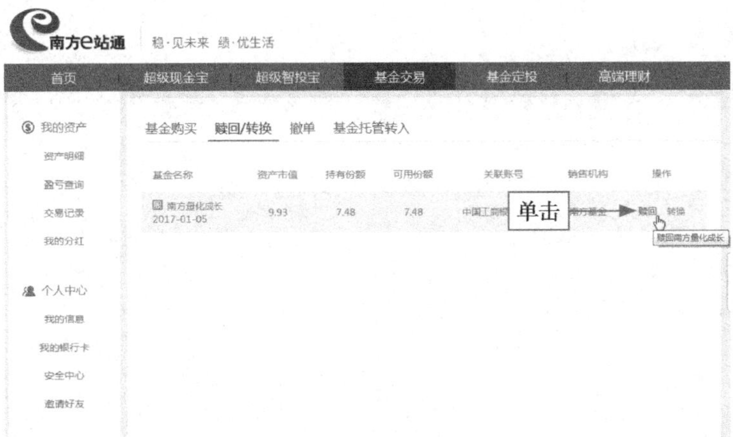

图 5-13 “赎回 / 转换”界面

步骤 3 执行上述操作后，页面将转至“基金赎回”的“申请”界面。投资者需要在该页面中选择赎回的去向和巨额赎回的标志，并填写赎回份额及交易密码，如图 5-14 所示。

步骤 4 在“基金赎回”的“申请”界面单击确认按钮，如果“结果”页面显示为“操作成功！”就说明赎回的申请发送成功了，如图 5-15 所示。

图 5-14 “基金赎回”的“申请”界面

图 5-15 “基金赎回”的“结果”界面

5.2.4 利用基金公司官网转换基金

直接在基金公司的官网对该公司旗下的基金品种进行转换非常方便。以南方基金官网为例，其基金转换步骤如下所示：

步骤 1 进入“南方 e 站通”，在“基金交易”界面中选择“赎回 / 转换”。在弹出页面中，单击需要转换的基金右侧的“转换”链接，如图 5-16 所示。

图 5-16　单击“转换”链接

步骤 2 执行上述操作后，页面将转至“基金转换”的“申请”页面。投资者需要在该界面正确填写转入基金、转出份额、交易密码，并对巨额赎回标志进行选择，如图 5-17 所示。

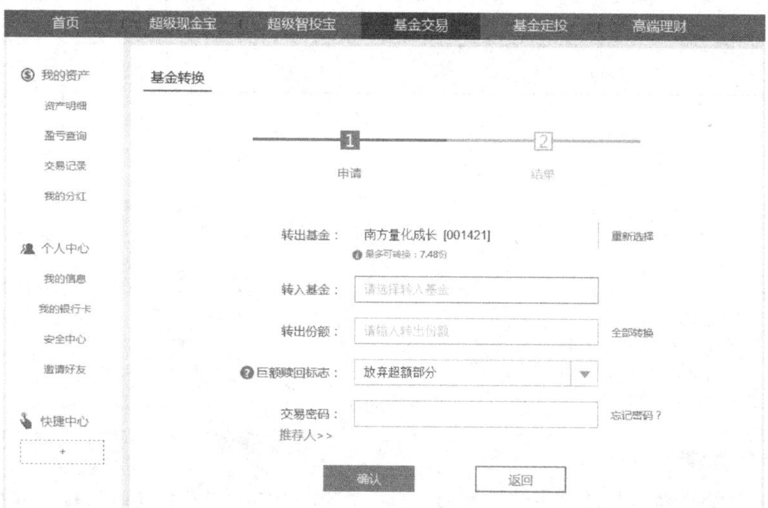

图 5-17　“基金转换”的“申请”界面

特别提醒

如果投资者需要对转换的基金品种重新进行选择，可以单击转出基金后方的“重新选择”；如果投资者想要取消转换操作，可以通过单击“申请”界面中的“返回”按钮来实现。

步骤 3 执行上述操作后，单击“申请”界面中的“确认”按钮，如果弹出的“结果”页面中显示为“操作成功！”，就说明基金转换成功了，如图 5-18 所示。

图 5-18 “基金转换”的“结果”界面

5.2.5 利用基金公司官网撤单

除了申购、赎回和转换基金之外，基金公司的官网通常还可以直接进行撤单操作。以南方基金的官网为例，其具体的撤单操作如下所示：

步骤 1 进入“南方 e 站通”的“基金交易”界面，并单击页面中的“撤单”按钮，如图 5-19 所示。

图 5-19 “基金交易”界面

步骤 2 执行上述操作后，页面将转至“基金交易”的“撤单”界面，在该界面中单击需要进行撤单操作的基金品种后方的“撤单”按钮，如图 5-20 所示。

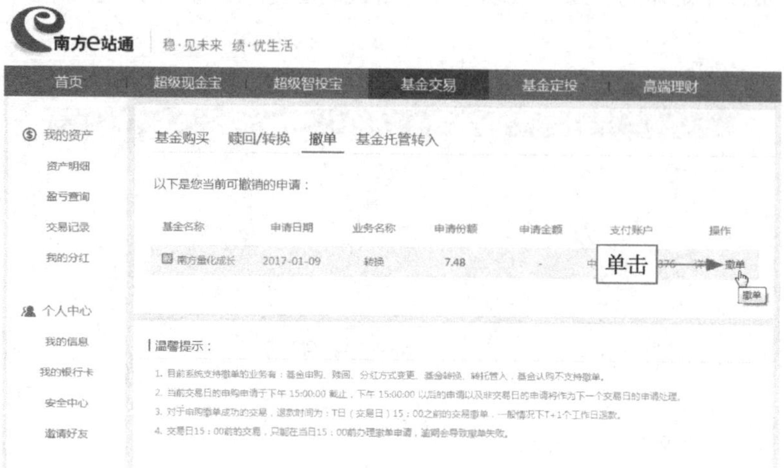

图 5-20　“基金交易”的“撤单”界面

步骤 3 执行上述操作后，页面将转至“确定撤单？”界面，在该界面中输入交易密码，并单击“确认”按钮，如图 5-21 所示。

步骤 4 执行上述操作后，页面中显示为“撤单成功！”，就表示撤单申请操作成功了，如图 5-22 所示。

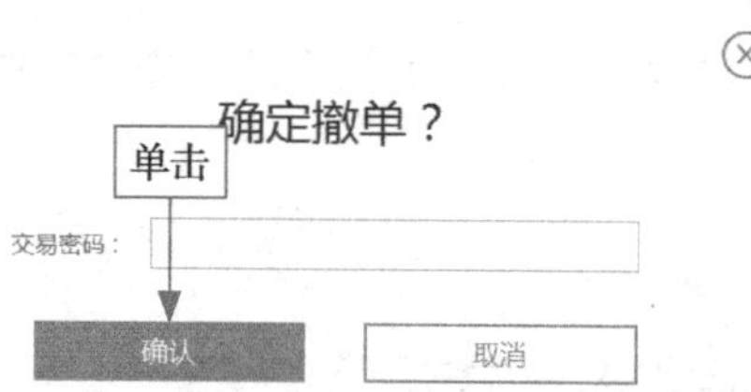

图 5-21　“确定撤单？”界面

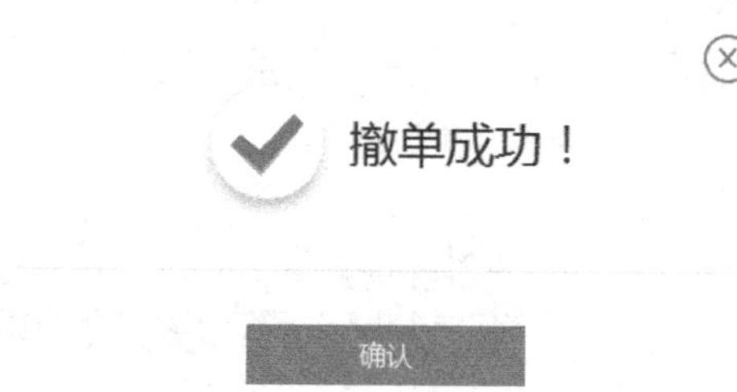

图 5-22　“撤单成功！”界面

5.3　利用炒基金软件投资基金

对基金投资者来说，时间就是金钱，一瞬间的价格变动，都可能带来巨大的收益或损失，因此，简单地通过网站查询股市交易行情已经不能满足人们的需求了。这时，我们就需要使用功能强大的炒基金软件。本节主要以“同花顺爱基金”软件为例，介绍炒基金软件的下载、安装、注册方法以及相关功能的运用技巧。

5.3.1 下载炒基金软件

在网络中，同一品牌下的看盘交易软件也有很多版本，投资者在下载的时候要特别注意，不同的版本功能也不同，而且有的有可能会收取费用。下面介绍同花顺爱基金的下载方法。

步骤 1 进入同花顺爱基金的首页，单击左上角的“PC客户端”超链接，如图5-23所示。

步骤 2 在新打开的页面中，单击“立即下载”按钮，如图5-24所示。

图5-23 单击“PC客户端”超链接

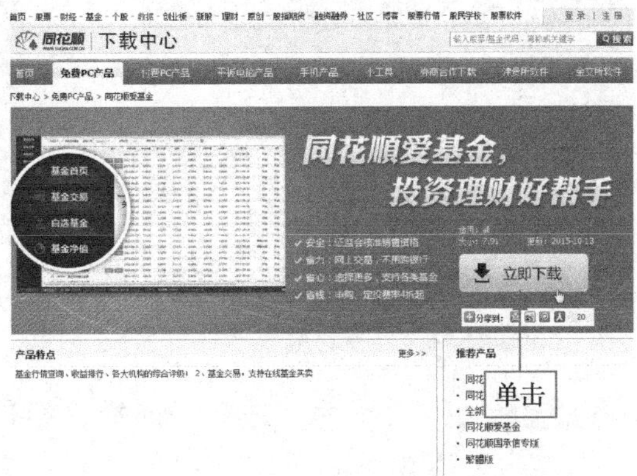

图5-24 单击“立即下载”按钮

步骤 3 执行操作后，弹出“新建下载任务”对话框；设置文件名和保存路径，单击“下载”按钮，如图5-25所示。执行上述操作之后，等待下载完成，即可在保存路径中找到软件的安装包。

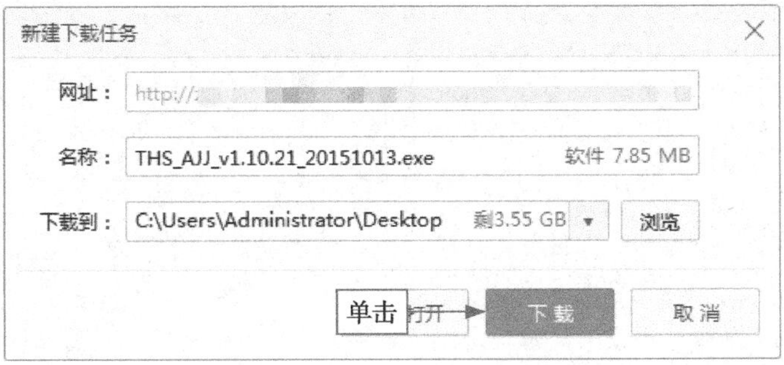

图5-25 “新建下载任务”对话框

5.3.2 安装炒基金软件

下载完成后，可以安装软件，以进行相应的操作。下面介绍免费版同花顺的安装方法。

步骤 1 找到软件安装包的保存位置，并双击相应交易软件的安装程序，如图 5-26 所示。

步骤 2 执行操作后，弹出“安装—同花顺爱基金（v1.10.21）”对话框，在对话框中勾选“已阅读并接受”，并单击“下一步”按钮，如图 5-27 所示。

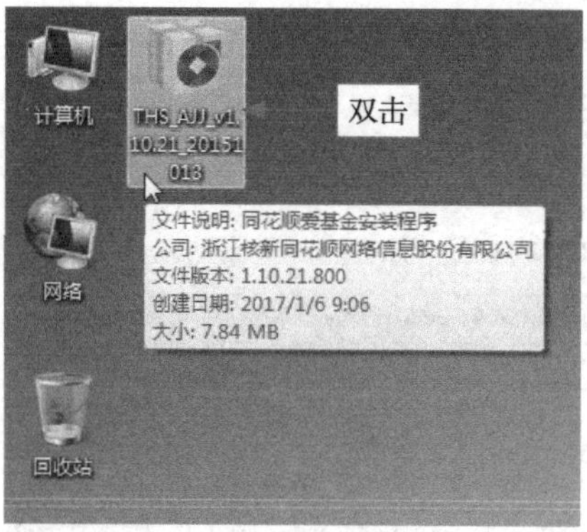

图 5-26　双击交易软件的安装程序

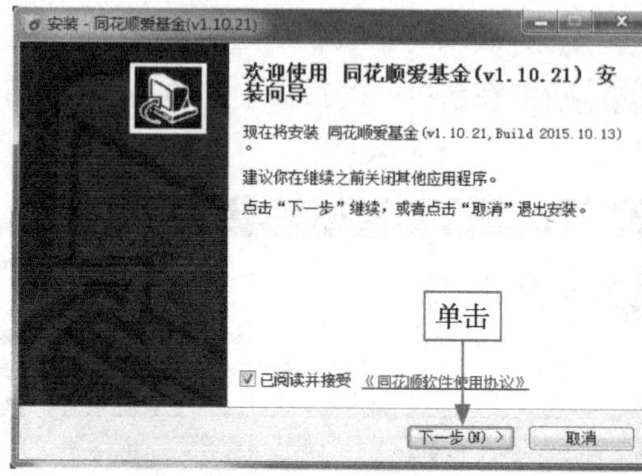

图 5-27　单击“下一步”按钮

步骤 3 执行操作后，进入“选择目标位置”界面，单击“浏览”按钮，如图 5-28 所示。

步骤 4 弹出“浏览文件夹”对话框，设置安装路径，如图 5-29 所示，单击“确定”按钮。

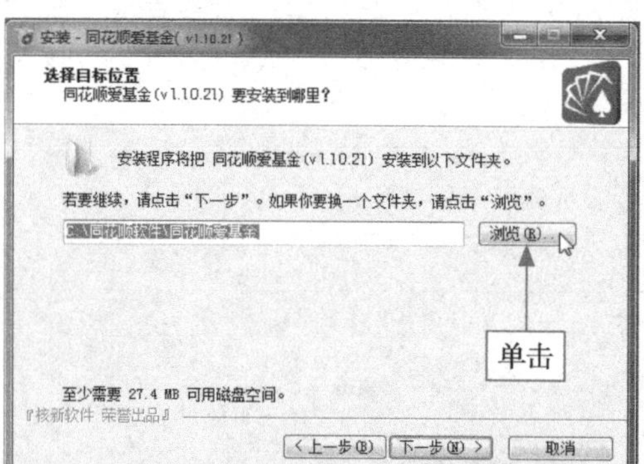

图 5-28　单击“浏览”按钮

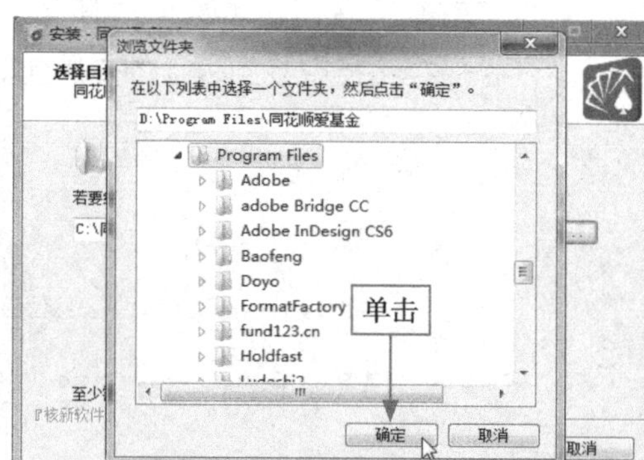

图 5-29　设置安装路径

步骤 5 执行操作后，返回到“选择目标位置”界面，单击“下一步”按钮，如图 5-30 所示。

步骤 6 执行操作后，进入“选择附加任务”界面，在该界面设置图标的创建位置，并单击“下一步”按钮，如图 5-31 所示。

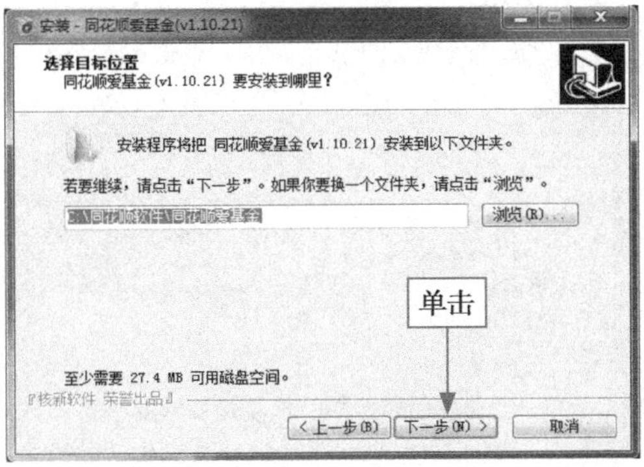

图 5-30 单击“下一步”按钮

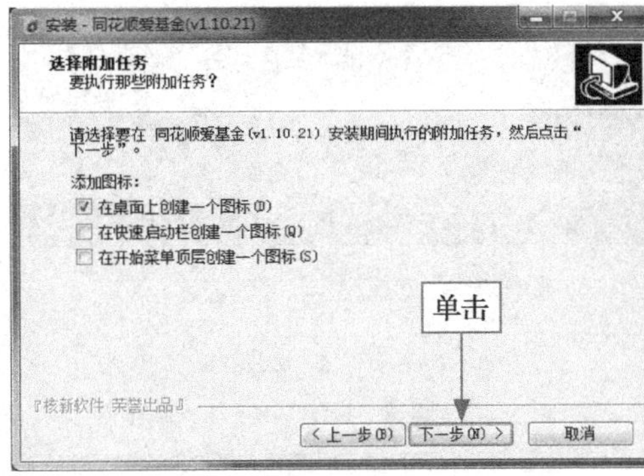

图 5-31 “选择附加任务”界面

步骤 7 执行操作后，进入“正在安装”界面，系统开始安装软件，并显示安装进度，如图 5-32 所示。

步骤 8 安装完成后，即可自动打开同花顺爱基金首页，如图 5-33 所示。

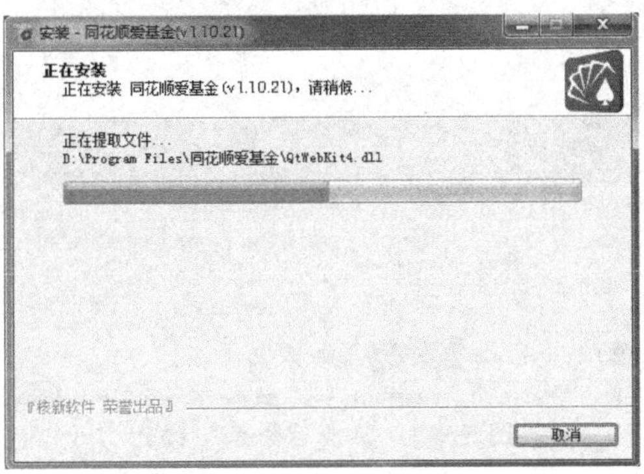

图 5-32 显示安装进度

图 5-33 同花顺爱基金首页

5.3.3 注册与登录

炒基金软件下载并安装完成后，一般需要注册与登录才可以使用。登录炒基金软件也是有一定技巧的。下面介绍同花顺爱基金的注册与登录方法。

步骤 1 首次打开同花顺爱基金软件时，软件会提示用户进行注册。单击“免费注册”按钮，如图 5-34 所示。

步骤 2 执行操作后，弹出“同花顺注册”对话框；设置账号、密码、手机号码、安全邮箱等选项，然后单击“立即注册”按钮，如图 5-35 所示。

步骤 3 进入“确认信息”界面，用户可根据提示完成手机认证或邮箱验证，如图 5-36 所示。完成相关验证操作后，即注册成功。

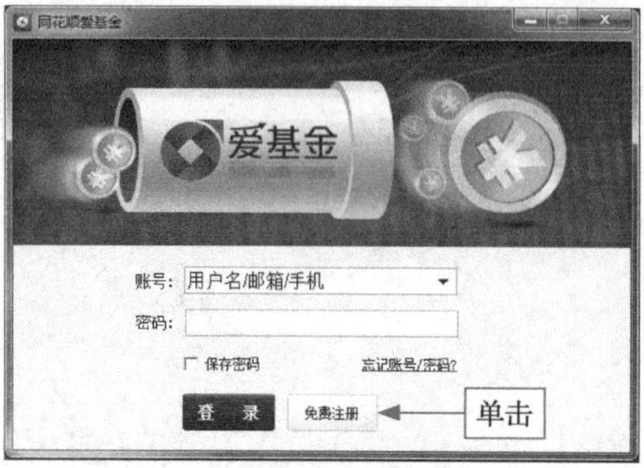

图 5-34　单击“免费注册”按钮

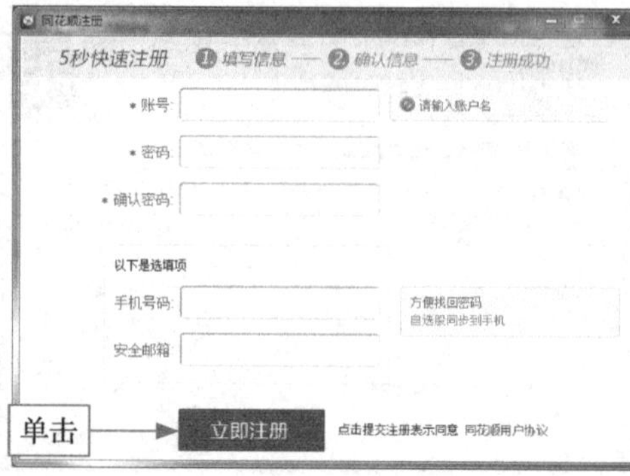

图 5-35　单击“立即注册”按钮

步骤 4 返回同花顺爱基金登录界面，输入账号和密码，单击“登录”按钮，如图 5-37 所示。

图 5-36　“确认信息”界面

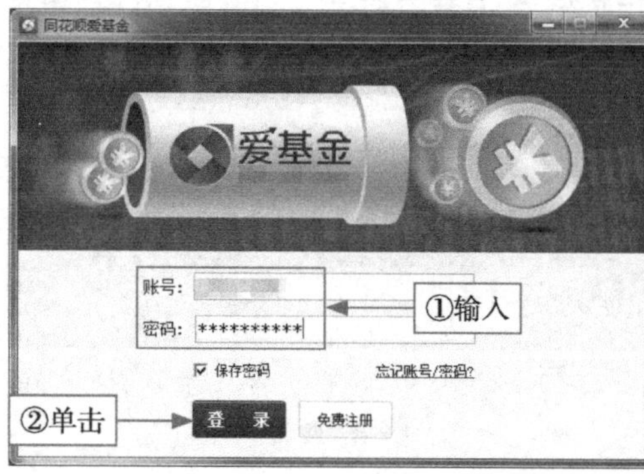

图 5-37　单击“登录”按钮

步骤 5 执行操作后，即可成功登录同花顺爱基金软件。

5.3.4　熟悉工作界面

同花顺爱基金软件界面由标题栏、菜单栏、程序主页面和信息栏组成，具体如图 5–38 所示。

（1）标题栏：显示软件名称，并可以最小化或最大化窗口及关闭软件。

（2）菜单栏：包括基金首页、基金交易、自选基金、基金净值、净值估算、基金排行、基金筛选等栏目。

（3）程序主页面：根据用户选择的不同功能，在此显示相对应的信息。

（4）信息栏：用来显示滚动条、连接状态、预警提示灯及系统时间等信息。

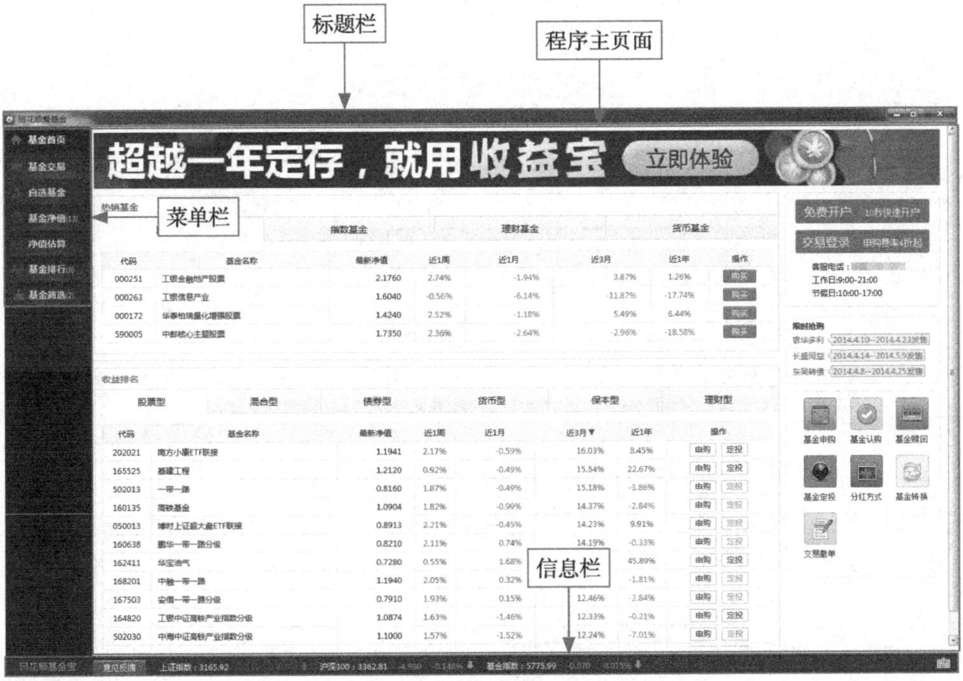

图 5-38 同花顺爱基金程序界面

5.3.5 报价分析功能

报价页面主要是以表格的形式显示基金的各种信息。报价页面可以让用户对所关注内容的各种变化一目了然。可以同时显示多个品种，并对这些品种的某项数据进行排序，让用户方便快速地捕捉到强势或异动的基金。

下面介绍同花顺爱基金的报价分析功能的使用方法。

步骤 1 在“基金首页”界面列出了“热销基金”和“收益排行”两个报表，如图 5-39 所示。“基金首页”是同花顺软件为用户实时看盘特制的页面，它可以让用户同时浏览所关注的多只基金。

步骤 2 在“热销基金”选项区中，单击“指数基金”标签可以切换至其选项卡，显示热销的指数基金列表，如图 5-40 所示。

特别提醒

指数基金（index fund），即以沪深 300、纳斯达克 100 等特定指数为标的指数，并对特定指数的成分股进行投资，在投资组合中购买该指数的成分股，从而追踪指数表现的基金品种。

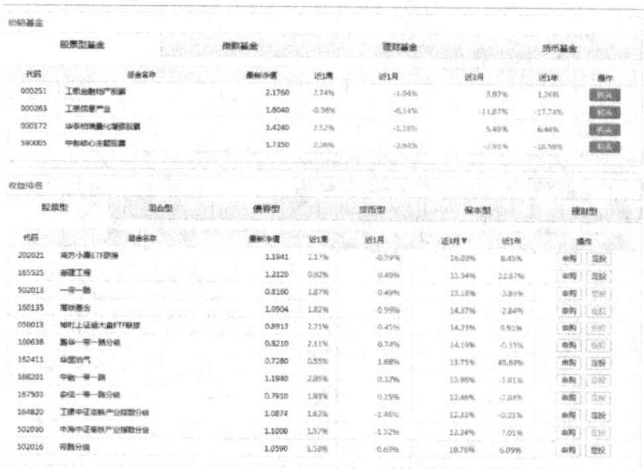

图 5-39　“基金首页”界面

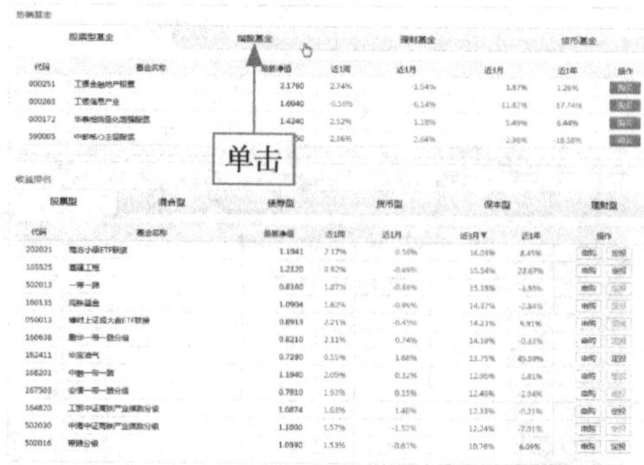

图 5-40　单击“指数基金”选项卡

步骤 3 在“收益排行”选项区中，单击“混合型”标签可以切换至其选项卡，显示混合型基金的收益排行列表，如图 5-41 所示。

步骤 4 单击“最新净值”标签，页面将以降序的形式对基金的最新净值进行显示，如图 5-42 所示。

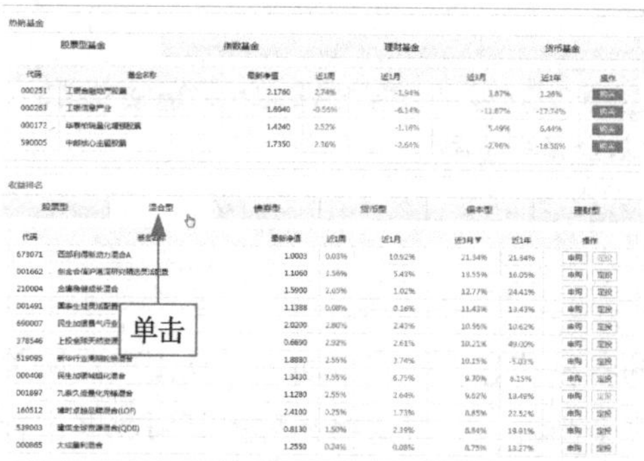

图 5-41　单击“混合型”选项卡

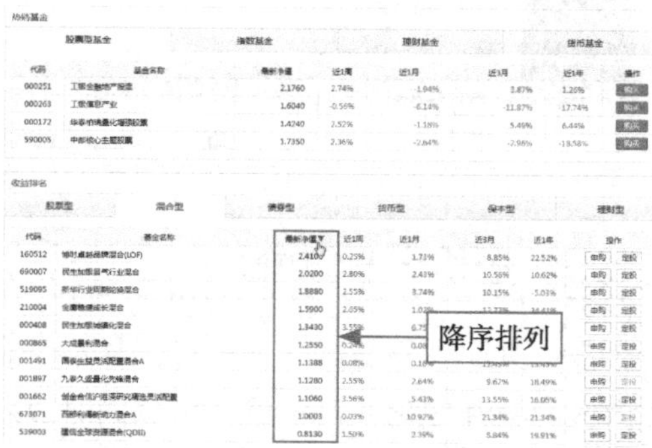

图 5-42　降序排列最新净值

步骤 5 再次单击“最新净值”标签，即可按升序排列最新净值，如图 5-43 所示。

步骤 6 单击菜单栏中的“基金排行”按钮，在展开的列表中选择“阶段排行”选项，如图 5-44 所示。

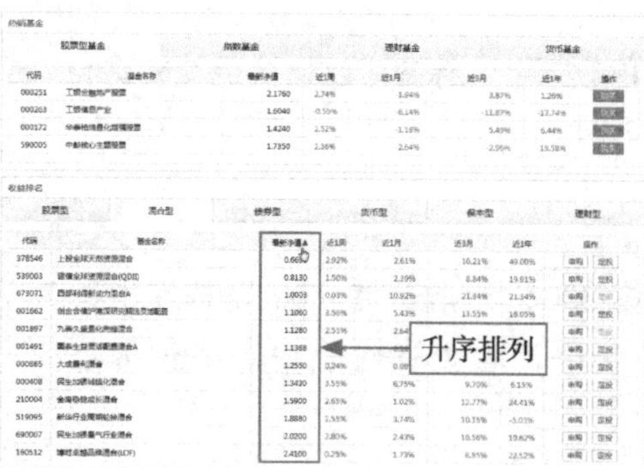

图 5-43　升序排列最新净值

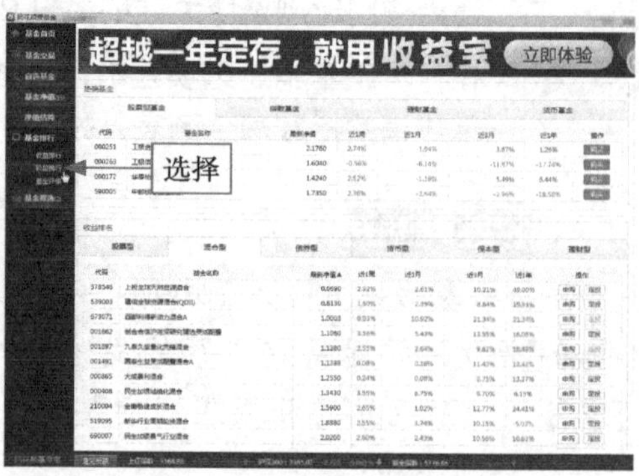

图 5-44　选择“阶段排行”选项

步骤 7 执行操作后，即可查看基金的阶段性排行，如图 5-45 所示。

筛选条件：□我关注的基金 基金公司 全部基金公司 基金类型 全部 申购状态 全部 赎回状态 全部 日期选择 2017-01-04

关注	序号	代码	名称	操作	基金类型	期间涨跌	期间涨幅▼	期初日期	期初净值	期初累计
★	1	150176	银华恒生国企指数分级B	申购 定投	股票型	0.0254	3.29%	2017-01-04	0.7724	0.7724
★	2	150170	汇添富恒生指数分级B	申购 定投	股票型	0.0220	2.24%	2017-01-04	0.9800	0.9800
★	3	003624	创金合信资源主题精选股	申购 定投	股票型	0.0164	1.67%	2017-01-04	0.9811	0.9811
★	4	003625	创金合信资源主题精选股	申购 定投	股票型	0.0164	1.67%	2017-01-04	0.9805	0.9805
★	5	002207	前海开源金银珠宝混合C	申购 定投	混合型	0.0180	1.57%	2017-01-04	1.1490	1.1490
★	6	001302	前海开源金银珠宝混合A	申购 定投	混合型	0.0180	1.55%	2017-01-04	1.1620	1.1620
★	7	110032	易方达恒生中国企业ETF联	申购 定投	股票型	0.0022	1.50%	2017-01-04	0.1463	0.1463
★	8	110033	易方达恒生中国企业ETF联	申购 定投	股票型	0.0022	1.50%	2017-01-04	0.1463	0.1463
★	9	000075	华夏恒生ETF联接(美元现	申购 定投	股票型	0.0025	1.44%	2017-01-04	0.1731	0.1731
★	10	000076	华夏恒生ETF联接(美元现	申购 定投	股票型	0.0025	1.44%	2017-01-04	0.1731	0.1731
★	11	161831	银华恒生国企指数分级(	申购 定投	股票型	0.0139	1.44%	2017-01-04	0.8885	0.9656
★	12	159945	全指能源	申购 定投	ETF	0.0102	1.43%	2017-01-04	0.7156	0.7156
★	13	160717	嘉实H股指数(QDII)	申购 定投	股票型	0.0104	1.43%	2017-01-04	0.7252	0.7252
★	14	159930	汇添富中证能源ETF	申购 定投	ETF	0.0114	1.39%	2017-01-04	0.8198	0.8198
★	15	001662	创金合信沪港深研究精选	申购 定投	混合型	0.0150	1.37%	2017-01-04	1.0910	1.0910
★	16	001460	广发能源联接A	申购 定投	股票型	0.0112	1.34%	2017-01-04	0.8368	0.8368
★	17	510900	易方达恒生国企(QDII-ET	申购 定投	ETF	0.0142	1.34%	2017-01-04	1.0565	1.0565
★	18	002973	广发能源联接C	申购 定投	股票型	0.0111	1.33%	2017-01-04	0.8368	0.8368
★	19	582002	东吴增利债券A	申购 定投	债券型	0.0175	1.29%	2017-01-04	1.0060	1.3460
★	20	001764	广发沪港深股票	申购 定投	股票型	0.0120	1.22%	2017-01-04	0.9870	0.9870
★	21	110031	易方达恒生中国企业ETF联	申购 定投	股票型	0.0121	1.19%	2017-01-04	1.0170	1.0170
★	22	001938	中欧时代先锋股票	申购 定投	股票型	0.0158	1.18%	2017-01-04	1.1050	1.3170

图 5-45　查看基金的阶段性排行

5.3.6　查看基金走势

在炒基金软件上查询基金走势，比在网页上更加详细专业。下面介绍通过同花顺爱基金查询基金走势的方法。

步骤 1 登录同花顺爱基金平台，双击要查询的基金名称的超链接，如图 5-46 所示。

步骤 2 执行操作后，即可看到该基金的走势图；用户可以在此设置涨幅区间、叠加品种、时间段等条件，如图 5-47 所示。

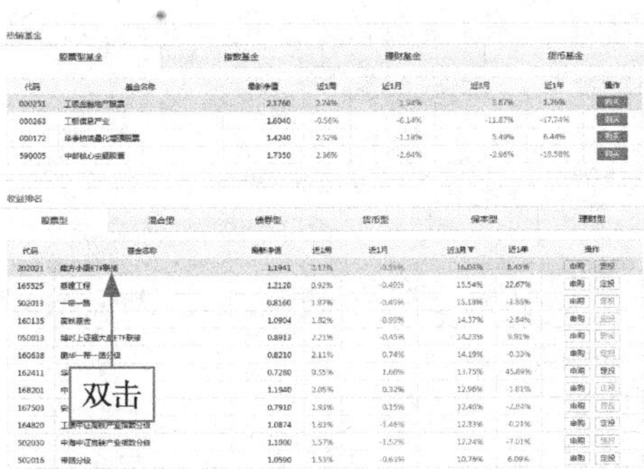

图 5-46　双击相应基金名称超链接

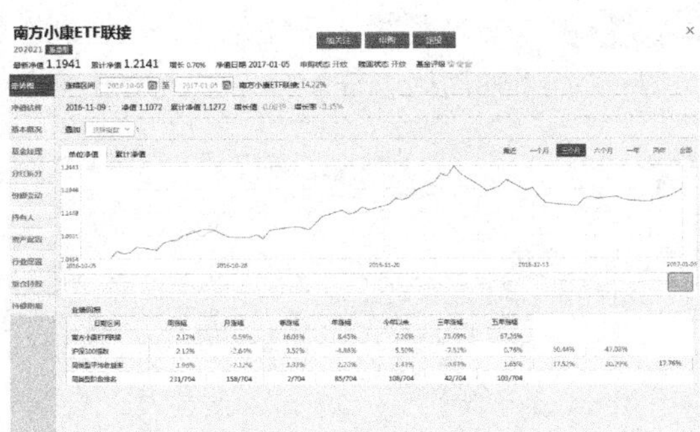

图 5-47　基金走势图

步骤 3 在“叠加”列表框中选择“沪深 300”和“基金指数”选项，即可显示相应的叠加走势，如图 5-48 所示。

步骤 4 单击顶部的“加关注”按钮，进入“自选基金”界面，即可看到添加关注的基金，如图 5-49 所示。

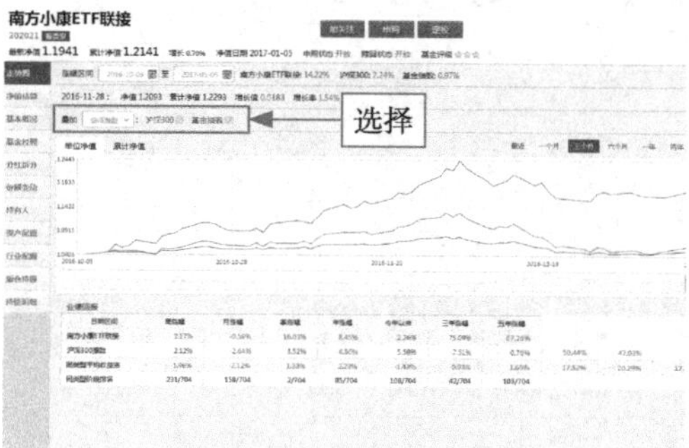

图 5-48　叠加走势显示

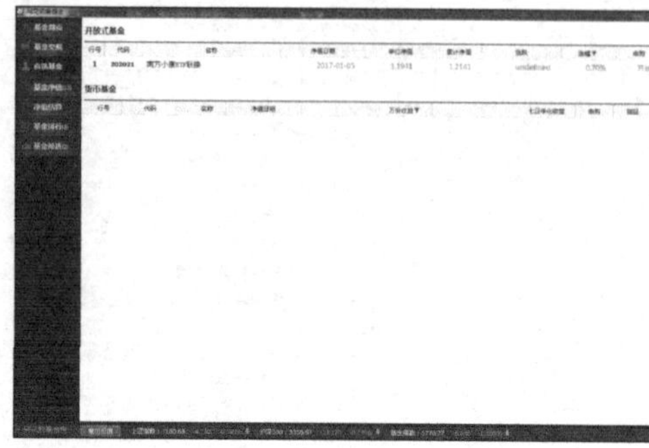

图 5-49　“自选基金”界面

5.3.7　财务分析功能

在基金投资的分析中，有一项是针对基金管理公司财务数据图表的分析。这项分析从某种程度来说，需要建立在投资者已经掌握一定的财务专业基础知识之上；然而在投资者中，有一部分是没有财务分析经验的，那么他们的投资会不会因此受阻呢？

答案是否定的。这部分投资者可以通过炒基金软件工具的应用来弥补专业知识的不足，比如通过同花顺爱基金软件进行基金的相关操作。

步骤 1 在某只基金的走势图界面中，单击左侧的“基本概况”按钮进入其窗口，投资者可以在此查看该基金的名称、成立日期、投资目标、投资范围、投资策略、业绩标准以及所属基金公司等资料，如图 5-50 所示。

步骤 2 单击左侧的“基金经理”按钮进入其窗口，可以查看该基金的所有基金经理人的简历、任职日期以及历任业绩回报情况，如图 5-51 所示。

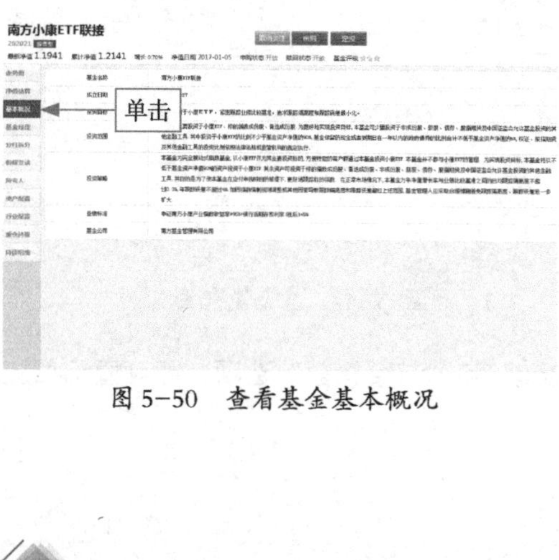

图 5-50　查看基金基本概况

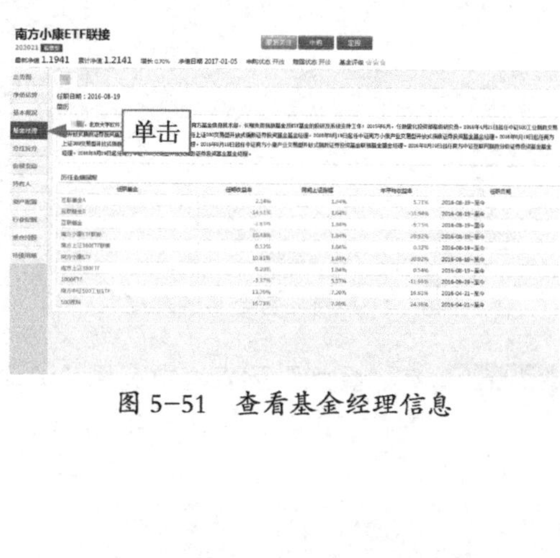

图 5-51　查看基金经理信息

特别提醒

基金公司通常会将基金的投资策略和基金的产品特征体现在基金名称中。从现在较为常见的基金关键词（如成长、增长、优选、精选和稳健等）就可以看出基金的侧重点，投资者可以据此对基金的财务有一个大体的把握。

步骤3 单击左侧的“分红拆分”按钮进入其窗口，可以查看该基金的分红和拆分情况，如图5-52所示。

步骤4 单击左侧的“份额变动”按钮进入其窗口，可以查看该基金的总份额、总份额增减、总申购份额以及总赎回份额数据，如图5-53所示。

图5-52 “分红拆分”界面

图5-53 “份额变动”界面

步骤5 单击左侧的“持有人”按钮进入其窗口，可以查看该基金的持有人总数、持有人总数半年增减、户均持有份额等数据，如图5-54所示。

步骤6 单击左侧的“资产配置”按钮进入其窗口，可以查看该基金的资产类别、市值、占净值比例、季度净值比例增减等数据，如图5-55所示。

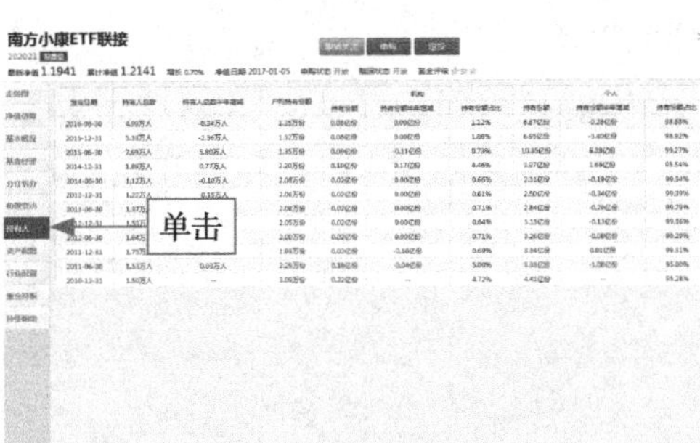

图5-54 “持有人”界面

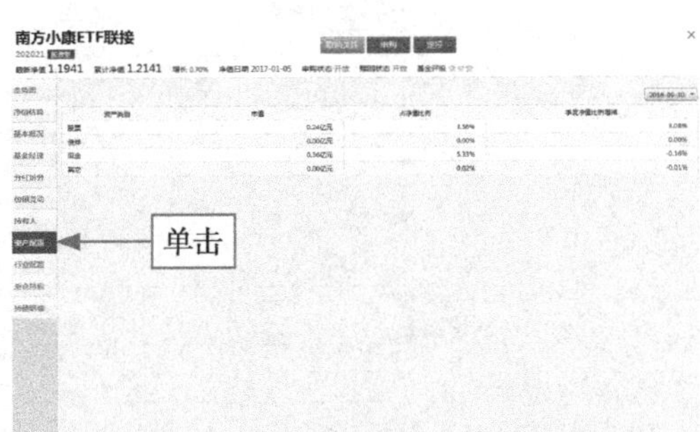

图5-55 “资产配置”界面

特别提醒

作为基金投资管理中较为关键的环节之一，资产配置通过对投资组合的预期回报率、标准差以及组合间的协方差的预判，计算出由这些组合种类组成的“新组合”的预期回报率和标准差。如果这些新组合产生了有效群，则会依据基金投资者的无差异曲线来确定资产配置的组合。

步骤 7 单击左侧的“行业配置”按钮进入其窗口，可以查看该基金所投资的行业名称、市值、占净值比例、占总净值比例增减等数据，如图 5-56 所示。

步骤 8 单击左侧的“重仓持股”按钮进入其窗口，可以查看该基金的持有数量、持股增减、市值、占净值比例、季度净值比例增减等数据，如图 5-57 所示。

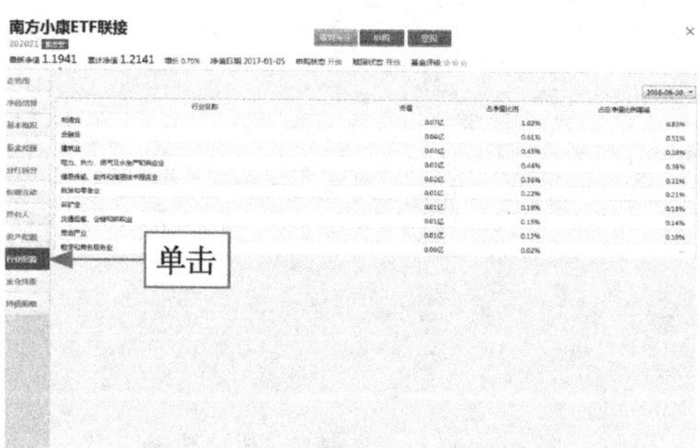

图 5-56 “行业配置”界面

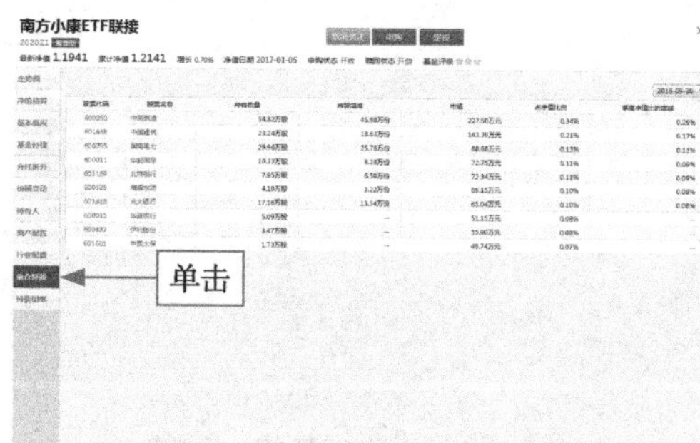

图 5-57 “重仓持股”界面

步骤 9 单击左侧的“持债明细”按钮进入“持债明细”界面，可以查看该基金的债券代码、债券品种、市值、占净值比例、占总净值比例增减等数据，如图 5-58 所示。

图 5-58 “持债明细”界面

5.3.8 净值估算功能

使用炒基金软件，可以准确、快速、实时地获得所有基金的每日净值，免去投资者来回“奔波”于不同基金公司网站页面查看基金净值的烦恼。另外，这些软件通常还具有先进的净值估算系统，能提供快捷的净值估算服务。

开放式基金的净值公布时间通常是在当日收盘后的几小时之后。但这也不代表投资者一定要等那么久才能对基金的净值有所把握，因为炒基金的软件中一般都可以进行净值的估算，投资者可以据此得到基金净值的近似值，并在此基础上进行相关的操作。

下面介绍同花顺爱基金的净值估算功能。

步骤 1 在某只基金的“走势图”界面中，单击左侧的“净值估算”按钮进入其窗口，在实时估值图中，移动鼠标指针，即可查看相应时间的估值，如图 5-59 所示。

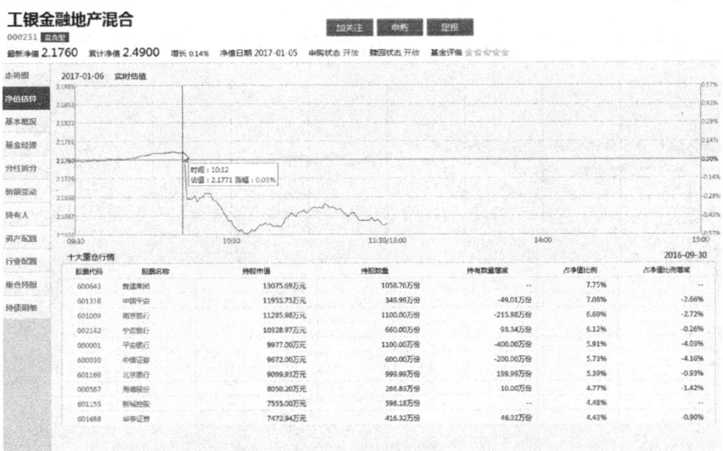

图 5-59　查看某时间点的基金估值

> **特别提醒**
>
> 如果要准确地把握基金的计价和报价，让基金价格更加贴近它的真实价值，就应该对相应时间节点上该基金的基金单位实际价值进行估算，并将估值结果以资产净值的形式呈现。

步骤 2 单击菜单栏中的“净值估算”按钮进入其界面，可见所有基金的净值估算表格，用户可以在此查看基金的净值日期、估算值、估算增长率、单位净值、估算偏差率、上期净值等数据，如图 5-60 所示。

图 5-60 “净值估算”界面

步骤 3 单击页面顶部的“全部基金公司”按钮，用户可以在弹出的列表框中选择相应的基金公司，如图 5-61 所示。

步骤 4 执行操作后，即可查看该基金公司发布的所有基金的净值估算情况，如图 5-62 所示。

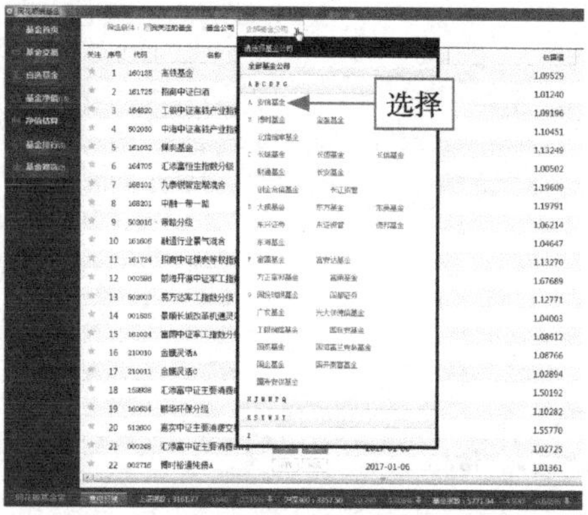

图 5-61 选择相应的基金公司

图 5-62 查看基金的净值估算情况

5.3.9 智能选基金功能

通过炒基金软件的“智能选基”功能，可以让投资者在茫茫基金池里快速选出自己关注的基金，轻松把握市场良机。用户只需用鼠标单击各个筛选指标，就能实时选出符合条件的基金。下面介绍同花顺爱基金的智能选基功能。

步骤 1 单击菜单栏中的“基金筛选”按钮，在弹出的列表框中选择“同花顺精选”选项，如图 5-63 所示，即可显示“精选基金池”推荐的基金以及走势情况。用户可以直接单击“申购”按钮或“定投”按钮投资相应的基金。

步骤 2 选择“自定义筛选”选项进入其界面，用户可以在右侧窗口中根据基金类型、基金公司、基金业绩、基金评级、投资风格、重仓股票、基金净值、累计净值以及基金规模等条件精确筛选基金，如图 5-64 所示。

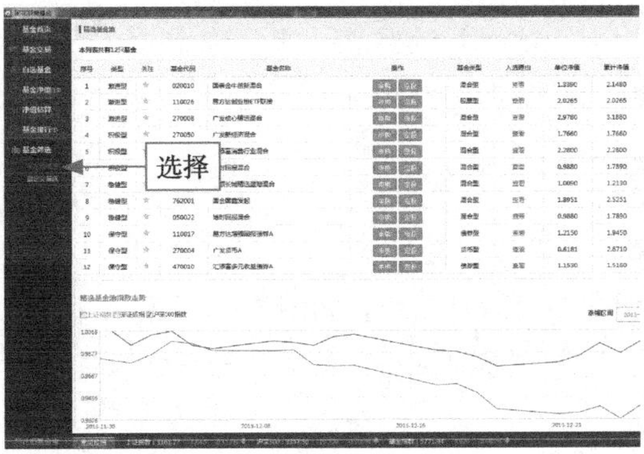

图 5-63 “精选基金池”界面

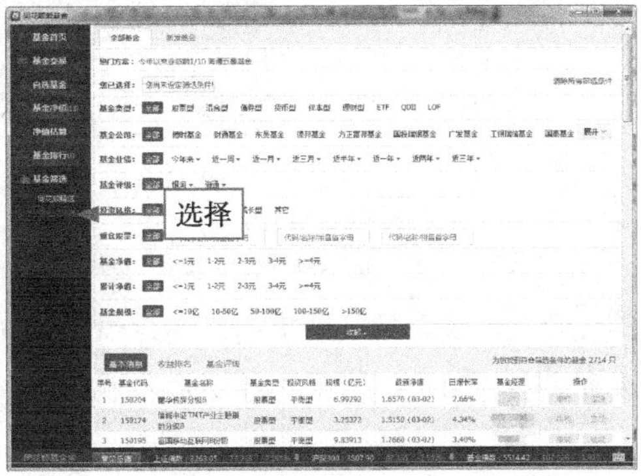

图 5-64 “自定义筛选”界面

步骤 3 单击“新发基金”标签切换至其窗口，用户可以在右侧窗口中根据基金类型、基金公司、投资风格等条件精确筛选新发基金，如图 5-65 所示。

步骤 4 另外，用户还可以在“基金排行”的“收益排行”界面顶部，设置相应的筛选条件，筛选出中意的基金，如图 5-66 所示。

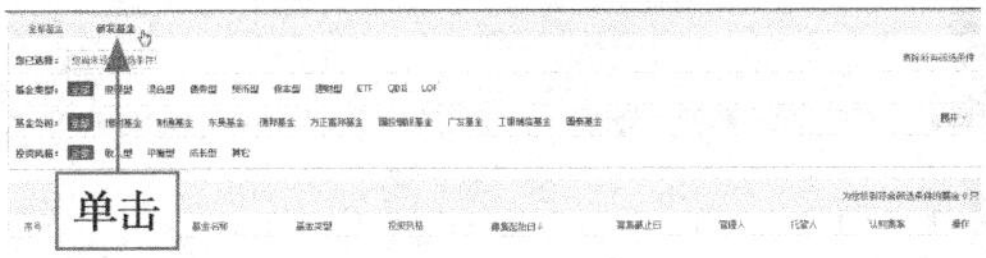

图 5-65 筛选新发基金

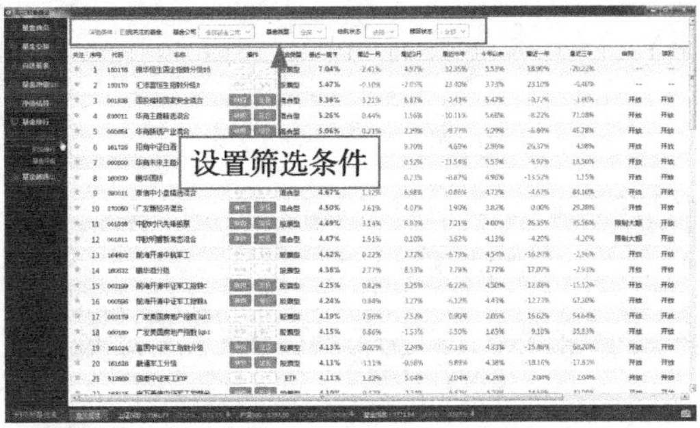

图 5-66 设置筛选条件

5.3.10 评星评级功能

基金评级是指由基金评级机构收集有关信息，通过科学定性定量分析，依据一定的标准，对投资者投资于某一只基金后所需要承担的风险，以及能够获得的回报进行预判，并根据收益和风险的预判结果对基金进行排序。

基金评级常用的排序方法如图 5-67 所示。炒基金软件特有的基金评级功能可简单快速地让投资者了解某只基金的基本面并掌握其基本面变动情况，为用户提供价值投资参考。

1 按照收益高低对基金进行排序

2 按照风险大小对基金进行排序

3 按照风险调整后的收益进行排序

图 5-67 基金评级常用的排序方法

下面介绍同花顺爱基金的基金评级功能。

步骤 1 对于单只基金，可以直接在详情界面中查看其星级，如图 5-68 所示。

步骤 2 另外，用户也可以进入“基金排行”的“基金评级”界面，查看所有基金的评级情况，如图 5-69 所示。

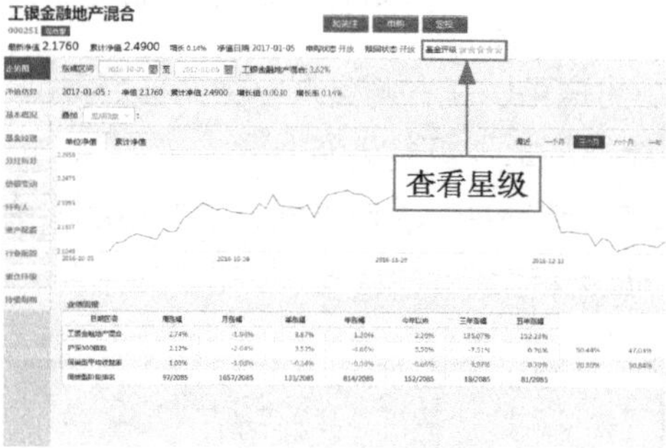

图 5-68 查看星级

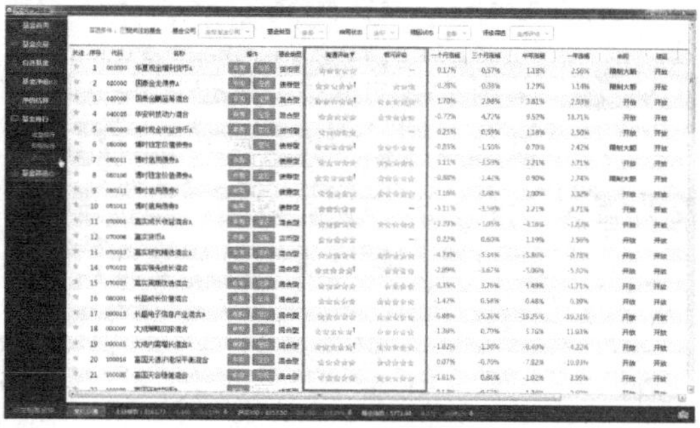

图 5-69 “基金评级”界面

步骤 3 单击“全部评级”下拉按钮，在弹出的列表框中可以选择相应的星级，如图 5-70 所示。

步骤 4 例如，选择“全部五星”选项，即可筛选出所有的五星基金，如图 5-71 所示。

图 5-70 选择相应的星级

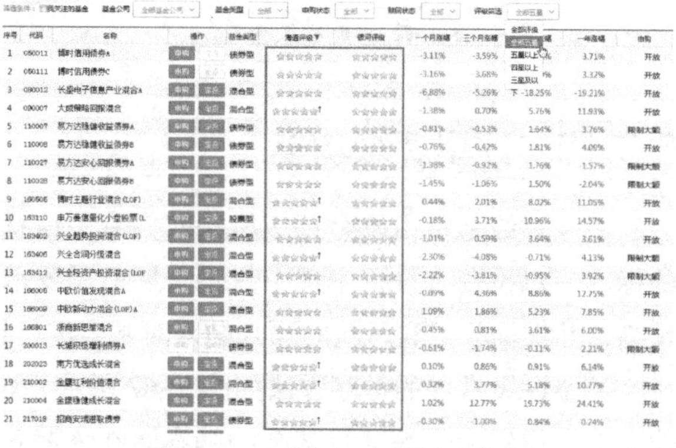

图 5-71 “全部五星”的基金

5.4 通过网上银行交易基金

除了通过基金公司官网和炒基金软件之外，利用网上银行进行基金的交易也是一个不错的选择。而且因为它的便利性，该方式正成为越来越多“基民”的选择。这一节将以中国工商银行为例，对通过网上银行交易基金的相关操作进行详细的说明。

5.4.1 登录网上银行

中国工商银行的官网中可以直接进行基金交易的相关操作，投资者只要登录其官网就可以对基金进行投资了，中国工商银行官网的具体登录步骤如下所示。

步骤 1 进入中国工商银行的官网，并单击其页面左侧位置的“个人网上银行”按钮，如图 5-72 所示。

图 5-72 中国工商银行首页

步骤 2 在弹出的页面中正确输入卡号、密码和验证码，并单击“登录”按钮，如图 5-73 所示。

图 5-73 “登录”界面

步骤 3 执行上述操作之后，如果进入“我的网银”界面，并且菜单栏上方的位置显示了用户名，就表示登录成功了，如图 5-74 所示。

图 5-74 “我的网银”界面

5.4.2 通过网银购入基金

登录银行网银之后，就可以进行基金的购买了。以中国工商银行的网银为例，购买基金的步骤如下所示。

步骤 1 进入中国工商银行的“我的网银”界面，并单击其页面中的“基金”按钮，如图 5-75 所示。

步骤 2 执行上述操作之后，页面将转至“基金购买”界面。如果投资者事前已经有了看好的基金品种，可以直接在搜索栏中进行搜索。图 5-76 所示为搜索“工银瑞信”的结果。

图 5-75 “我的网银”界面

图 5-76 搜索“工银瑞信”的结果

步骤 3 在“基金购买”界面单击需要购买的基金品种后方的购买按钮，页面将转至基金购买的信息填写界面，如图 5-77 所示。

图 5-77 基金购买信息填写界面

步骤 4 在基金购买信息填写界面中，填写相关信息，并单击“提交”按钮之后，页面将转至基金购买信息的确认界面，如图 5-78 所示。

步骤 5 在基金购买信息的确认界面中对信息进行确认之后，单击“确认”按钮。执行上述操作之后，如果新转出的页面中显示“交易成功！”，就说明基金申购申请提交成功了，如图 5-79 所示。

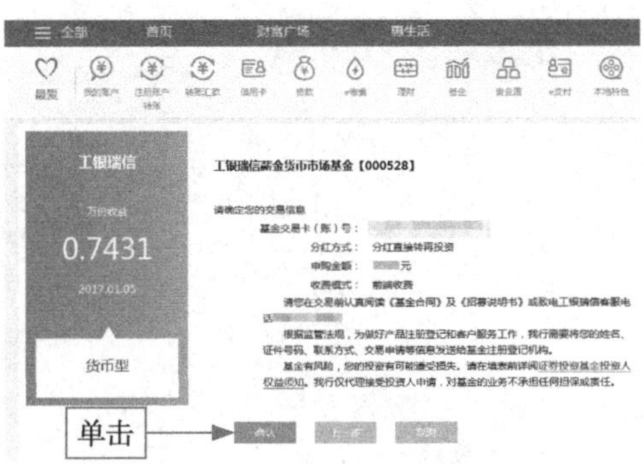

图 5-78 基金购买信息确认界面

图 5-79 基金申购申请提交成功界面

5.4.3 基金的赎回和转换

除了进行基金的申购之外，银行的网银还可以直接进行基金的赎回和转换操作。以中国工商银行的网银为例，其基金赎回步骤具体如下。

步骤 1 进入“我的基金”界面，并单击需要赎回的基金品种后方的“赎回”按钮，如图 5-80 所示。

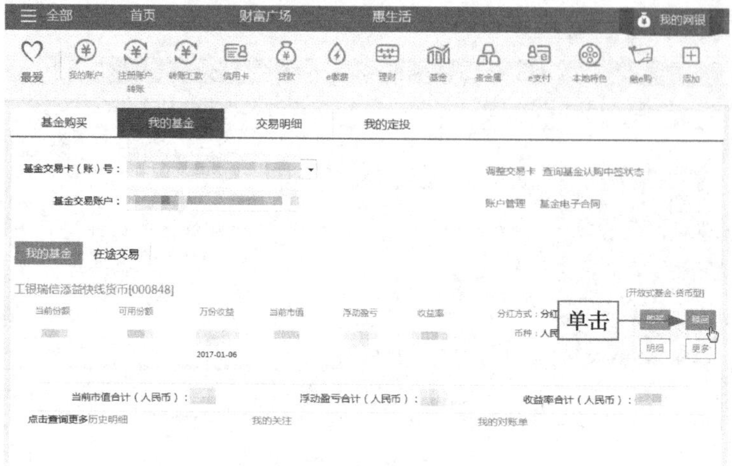

图 5-80 “我的基金”界面

步骤 2 执行上述操作后，页面将转至“填写赎回信息”界面。投资者需要在该界面选择收费模式和赎回份额，如图 5-81 所示。

步骤 3 赎回信息填写完成后，单击“提交”按钮，页面将转至“确认信息”界面，如图 5-82 所示。

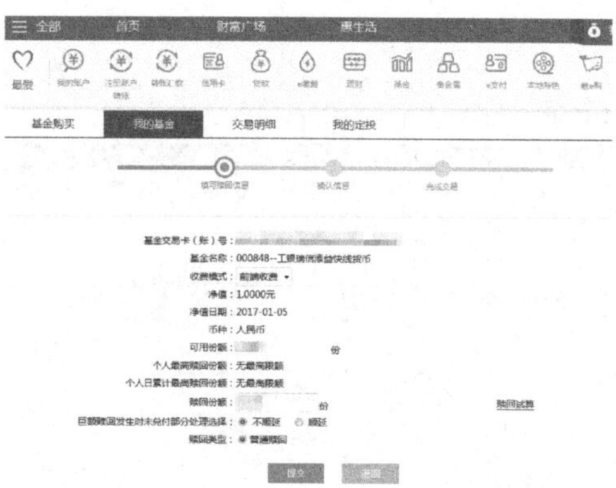

图 5-81 “填写赎回信息”界面

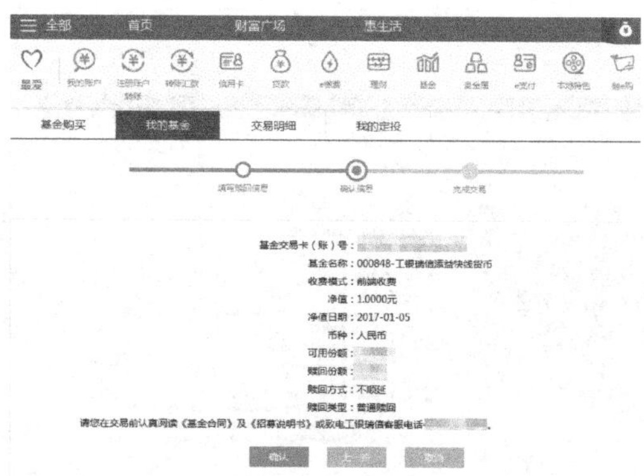

图 5-82 “确认信息”界面

步骤 4 确认赎回信息后，单击“确认”按钮，赎回过程便完成了。

基金的转换步骤与赎回步骤大致相同，只需在“我的基金”界面，单击需要转换的基金后方的“更多”按钮，如图 5-83 所示。然后在展开界面单击“转换”按钮，并根据指示进行操作即可，这里就不详细说明了。

图 5-83　单击“更多”按钮

5.4.4　通过网银定投基金

除了即时申购之外，部分基金还可以进行定投。以中国工商银行网银为例，基金定投的具体步骤如下所示。

步骤 1 进入“我的基金”界面，并单击其菜单栏下方的“定期投随时投”按钮，如图 5-84 所示。

步骤 2 在弹出的界面中，单击需要定投的基金品种后方的“定投”按钮，如图 5-85 所示。

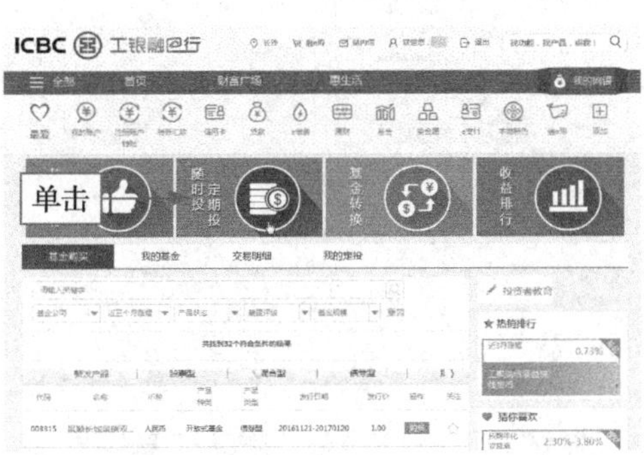

图 5-84　“我的基金”界面

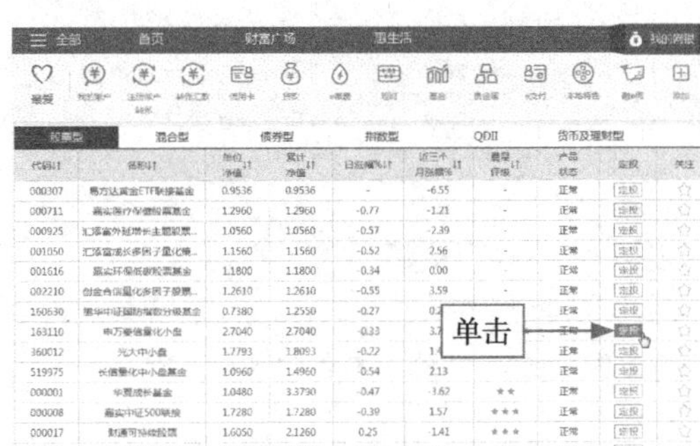

图 5-85　单击“定投”按钮

步骤 3 执行上述操作之后，页面将转至“中国工商银行网上基金定投业务须知”界面，如图 5-86 所示。

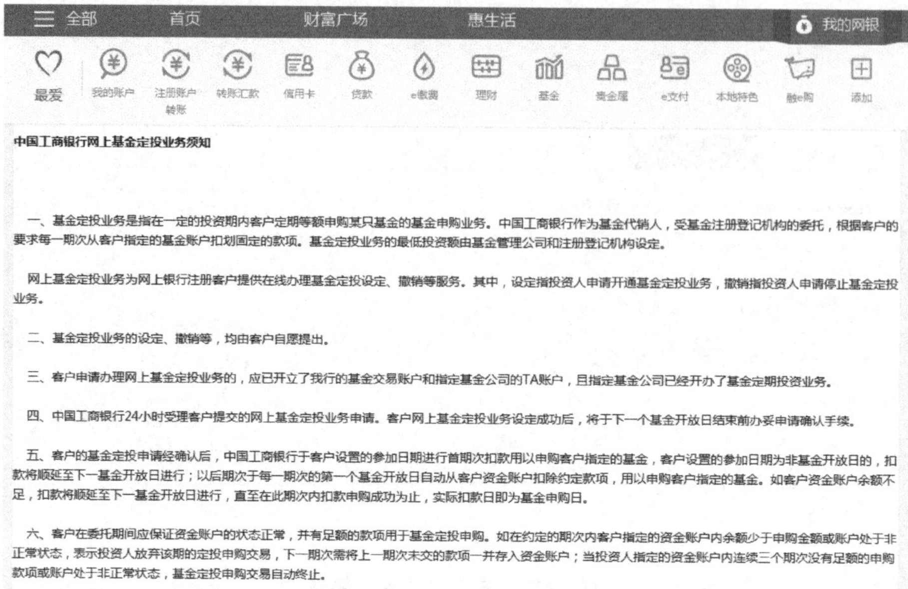

中国工商银行网上基金定投业务须知

一、基金定投业务是指在一定的投资期内客户定期等额申购某只基金的基金申购业务。中国工商银行作为基金代销人，受基金注册登记机构的委托，根据客户的要求每一期次从客户指定的基金账户扣划固定的款项。基金定投业务的最低投资额由基金管理公司和注册登记机构设定。

网上基金定投业务为网上银行注册客户提供在线办理基金定投设定、撤销等服务。其中，设定指投资人申请开通基金定投业务，撤销指投资人申请停止基金定投业务。

二、基金定投业务的设定、撤销等，均由客户自愿提出。

三、客户申请办理网上基金定投业务的，应已开立了我行的基金交易账户和指定基金公司的TA账户，且指定基金公司已经开办了基金定期投资业务。

四、中国工商银行24小时受理客户提交的网上基金定投业务申请。客户网上基金定投业务设定成功后，将于下一个基金开放日结束前办妥申请确认手续。

五、客户的基金定投申请经确认后，中国工商银行于客户设置的参加日期进行首期次扣款用以申购客户指定的基金，客户设置的参加日期为非基金开放日的，扣款将顺延至下一基金开放日进行；以后期次于每一期次的第一个基金开放日自动从客户资金账户扣除约定款项，用以申购客户指定的基金。如客户资金账户余额不足，扣款将顺延至下一基金开放日进行，直至在此期次内扣款申购成功为止，实际扣款日即为基金申购日。

六、客户在委托期间应保证资金账户的状态正常，并有足额的款项用于基金定投申购。如在约定的期次内客户指定的资金账户内余额少于申购金额或账户处于非正常状态，表示投资人放弃该期的定投申购交易，下一期次需将上一期次未交的款项一并存入资金账户；当投资人指定的资金账户内连续三个期次没有足额的申购款项或账户处于非正常状态，基金定投申购交易自动终止。

图 5-86 “中国工商银行网上基金定投业务须知”界面

步骤 4 阅读定投须知后，单击该页面下方的“我要办理”按钮，页面将转至“输入定投信息”界面，如图 5-87 所示。

步骤 5 在“输入定投信息”界面选择基金交易卡号、收费模式和定投方式，勾选“已阅读并认可《中国工商银行基金定投业务须知》”，并单击“确定”按钮之后，页面将转至“详细定投信息”界面，如图 5-88 所示。

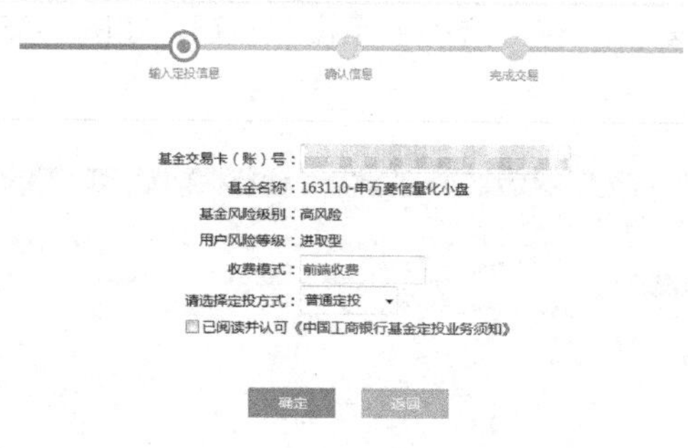

图 5-87 “输入定投信息”界面

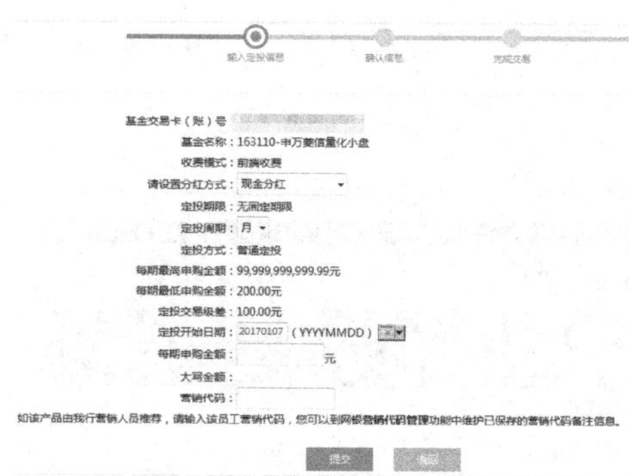

图 5-88 “详细定投信息”界面

步骤 6 详细填写定投信息之后，单击“提交”按钮，页面将转至“确认信息”界面，如图 5-89 所示。

步骤 7 定投信息确认后，单击“确认”按钮，如果弹出的页面中显示“基金定投成功”，就表示定投申请发送成功了，如图 5-90 所示。

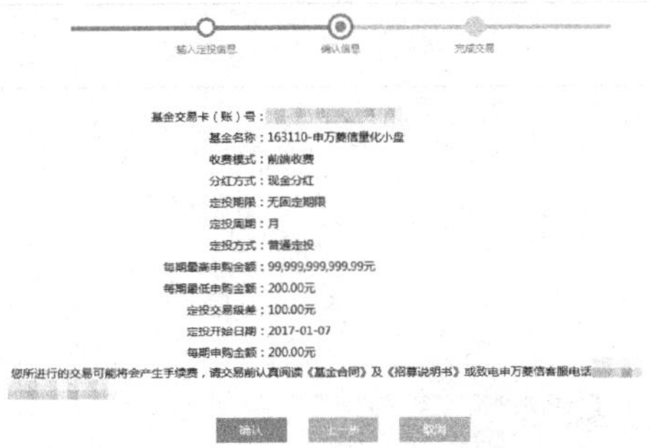

图 5-89 “确认信息”界面

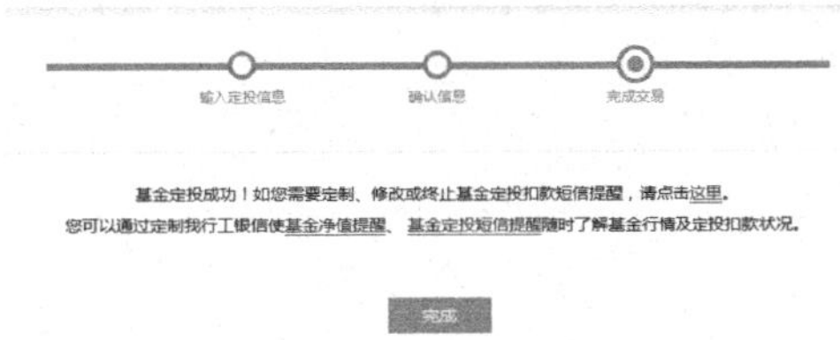

图 5-90 “定投成功”界面

CHAPTER 6

第6章 手机基金投资实战

学前提示

时间就是金钱，在如今快节奏的生活、工作中，怎样理财才能又快又好？答案只有一个：通过手机。

本章教你通过手机来进行基金理财！让你切切实实获得收益。

要点展示

- 手机版基金软件的下载和安装
- 利用手机银行买卖基金
- 利用“铜板街”App 买卖基金

6.1 手机版基金软件的下载和安装

投资者如果要使用手机炒基金，无论是查询行情，还是进行交易，都需要下载与安装相应的基金 App。本节将介绍下载与安装基金 App 的方法，帮助投资者做好手机炒基金的准备工作。

6.1.1 通过扫描二维码下载

用户通过手机扫描二维码后，可以直接跳转至 App 的下载页面。通过二维码下载基金 App 的具体步骤如下：

步骤 1 通过计算机进入 App 下载页面，找到其二维码下载链接，如图 6-1 所示。

步骤 2 打开手机的扫描功能，或者打开有扫描二维码的应用（如微信、UC 浏览器等），扫描二维码，如图 6-2 所示。

图 6-1 找到二维码

图 6-2 扫描二维码

步骤 3 扫描完毕后，会显示 App 的下载链接，单击“获取”按钮，如图 6-3 所示。

步骤 4 “获取”之后是“安装”，单击“安装”之后，原来“获取”和“安装”按钮的位置会变成一个圆形方孔图标，如图 6-4 所示。

图 6-3　App 链接界面

图 6-4　安装界面

步骤 5 App 下载完成后，将在手机桌面自动生成 App 图标，如图 6-5 所示。

步骤 6 点击桌面上的 App 图标，进入软件，如图 6-6 所示。

图 6-5　手机桌面 App 图标

图 6-6　打开 App

6.1.2　通过手机应用商店下载

某些品牌手机（如 iPhone）会预装供用户下载软件的应用商店，在网络允许的情况下，用户可以直接在手机的应用商店下载，这样就不需要通过计算机来辅助下载。

对于手机本身没有应用商店的用户，也可以先安装一个，方便自己下载软件应用，像“91助手”这样的软件都有查找和下载 App 的功能。

特别提醒

值得注意的是，使用手机应用商店直接下载软件会消耗用户大量的手机流量，因此最好是在有无线网络的情况下下载。如果用户没有无线网络，软件下载速度会非常慢。

以苹果手机为例，通过应用商店下载基金软件的步骤如下：

步骤 1 在手机上打开“App Store”，点击手机屏幕下方的“搜索”按钮，如图 6-7 所示。

步骤 2 在搜索栏输入待安装软件的名称（如“数米基金宝”），并点击“搜索”按钮，如图 6-8 所示。

图 6-7 “App Store”界面

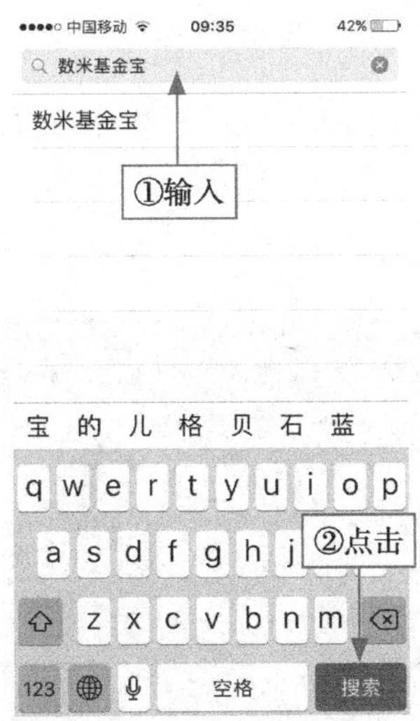

图 6-8 点击“搜索”按钮

步骤 3 执行操作后，显示搜索结果，选择合适的应用程序，点击“获取”“安装”按钮，如图 6-9 所示。

步骤 4 执行上述操作之后，即可开始下载该 App，图中的圆形方孔图标显示下载进度，如图 6-10 所示。

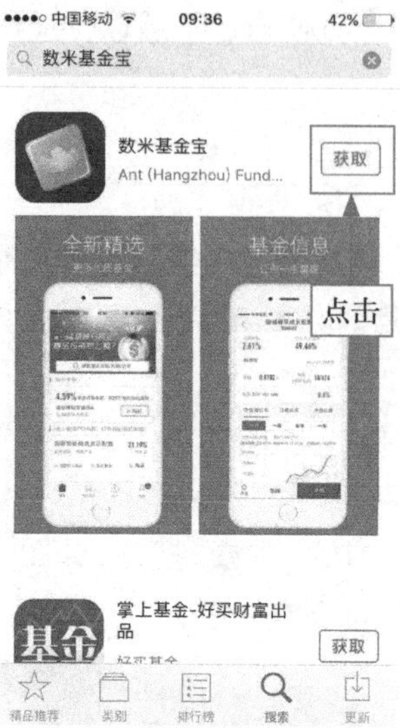

图 6-9　搜索结果页面

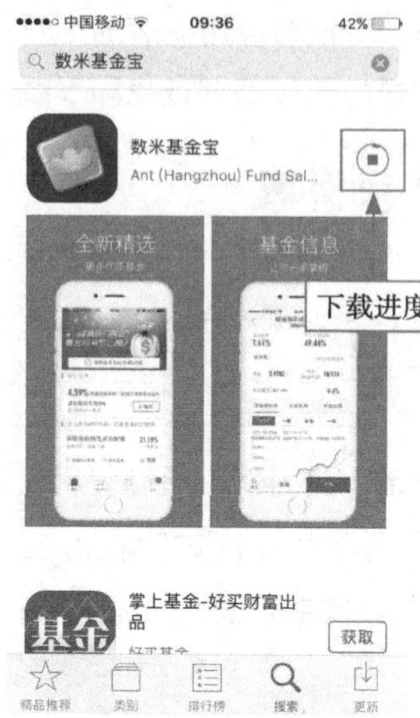

图 6-10　下载软件

步骤 5 下载完成后，如果在手机桌面自动生成了 App 图标，就表示下载完成了，如图 6-11 所示。

步骤 6 点击桌面上的 App，即可进入软件，如图 6-12 所示。

图 6-11　手机桌面 App 图标

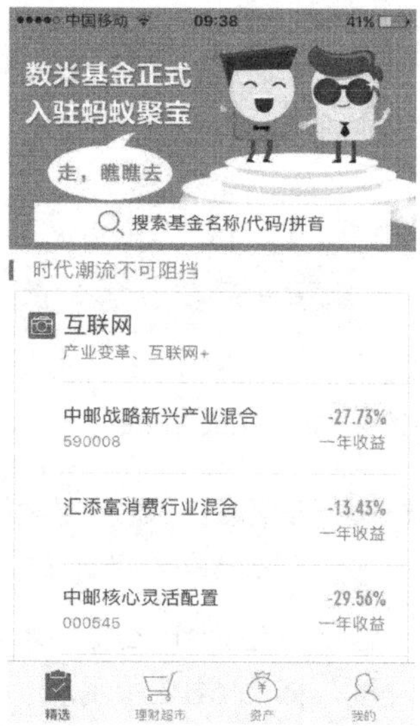

图 6-12　进入软件

6.1.3　通过计算机第三方平台下载

用户可以在计算机上使用一些专门的第三方平台下载炒基金 App。下面以“91 助手”

平台为例，介绍下载炒基金 App 的步骤。

步骤① 在计算机上安装并打开“91 助手”软件后，在搜索框中输入“天天基金网”关键词，会自动弹出 App 搜索列表，在列表中选择相应的 App，左侧会弹出快捷安装面板，单击“安卓版”按钮即可，如图 6-13 所示。

图 6-13 通过搜索框搜索

步骤② 用户也可以在输入关键词后，在左侧软件分类中选择自己需要的 App，单击“一键安装”按钮进行安装，如图 6-14 所示。

图 6-14 一键安装

步骤③ 执行操作后，“91 助手”会自动下载该炒基金 App，并自动将其安装至手机中。

特别提醒

用户在选择软件之前，应该先根据自己手机的操作系统选择“Android”或“iPhone”。当然，软件也会根据手机的型号自动筛选合适的 App，不需要选择系统。

6.2 利用手机银行买卖基金

用户通过手机银行即可查看并购买各种基金，本节以工商银行的手机银行客户端为例，讲解如何通过手机银行购买基金。

6.2.1 开立基金交易账户

若用户第一次使用工商银行手机银行购买基金，还需要开立基金交易账户，其方式如下：

步骤 1 进入工商银行手机银行的“投资理财”界面，点击“基金”按钮，如图 6-15 所示。

步骤 2 在“基金”界面点击“我的基金”按钮，如图 6-16 所示。

图 6-15 点击“基金”按钮

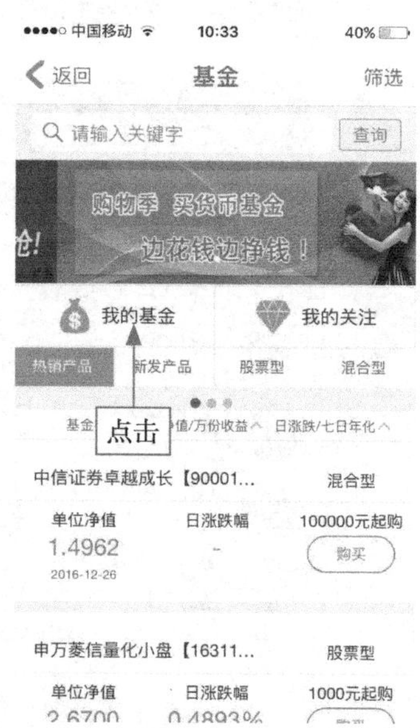

图 6-16 点击“我的基金”按钮

步骤3 进入“开立基金交易账户”界面，点击“确定”按钮，如图6-17所示。

步骤4 阅读《中国工商银行个人基金交易账户电子银行开户须知》后，点击“确定”按钮，如图6-18所示。

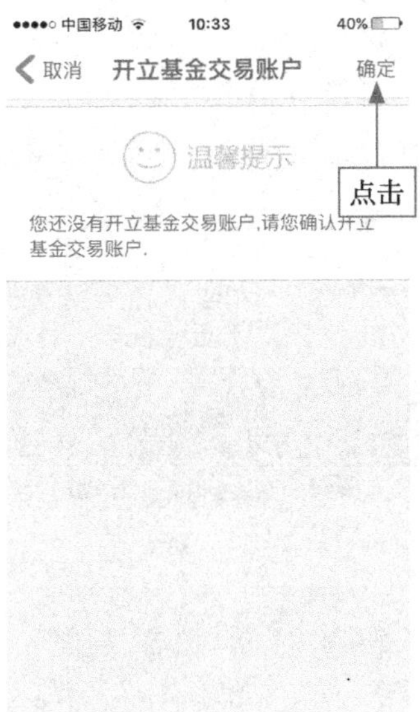

图6-17 点击“确定”按钮

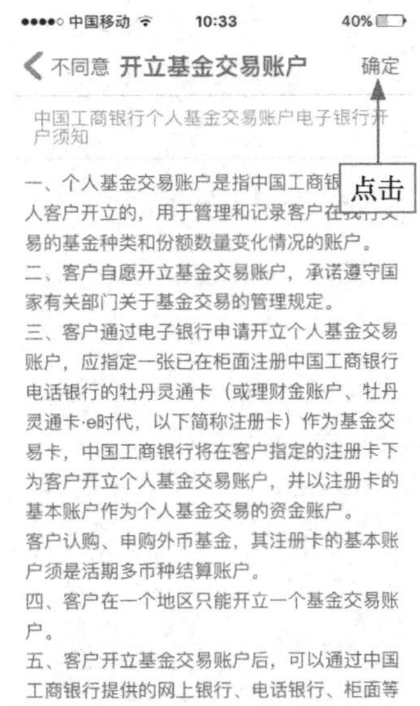

图6-18 阅读开户须知后点击“确定”按钮

步骤5 输入电话号码等信息后，点击“确定”按钮，如图6-19所示。

步骤6 稍等片刻，即可完成基金交易账户的开立，如图6-20所示。

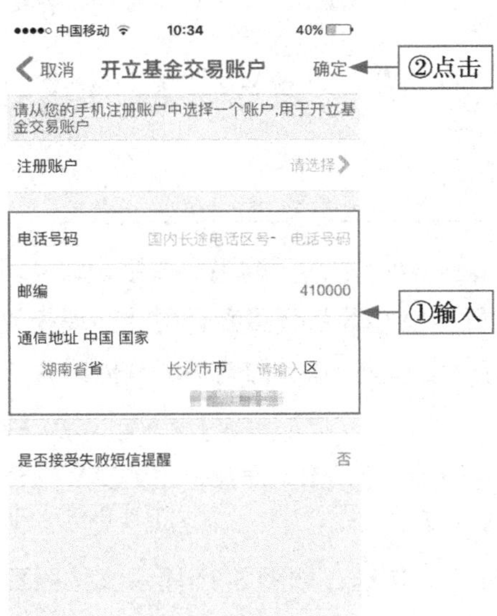

图6-19 信息填写

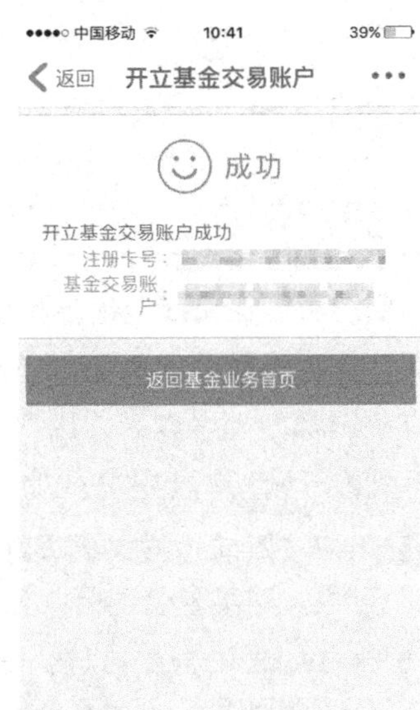

图6-20 完成基金账户开立

6.2.2 查看基金详情

手机银行购买基金的最大优势是可选品种全面，用户可以通过手机银行客户端查看大部分基金的信息，其操作方法如下：

步骤 1 进入中国工商银行手机银行的“投资理财”界面，点击“基金”一栏，在“基金”界面就可以看到工商银行的基金产品，如图 6-21 所示。

步骤 2 在“基金”界面点击任意基金，即可进入基金详情界面，查看该基金的详情，如图 6-22 所示。

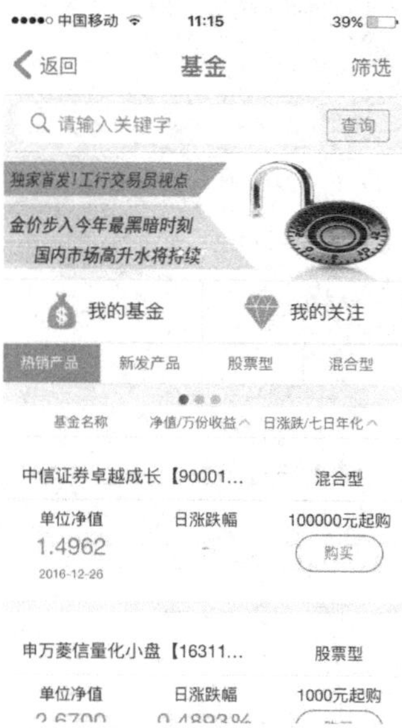

图 6-21 “基金”界面

图 6-22 基金详情

6.2.3 通过手机银行购买基金

有的用户可能在完成上述步骤后，点击图 6-22 中的“购买”按钮，却发现还无法进行购买。这很可能是因为用户还未在银行柜面签署基金买卖合同并办理相关业务。只有所有手续都办理好以后，用户才可以顺利地进行基金的购买。具体来说，使用工商银行手机银行购买基金的方式如下：

步骤 1 用户按照前述方式挑选好基金，并在基金详情界面点击“购买”按钮后，即可进入购买基金界面，如图 6-23 所示。

步骤 2 确认购买信息无误后，点击“确定”按钮，如图 6-24 所示。按照页面提示输入密码后，即可完成基金的购买。

图 6-23　基金购买界面

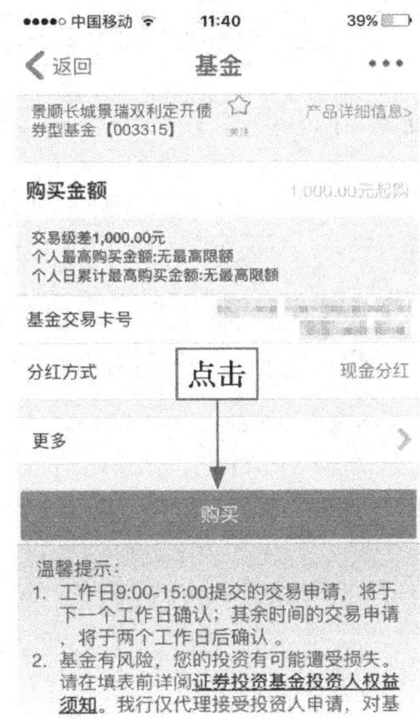

图 6-24　基金购买信息

6.2.4　查询“我的基金”

若用户通过工商银行手机银行购买基金，则可查询购买基金的状况。

步骤 1 进入“基金”界面，单击“我的基金”按钮，如图 6-25 所示。

步骤 2 进入“我的基金”界面，显示用户已经持有的基金，如图 6-26 所示。

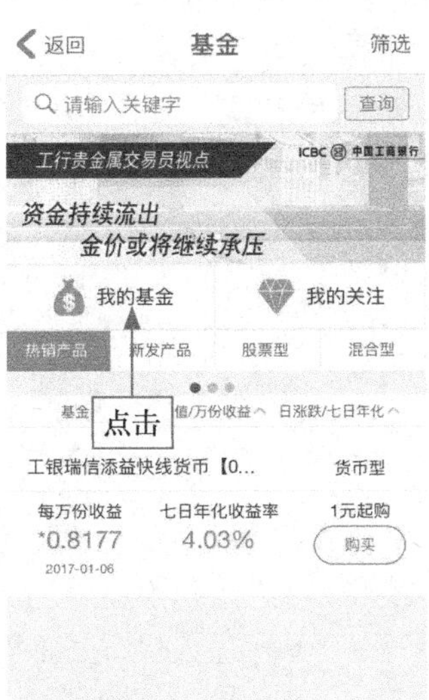

图 6-25　点击“我的基金”按钮

图 6-26　已持有基金

6.2.5 通过手机银行赎回基金

投资者可以通过手机银行赎回持有的基金份额，以中国工商银行手机银行为例，其具体操作如下：

步骤 1 进入“基金”界面，点击所持有的基金的名称，如图 6-27 所示。

步骤 2 执行上述操作后，页面转至所点击的基金品种的详情界面，点击页面中的“赎回”按钮，如图 6-28 所示。

图 6-27 点击持有基金名称

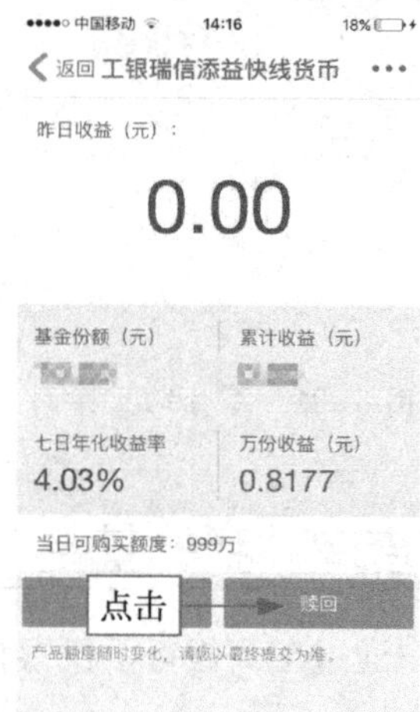

图 6-28 点击“赎回”按钮

步骤 3 执行上述操作后，页面转至“赎回”界面，如图 6-29 所示。在“赎回”界面输入需要赎回的份额，并点击“下一步”按钮。

步骤 4 执行上述操作后，页面转至赎回确定界面，确认信息后，点击“确定”按钮，如图 6-30 所示。

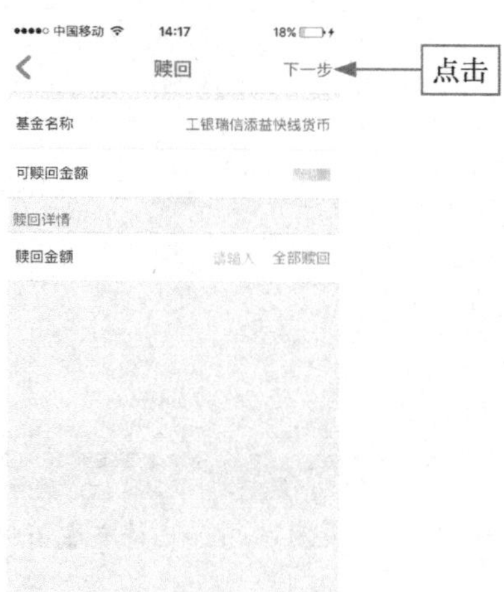

图 6-29 “赎回”界面

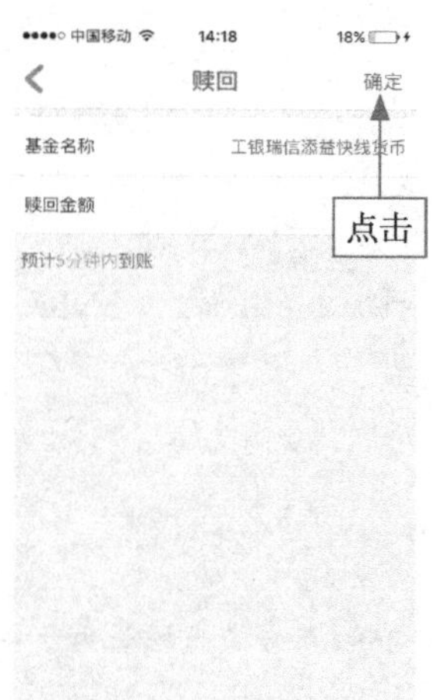

图 6-30 点击“确定”按钮

步骤 5 如果页面显示“成功”，与此同时“工银融E联”发来相关信息，就说明赎回申请递交成功了，如图6-31所示。

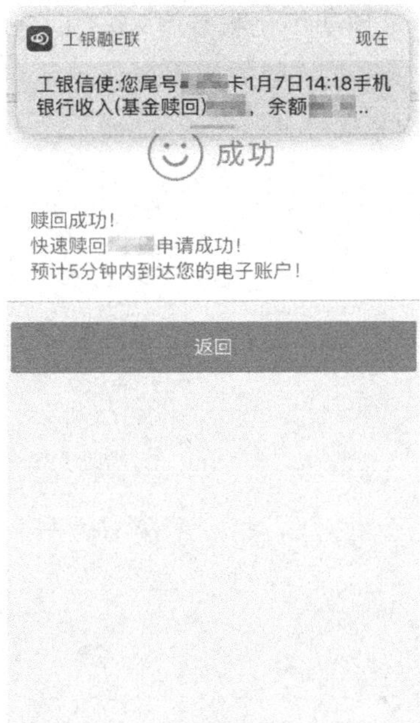

图6-31 显示基金赎回成功

特别提醒

通过银行赎回基金要支付一定的赎回费，购买基金时会写在合同或协议中，一般是1%。也就是说，用户购买10 000元的基金，全额进行赎回就要支付100元的手续费。不过银行为了提升竞争力，在许多情况下会减免手续费。

6.3 利用“铜板街”App买卖基金

杭州铜板街网络科技有限公司是国内首家实现综合理财交易的平台。2013年6月11日，“铜板街”推出基于苹果手机的理财交易版，该产品甚至早于余额宝，一经推出即得到用户和市场的广泛认可。在“铜板街”，用户可根据自己的需求和风险承受能力选择合适的基金理财产品，并在手机或网站上完成购买、收益查询、取现等操作，安全且高效。

6.3.1 “铜板街”的主要特点

2014 年，“铜板街”已经推出众多创新型理财产品，既有 1 个月预期年化收益率 4%~5% 的创新产品、3 个月预期年化收益率 8% 的产品，又有 1 年预期年化收益率 10% 的产品，还有流动性好、收益稳健的货币基金产品，让用户能合理配置资产，实现更高的理财收益，市场反响非常好，如图 6–32 所示。

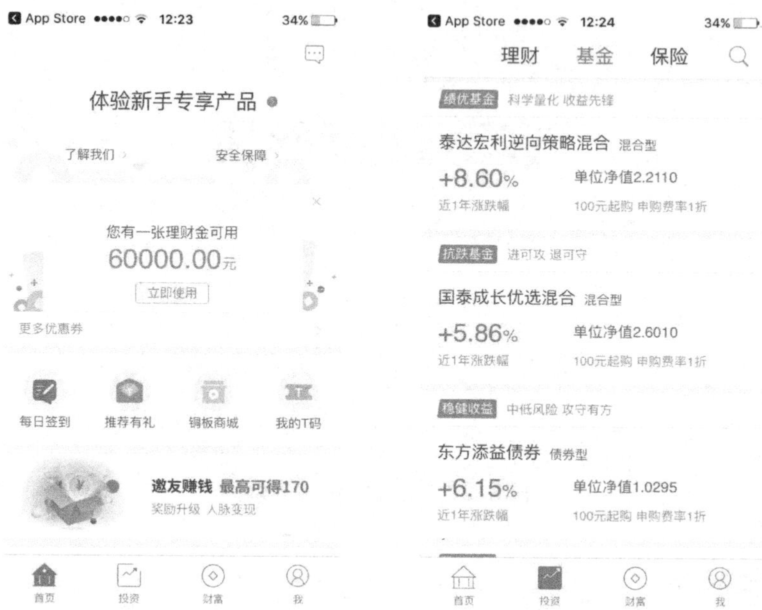

图 6–32 “铜板街”App 的基金产品

“铜板街”是一个具有安全、简单、便捷特点的理财产品交易平台，致力于帮助更多的用户随时随地轻松理财，并获得较高的收益。因此“铜板街”始终期望通过移动互联网平台，帮助更多的用户充分享受金融机构的优质产品和服务，其主要特点如图 6–33 所示。

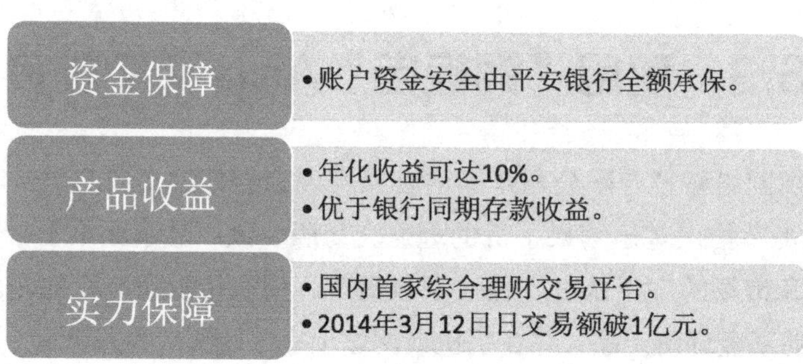

图 6–33 “铜板街”理财平台的主要特点

“铜板街”最低 100 元的亲民理财策略，银行活期利息 14 倍以上的收益，随时取现，让投资和理财不再是高端人士的专利，让很多从未尝试过的人跃跃欲试。“铜板街”创建的初衷，就是帮老百姓的资产保值、增值，未来“铜板街”将提供理财产品更加多元化、差异化的服务。

6.3.2 “铜板街”的操作流程

通过与金融机构的深入广泛合作，“铜板街”为用户提供更高收益、更低风险的产品，为用户提供多元化、差异化的理财服务，让初入职场的年轻白领也能实现资产保值增值，抵御通胀压力。“铜板街”的操作流程如下：

步骤 1 “铜板街”App 的产品列表中有很多基金品种出售，投资者可以选择自己喜欢的进行购买，如图 **6-34** 所示。

步骤 2 向上推动图 **6-34** 所示的区域还可查看基金详情，如图 **6-35** 所示。

图 6-34 选择喜欢的理财产品

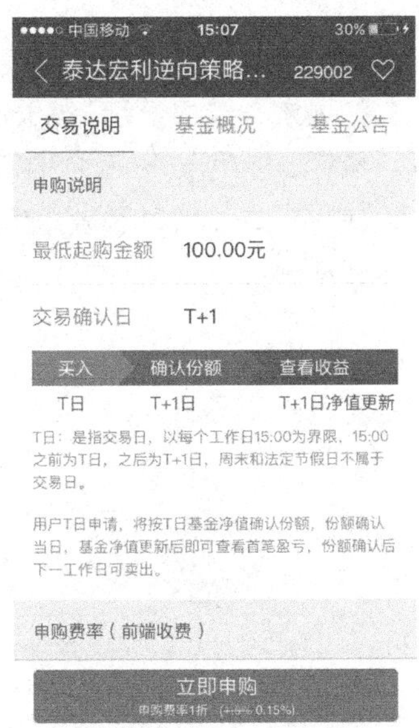

图 6-35 查看基金详情

步骤 3 在理财产品界面点击“立即申购”按钮，首次使用的用户需要进行交易密码的设置，如图 **6-36** 所示。

步骤 4 完成交易密码设置之后，还需要添加基金银行卡，如图 **6-37** 所示。

图 6-36 “设置交易密码”界面

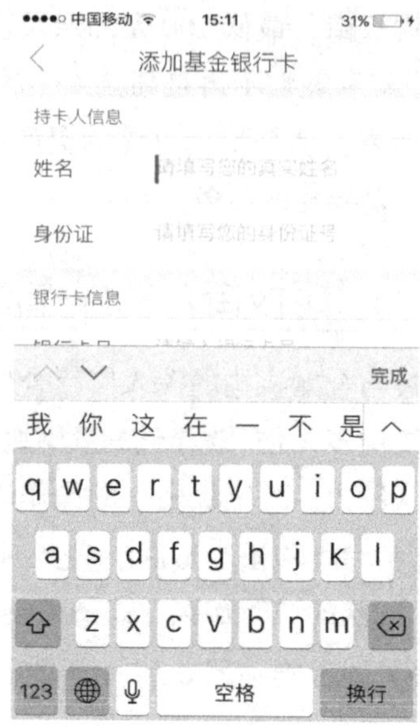

图 6-37 “添加基金银行卡”界面

步骤 5 如果绑卡结果显示“绑卡成功”（如图 6-38 所示），那么，用户点击“开始投资”按钮，就可进行基金的申购，如图 6-39 所示。接下来只需输入金额和交易密码即可完成基金的申购。注意，绑定的银行卡里面需要有足够的钱才能扣款成功。

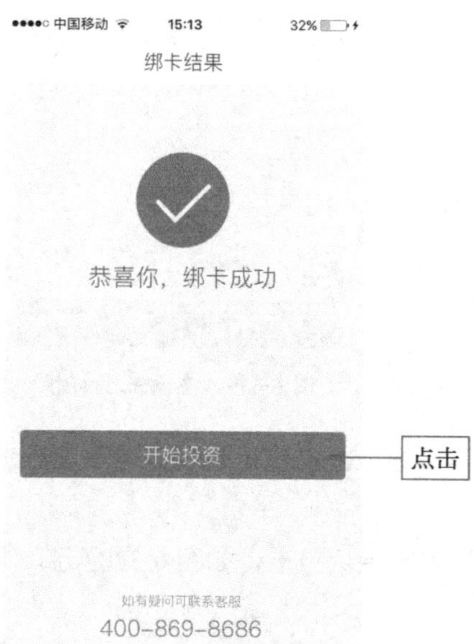

图 6-38 “绑卡结果”界面

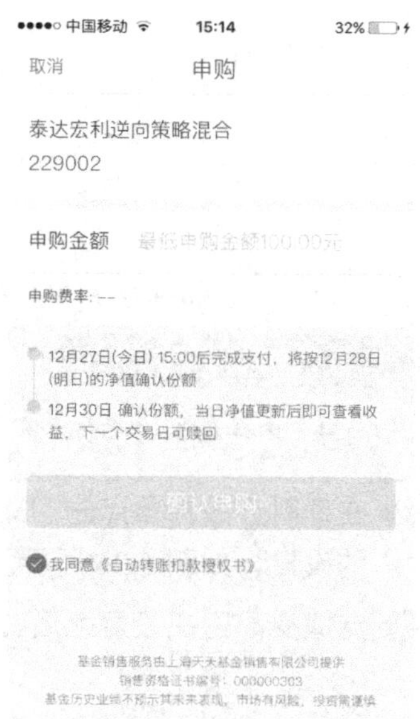

图 6-39 “申购”界面

专家提醒

作为手机理财平台，“铜板街”一直秉承安全理念，不断强化风控体系建设。“铜板街”的安全风控体系通过姓名、身份证、银行卡、手机号四重认证。“铜板街”自身不触碰用户资金，只为用户提供与法定金融机构沟通服务的平台，用户的理财资金只能在其本人实名认证的同张银行卡内进出，并有银行监管。资金只能用于投资理财产品，保证账户不会被盗用。

另外，“铜板街”为保证用户资金安全，与平安保险公司达成合作，一旦出现账户资金被盗等风险，平安保险将全额承保，100%赔付，赔付金额无上限。

CHAPTER 7

第7章 基金投资经验技巧

学前提示

俗话说，“智者顺时而谋，愚者逆理而动”，任何事情都要遵循一定的规律和技巧。投资基金也一样，需要对投资技巧进行明确的分析和掌握，并根据这些技巧进行操作，才能在投资基金中获取最大的收益。

要点展示

- 有备无患，做好投资基金的准备
- 合理运用基金投资技巧
- 改掉不良投资习惯

7.1 有备无患，做好投资基金的准备

基金是集中众多投资者的闲散资金，交由专门的基金管理人进行投资，投资收益由原有出资者按出资比例分享的一种投资产品。基金的最低投资量比较低，而且可以满足各种投资者的投资需求。不同的投资者可以根据自身的情况来决定投资量，投资过程非常方便灵活。基金的流动性比较强，当投资者急需资金时可以很快收回现金，而且不需要缴纳任何税金。

基金投资者在投资过程中，一定要注意：基金也存在风险。因此，在进行基金投资前，投资者一定要了解相关知识，做足投资准备工作。

7.1.1 投资基金应做好的心理准备

投资基金，除了前期的资金准备及基金相关知识的准备之外，笔者认为还要做好心理准备，如图 7–1 所示。

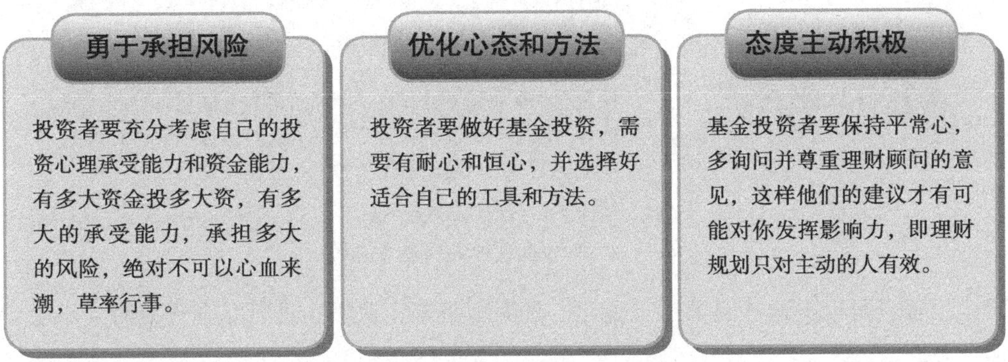

图 7–1 投资基金应做好的心理准备

证券市场人来人往，潮起潮落，是纷纭嘈杂世界的缩影。基金交易有买有卖，有盈有亏，既给你失败的烦恼，又带来成功的喜悦。如果希望投资基金后仍然能够笑口常开，首先应该掌握经济金融、操作分析等基本知识，同时做些相应的常识上和心理上的准备，锻炼自己不惧风险、知足常乐、不为人言驱使、不为失利动容、始终保持开朗豁达的心境的能力。

7.1.2 投资基金的具体准备工作

无论是做何种投资，都必须根据自身的情况进行具体分析，比如自己适合什么样

的投资、适合进行多大的投资、投资的期限有多长等。也就是说，投资者在投资之前必须找到一个适合自己的具体投资流程，投资基金也是一样，投资者应先做好图 7–2 所示的准备工作。

明确自己的理财目标：投资者因为年龄、收入、家庭状况的不同，在投资基金时也会有不同的考虑。通常初入社会的年轻人比即将退休的人的承担风险能力更强，更适合投资收益高、风险高的基金产品。此外，个人的性格也是重要的考虑因素。

确定投资的金额：投资不能把所有的资金全部投入，首先要保留日常费用以及应急费用，剩余的资金才可用来考虑投资。因为投资有收益有风险，如果把所有资金都用于投资，一方面投资者很难保持平静心态，另一方面从专业角度上讲也不科学。

确定资金使用期限：虽然开放式基金可以每天收购赎回，但是投资基金还是要考虑中长期，最好是 3 ~ 5 年，甚至更长。投资者在考虑投资时，最好首先确定这笔资金可以使用的期限，如果是短时间闲置资金，应该考虑投资风险相对较小、流动性较好但是收益相对较低的基金。

选择合适的投资方式：投资者在准备买基金时，还要考虑哪种方式适合自己，是选择风险相对偏高收益也更大的，还是选择风险相对偏小收益也更小的；是定额定时投入，还是一次性投入；是组合投资，还是单个投资等。

图 7–2　投资基金的具体准备工作

投资者可以把这些要求进行量化，然后写下来，这样在进行基金投资时才不至于迷失方向。

7.2　合理运用基金投资技巧

基金具有分散风险、由专业人士理财的优势，是最适合老百姓的理财方式之一。但是与存款不同，投资基金是一门学问，并不是所有的基金都能带来收益。

尽管基金投资是面向普通百姓的投资方式，但是对于基金初学者而言，不仅要具备基金入门的基础知识，还需要掌握一定的基金投资技巧，从而在基金投资过程中取得理想的投资效果。

7.2.1 降低基金交易成本

目前，主流的开放式基金交易成本较高，尤其是有的投资者将基金当股票一样高卖低买，频繁申购赎回，使投资基金的成本“侵蚀”了自己的大量投资收益。因此，投资者可以采用一定的方法，降低基金交易成本，如图 7-3 所示。

利用网上的电子直销

· 投资者要善于利用网络交易，不仅方便快捷，更重要的是可以“天天特价”，很好地降低投资成本。

采用后端收费模式

· 后端收费是赎回时再支付费用，如果投资者打算进行中长期投资，就要选择后端收费方式，这样会大大降低投资成本。

团购基金产品

· 投资者可以联合朋友和同事一起购买，也就是基金团购，只要一次性购买基金的额度达到享受手续费优惠的金额，就有可能节省大笔费用。

避免频繁买卖基金

· 基金本身所奉行的价值投资理念决定了其收益是细水长流式的，适合长期投资，因此投资者不要频繁地买卖基金。

分批建仓摊薄成本

· 如果基金投资的费用比较高，投资者可以利用分摊成本的方法来降低成本，增加收益。即按照股票建仓那样分批买进，这样一来能降低风险，二来能降低交易成本。

图 7-3 降低基金交易成本的方法

特别提醒

对于大多数基金产品来说，申购、赎回的手续费都是比较高的。股票型基金申购费通常在 1.5% 左右，对于持有期短于一年的投资者来说，赎回率也要 0.5%。如果进入投资并仅持有几个月就退出投资，每轮 2% 的交易费用就显得很高。

7.2.2 基金红利再投资

关于分红方式，基金投资者可以选择现金红利和红利再投资两种方式。为了鼓励投资者继续投资，基金公司对红利再投资一般不收取申购费，红利部分将按照红利派现日的每单位基金净值转化为基金份额，增加到投资人账户中。红利再投资不但能节省再投资的申购费用，还可以发挥复利效应，从而提高投资的实际收益。

例如，华夏回报的最大特点就是“到点分红”，有人将每次现金分红和红利再投资的收益率做了对比，结果非常惊人，如图 7-4 所示。华夏回报单位净值 1.604，累计净值 3.271，现金分红收益率为 227.10%，而采用红利再投资方式的实际收益率为 402.46%，两者差异高达 175.36%。

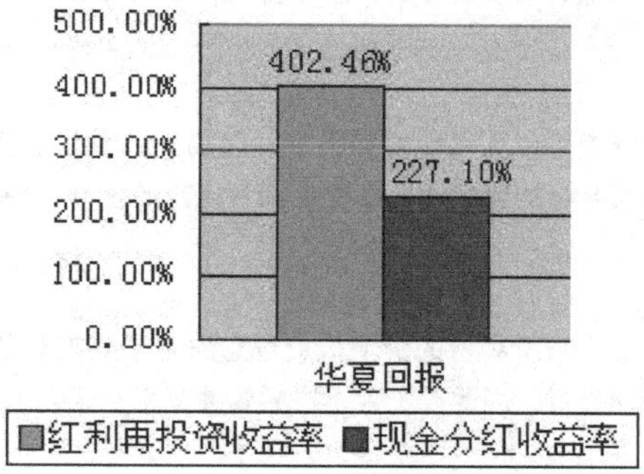

图 7-4 不同分红方式收益率比较

在市场良好的情况下，投资者用分红所得现金再参与投资，就晚一步享受基金净值上涨的利益。而选择红利再投资，就可以在分红当天实现复利投资下的“利滚利”的高收益。因此，投资者如果想分到口袋里的利益更多，可以选择红利再投资的分红方式。

7.2.3 不做波段操作

波段操作和长期持有是投资基金的两种操作方式：波段操作指最低点买进、最高点卖出，这样的收益肯定最高；长期持有指把投资时间拉长，忽略掉震荡的风险，也可以实现最低点买进、最高点卖出的收益。

资本市场的走势历来都如小孩的表情一般，变化很难把握，在专业的研究团队都很难把握走势的情况下，投资者若靠自己的分析预测去投资，那多半辛苦攒下来的钱会一去不复返。

基金投资管理者的建议是不要做任何的波段操作，不要预测市场是高还是低。也许做一两次波段操作会成功，这不奇怪，但市场分析家们通过对历史数据的分析证明，除非你能有 70% 以上对市场的正确判断，否则波段操作还不如长期持有，如图 7-5 所示。

不要波段操作！

波段操作的拥护者认为这是一个获得“超额收益”的好办法，因为这不仅可以享受市场长期上涨的趋势，而且还可以在短期内捕捉到市场的脉搏，从而快速致富。再说高抛低吸，这本来也很符合市场的原则。但问题是我们能号准市场的脉搏吗？

不要预测市场！

如果投资者稍微研究一下历史的情况，就会发现，不论在哪个市场，无论是月收益还是年收益的变化都是没有任何规律的，也就是说，根据这个月或者今年的市场情况，我们完全没有办法预计下个月或者明年的市况。这就是所谓的市场的不可预见性。无论是理论家还是投资实践者都明确表示：不要去预测市场，因为市场是不可以被预测的。

图 7-5　千万不要波段操作和预测市场

特别提醒

当然，投资基金是波段操作还是长期操作，本身没有答案，仁者见仁，智者见智！但是，它有一个关键点，那就是要看投资者是什么样的人，如果投资者不具备超前的投资理念，不具备高超的投资技术，也没有超人的市场预测能力等，如果投资者只是普通的朝九晚五的上班族，则长期持有基金是最合适的投资方式。

7.2.4　巧用基金套利

无论股市利好还是利空，“基民”都可通过基金实现趋利避害。基金是适合长期投资的一个品种，买了之后长期持有才是最好的方案。但是这其中可能会出现一些“另类”的基金，由于可以在两个市场中交易，投资者买进的目的实际上只是为了在另一个市场上卖出，或是在一个市场上卖出的同时会在另一个市场上买入，以实现基金的套利计划，取得不错的收益。

套利指同时买进和卖出两张不同种类的合约。交易商买进认为便宜的合约，同时卖出那些被认为是高价的合约，从两个合约价格间的变动关系中获利。在进行套利时，交易时间上注意的是合约之间的相互价格关系，而不是绝对价格水平。

对于选择基金的投资者，进行短期的套利并不是十分明智的选择，因为有大量的投资实践证明，基金的中长期投资所得到的收益远远大于短期投资的收益。然而，有好的套利策略，也有可能获得不错的收益。投资者进行投资的目的是为了赚钱，如果出现好的套利机会，自然要把握时机，其主要策略如图 7-6 所示。

选择下午2：30之前进行赎回，除非出现尾盘跳水情况，一般当日只要证券市场处于持续上涨阶段，在牛市行情中收阳的概率会大大增加。

证券市场不发生5%以上的深幅调整，不做基金的套利行动。其原因在于相关费用较高，保守的基金认购或申购费率是1.5%，赎回费率是0.5%，特别是为重新买回基金所需的手续费为1.5%。

套利不宜轻易拿绩优成长性基金做尝试。

图 7-6　套利的策略

特别提醒

由于基金净值与证券市场有很大的关联，大盘的震荡调整同样会促使基金的净值发生波动。对于投资者来说，与其担心基金净值的变化对今后的分红造成冲击和影响，还不如在掌握证券市场行情调整的情况下把握时机，进行基金套利。

7.2.5　分级基金套利

分级基金具有份额配对转换机制，这是分级基金套利的基础机制。基金份额的配对转换有拆分和合并两种转换行为，如图 7-7 所示。

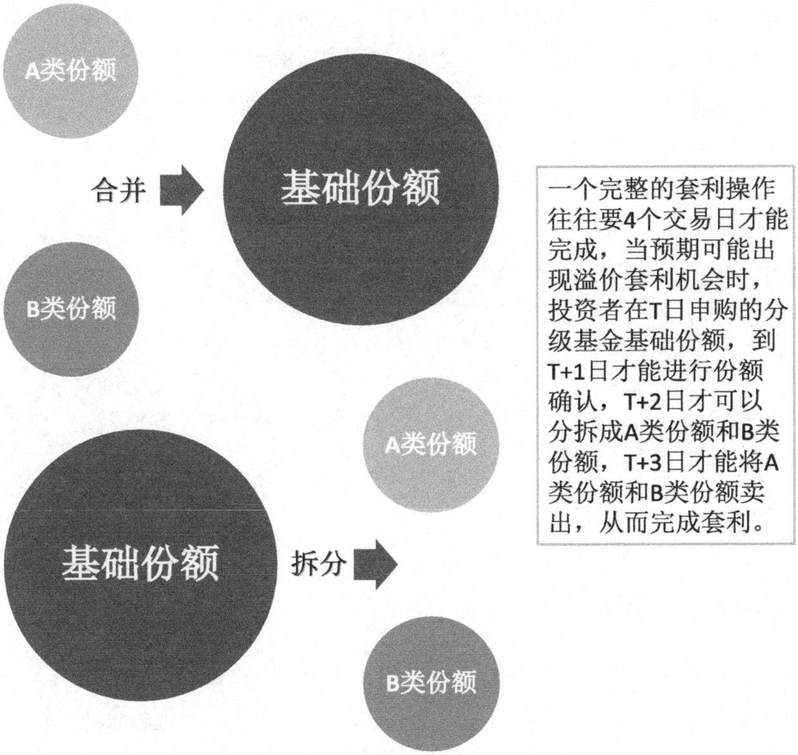

图 7–7　分级基金的套利机制

分级基金的套利操作主要发生于个别板块或市场短期大幅上涨的情况，比如，资金追捧相关分级基金的 B 类份额，B 类份额溢价率短期内持续快速上升，使分级基金 A 类份额和 B 类份额相对于基础份额的整体溢价率大幅超出正常水平（正常一般为 2%），在存在份额配对转换机制的情况下，场外资金将通过申购基础份额并分拆为 A 类份额和 B 类份额后在场内卖出的操作实施套利，以在短期内获取溢价收益。

7.2.6 巧用基金转换

通常，投资者在市场行情不好时会赎回基金，等待行情转好后再申购，这样一来一回要花费很多的手续费，利用基金转换业务可以节省这部分费用。很多基金公司为了推广基金转换这一业务，实施了很多优惠措施。基金转换是指投资者将所购买的基金转换为同一基金公司旗下其他类型基金的一种业务。基金转换与赎回后重新购买最大的不同是转换更及时，一般只需要两个工作日即可完成，并且可以节省手续费。

下面以兴业银行网上银行为例，介绍基金转换的操作方法。

步骤 1 登录网上银行后，单击导航栏中的“投资理财”按钮，在弹出的列表框中选择“基金代销”→“转换”选项，如图 7-8 所示。

步骤 2 执行操作后，进入“转换”界面，在银行账户列表中选中相应银行卡账户，如图 7-9 所示。

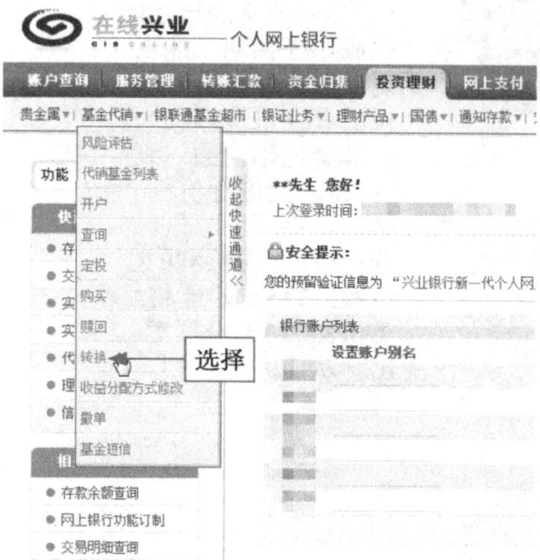

图 7-8 选择“转换”选项

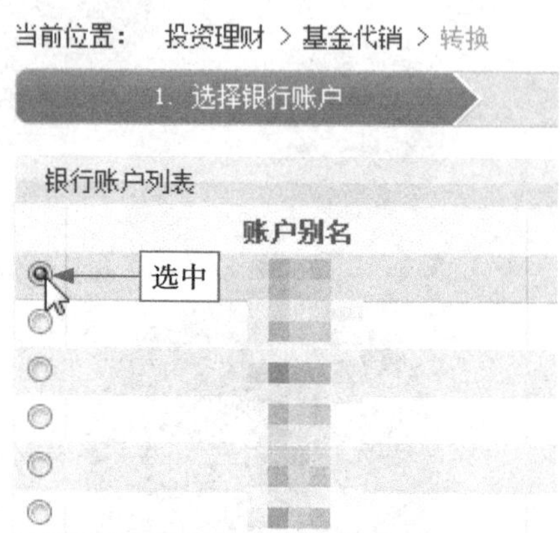

图 7-9 选择银行卡账户

步骤 3 单击“确认”按钮，进入“查询持仓基金”界面，在基金持仓查询明细列表中选择相应基金，单击右侧的“转换”链接，如图 7-10 所示。

步骤 4 执行操作后，进入“填写赎回或转换信息”界面，在“转入基金”列表框中选择要转换的基金，如图 7-11 所示。

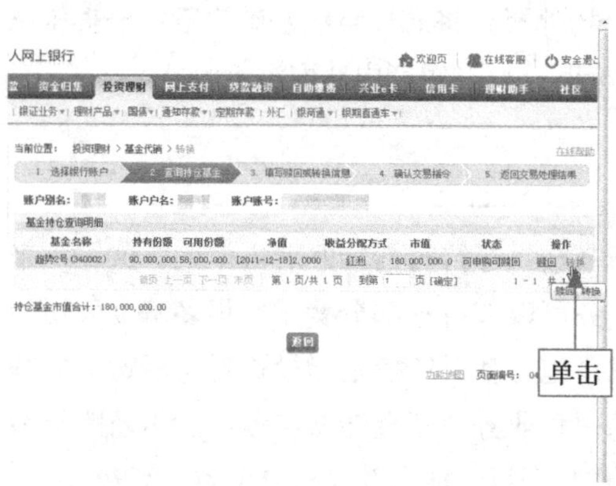

图 7-10 单击“转换”链接

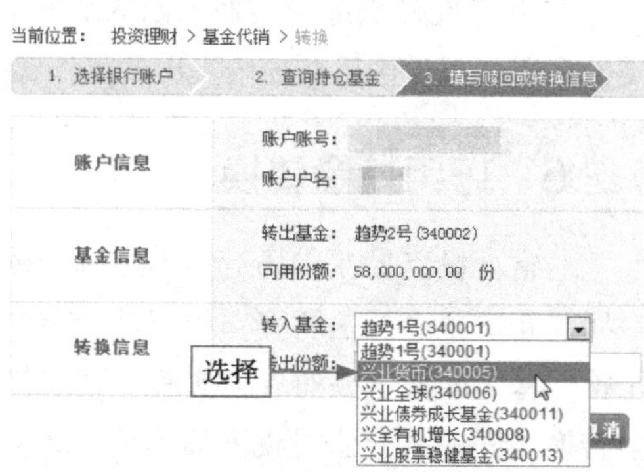

图 7-11 选择要转换的基金

步骤 5 设置相应的转出份额后，单击“下一步”按钮，即可发送转换基金的交易指令，如图 7-12 所示。

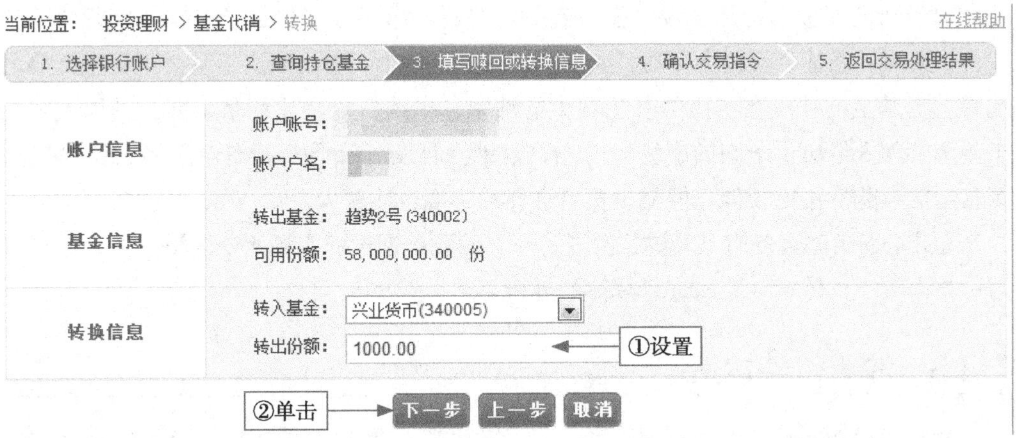

图 7-12　设置转出份额并单击“下一步”按钮

7.2.7　新老基金的选择

许多投资者认为：买老基金好一些，因为经过时间的检验，可以通过以往的业绩做出对比，而没有经过市场检验的新基金风险则相对大一些，这种看法是错误的。其实新老基金各有各的优势和不足，不能笼统地说老基金就一定比新基金有优势，而应该视时机选基金，如图 7-13 所示。

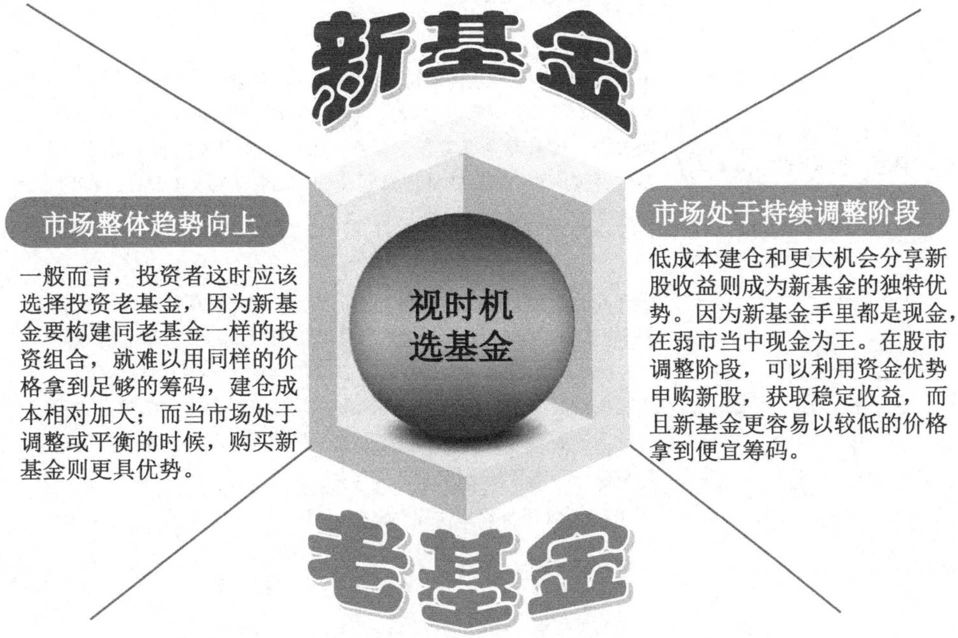

图 7-13　视时机选基金

对于新老基金的选择来说，投资者一定要看清市场处于什么状态，如果股市处于牛市，则购买老基金收益会更高；如果市场正处于熊市，那么购买新基金则更有优势。此外，老基金的缺点在于已经有了很大的涨幅，申购费也会比新基金高；其优点则在于基金管理人经历了不同的市场行情，投资能力得到验证，便于投资者选择。相对来说，新基金的申购费用比较低，但是投资者选择的难度也比较大。

总之，新老基金各有其利弊，投资者一方面要根据投资市场所处的格局进行选择，另一方面对于具体基金应该进行具体的分析总结。

7.2.8 注重价值投资

有一句谚语叫作“十鸟在林，不如一鸟在手”，意思是说，把握自己能把握的，即使少，也比追求那些没有把握得到的东西要强。用这句谚语来类比成长投资和价值投资非常恰当。投资基金也是一样的道理，投资者必须注重价值的投资，价值投资的要点如图 7–14 所示。

坚持选低估基金	只有低估了的基金才有安全边际，才有投资价值。市场从短期来看是一个报价器，而长期来看却是一个称重器。在乐观的时候，报价器会报一个过高的价格，在悲观的时候，它又会报一个过低的价格。作为一个价值投资者，就是要发现这种被报低的基金，买入并耐心持有，直到市场对它的错误报价进行修正之后再卖出，实现投资的正收益。
时间可以拉长，降低基金投资风险	短期投资风险很大，长期投资风险很小。没有高收益低风险的事，要想降低风险，只有增加投资期限。因此，股票型基金最好是长期投资，用来养老或者存给子女上大学；如果投资者 3～5 年就要结婚买房子，最好选择债券型基金；如果只想投 3 个月、半年，则选择货币型基金比较好。
基金投资是一个不断等待的过程	投资者的境界不在投资基金上，而在于心态。发现好基金后等待安全边际的出现，买入基金后等待其价值回归，卖出基金后等待下一次机会的来临，这都需要耐心等待。只有学会了耐心等待，才能在投资市场中获得丰厚的回报。但是要做到这一点很难，因为这不仅需要对基金价值和前景的深刻理解，还需要克服人类固有本性——贪婪和恐惧。

图 7–14 价值投资的要点

7.3 改掉不良投资习惯

有些基金投资者屡屡亏损，一个重要的原因就在于其思维方式钝化，总是以经营门店的逻辑来推导基金市场，以致养成了许多不良投资习惯，这无疑会在很大程度上影响投资回报，所以必须加以剖析和批判。

7.3.1 基金投资的6种不良习惯

归纳起来，投资者在进行基金投资时可能会有6种不良习惯，如图7–15所示。

饥不择食	部分投资者发现牛市行情降临，价格大幅上涨，由于担心错失机会，因此慌忙买进，结果不是买的基金有问题，就是买的时机出差错，有时甚至在强势基金的阶段性顶部位置参与，因而很难获利。
喜低厌高	开放式基金并没有“贵贱”之分，在某个时间点上，所有的基金不问净值高低，都是站在同一起跑线上的，基金管理人的综合能力和给投资者的回报率才应是取舍的依据。
追涨杀跌	这类投资者惯性思维比较严重，市场行情上升的时候全力追涨，市场行情下跌的时候急忙“割肉”，结果使得收益在反反复复的操作中不断缩水。
炒股思路	把基金等同于股票，以为净值高了风险也高，用高抛低吸、波段操作、追涨杀跌、逢高减磅、短线进出、见好就收、买跌不买涨等炒股的思路来对待基金，常常既赔了手续费，又降低了收益率。
卖涨留跌	行情走好时，大多数投资者会选择将获利的基金卖出，将被套的基金继续“捂着”。结果，获利卖出的基金仍在继续上涨，而捂在手中的被套基金却依然在低位徘徊。
跟风赎回	很多投资者没有主见，看到别人赎回，唯恐自己的那份资产会受损失，也跟着赎回。决定你进退的依据，应该是基金管理公司的基本面、投资收益率，以及你对后市的判断。

图7–15 基金投资的6种不良习惯

7.3.2 基金投资的4个“禁忌”

投资理财是财务自由之道，用钱生钱的事现在更是常见。其实，投资基金并不是随随便便购买一两只就能赚钱的，那么究竟怎样才能让钱袋子获得的收益最大化呢？最主要的一点就是投资者在投资基金时要讲究策略，注意一些投资“禁忌”，如图 7–16 所示，这样才能获得稳定的收益。

•一忌“盲目投资”

投资者应该对投资的产品有深入的了解，然后根据自己的投资目标有针对性地选择基金或投资组合，绝不能凭一时的冲动，盲目投资。

•二忌“不计风险”

投资者一定要明白一个道理：任何投资都有风险（即使是存现金也存在丢失、贬值等风险）。所以在大的方面，你要先考虑你对风险的承受能力。

•三忌“甩手不管”

结果可能会因基金市场或单只基金净值出现较大变化，致使投资损失。因此，购买基金后，应通过基金网站、理财报刊等渠道及时关注基金的走势和运作情况，以免造成较大的投资损失。

•四忌“集中投资”

俗话说：不要把鸡蛋放在一个篮子里。意思是：如果那样做了，有可能“摔了一跤”，整篮子鸡蛋就跟着一起破了。适当分散投资，是避免风险集中的重要办法。

图 7–16　基金投资的 4 个“禁忌”

CHAPTER

第8章 投资“宝类”货币基金

学前提示

当互联网金融风暴来袭时，最先发生改变的可能是互联网理财产品，货币基金变成了一种没有门槛限制，没有时间限制，并且随时随地可以投资的产品。随着互联网金融的发展，大量的网络理财产品不断涌现，“各种宝”等理财产品的火热推出。

要点展示

- 货币基金:“宝宝”们的春天
- 市场全知，热门互联网理财产品
- 购买实战，“宝类”基金玩转攻略

8.1 货币基金："宝宝"们的春天

2013年以来，随着以余额宝为代表的余额理财产品的崛起，货币基金已成为公募基金的中坚力量，且正成为银行活期存款的有力竞争对手。

8.1.1 什么是互联网理财产品

从农耕时代到工业时代再到信息时代，技术力量不断推动人类创造新的世界。互联网正以改变一切的力量，在全球范围掀起一场将影响人类所有层面的深刻变革，人类正站在一个新的时代到来的前沿。互联网不断地颠覆着各个行业，传统的理财方式和观念也都在改变。

传统理财产品是商业银行与金融机构合作发行，将募集到的资金根据产品合同约定投入相关金融市场及购买相关金融产品，获取投资收益后，根据合同约定分配给投资人一定利益。

互联网理财产品正是要去掉银行这个中介，通过互联网，让投资者的资金直接归集到金融机构。理财产品的投资项目有多种，比如股权投资、债权投资、信托贷款、证券投资、组合投资、权益投资和其他类型投资。但从目前的实际情况来看，能够被互联网用户接受的理财产品，只有低风险的投资项目，如图8-1所示。

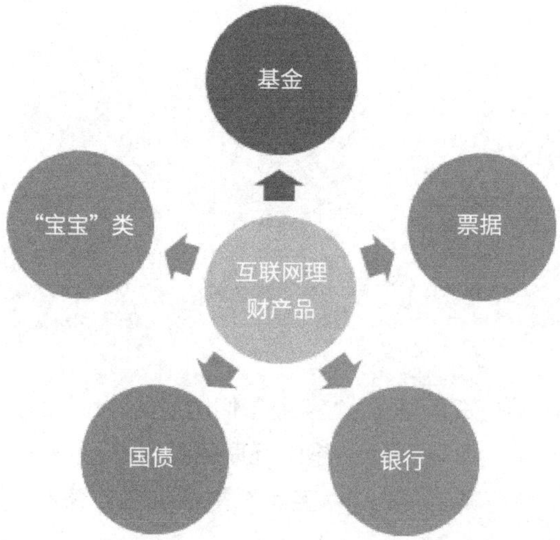

图8-1　互联网理财产品

笔者认为，与券商的“网上开店”相比，炒基金的策略则简单而直接，效果也更明显，典型代表就是余额宝。基金公司设立货币型基金产品，通过向网络公司提供接口，直接面对用户，对接网上资金。天弘基金的增利宝（即余额宝）、华夏基金的财富宝、嘉实基金的活期宝均成就了之前不敢奢望的产品规模。

另外，银行也纷纷推出“宝宝”产品，在尽力争取和挽留客户。银行与互联网在争夺客户的过程中，基金作为产品提供方，资产规模进而获得大发展。这既体现在与银行或互联网企业合作开发“宝宝”产品的基金公司资产规模上，也体现在整个行业的资产规模方面。

无论是阿里巴巴集团的余额宝、百度的“百发”，还是腾讯的理财通、现金宝，都是与货币基金合作推出的产品。因此，互联网新型理财产品可以看作是“第三方支付软件＋货币基金”。

8.1.2 了解货币基金的基础知识

由于互联网理财产品背后是货币基金，因此投资者只有了解货币基金才能真正了解互联网理财产品。货币市场基金投资的范围都是一些高安全系数和稳定收益的品种，在通常情况下能获得高于银行存款利息的收益，但货币基金并不保障本金的安全。货币基金的相关知识如图 8–2 所示。

风险方面	货币基金是流动性强、风险性极低的现金管理工具，主要投资于债券、票据、定期存款等低风险产品。
预期收益率	7 日年化收益率是货币基金的一个数据指标，但这个指标只能代表基金的历史，并不代表其未来收益，且这个指标短期内甚至可以提升至10%以上，因此，只有长期稳定的7日年化收益率才有参考价值。
实际收益	近年来，货币基金年最高收益的基金也才 4.85%。其实，货币基金更多是用来代替活期存款做更好的现金管理，而不是一个高收益的投资工具。
挑选方式	由于货币基金的投资方向是低风险产品，因此规模越大的货币基金议价能力越强，更容易产生高收益。

图 8–2 货币基金相关认识

货币基金资产主要投资于短期货币工具（一般期限在1年以内，平均期限为120天），如国债、央行票据、商业票据、银行定期存单、政府短期债券、企业债券（信用等级较高）、同业存款等短期有价证券。

8.1.3　7 日年化收益率与每万份收益

在基金投资中，有两个非常重要的数据，即 7 日年化收益率与每万份收益，这两个数据与基金的收益息息相关。下面，就让我们来认识一下这两个数据。

（1）7 日年化收益率：是指货币基金最近 7 日的平均收益水平进行年化以后得出的数据，如图 8–3 所示。

（2）每万份收益：是指把货币基金每天运作的收益平均摊到每一份额上，然后以 1 万份为标准进行衡量和比较的数据，如图 8–4 所示。

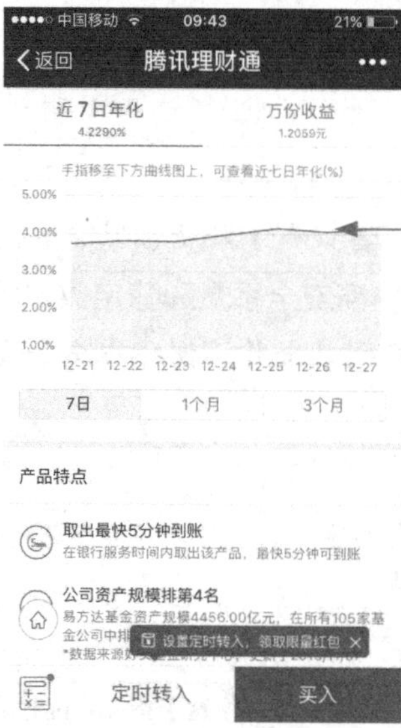

因为 7 日年化收益率是表示 7 天内基金的收益值，所以它只是一种短期指标。通过它可以大概了解近期的盈利水平，但不能完全判断这只基金的实际年收益率。

因为货币基金的每份单位净值固定为 1 元，所以每万份单位收益通俗地说就是投资 1 万元当日获利的金额。

图 8–3　7 日年化收益率

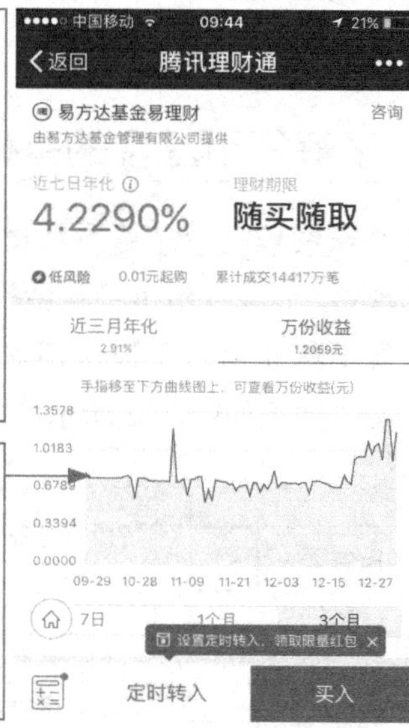

图 8–4　万份收益

特别提醒

如今，很多基金网站或者投资机构不仅会给出基金的 7 日年化收益率，还会相应地计算出 3 日年化收益率、14 日年化收益率、30 日年化收益率等，这些数据可供不同期限的投资者进行参考。

8.1.4　货币基金投资的常见误区

货币基金是绝佳的现金管理工具，跟活期存款、短期定期存款等产品组合运用，可作为大部分普通投资者的现金管理工具。以余额宝为代表的 T + 0、日复利创新等，基本上可以取代活期存款和短期定期存款。

但是，对于普通投资者而言，如果不了解现金管理背后的使用逻辑和技巧，就会出现一些投资误区，如图 8-5 所示。

图 8-5　货币基金投资的常见误区

特别提醒

根据历史收益频繁更换基金并不会获得更好的收益，即使是某一基金比另一基金高出 1% 的收益（用 1 万元投资一年才多出 100 元的收益）。不过，不同于股票或衍生品等投资，理财产品是微中取利的增值方式，短期看并不能显著增加投资者收入；但是从长期来看，即使只有一两个百分点的利息差异，几年后其收益的差距也比较明显。

8.1.5　货币基金投资的 4 大技巧

对大多数工薪族来说，若将 10 万元投资于互联网理财产品，一年差不多能获得 6 000 元收益，这无异于涨了一次工资。并且，货币基金的主要投资标的是国债和银行间市场，等于把钱借给了国家和银行，其风险程度与存款不大。

虽然货币基金投资稳定，但在具体产品的选择上，还是有技巧可言的。总的来说，货币基金投资主要有 4 个技巧，如图 8–6 所示。

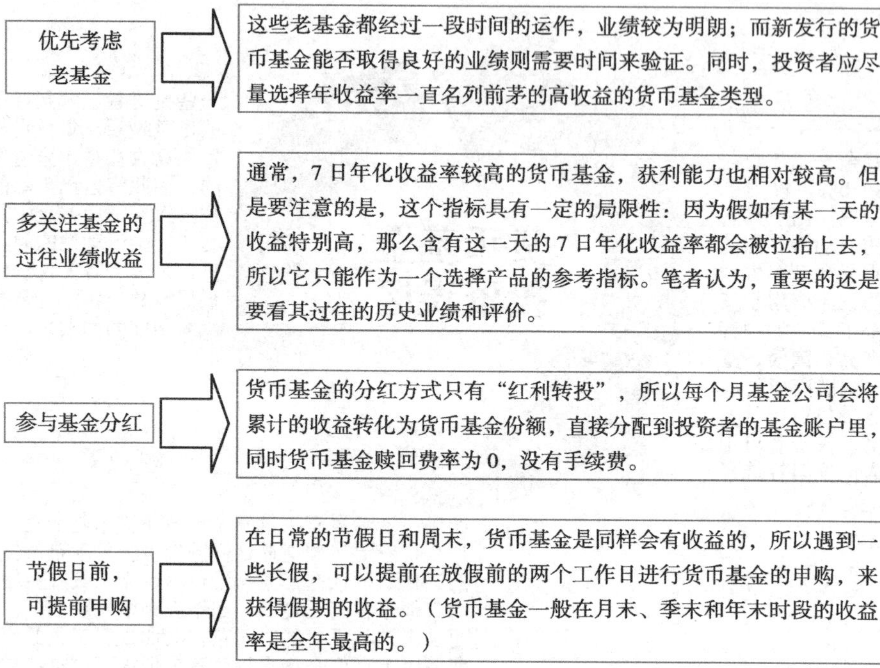

图 8–6　货币基金投资的技巧

8.2　市场全知，热门互联网理财产品

目前，互联网理财产品形成了百家争鸣的状况，各大互联网公司都已上线理财产品，投资者可以根据自己的实际情况，选择适合自己的互联网理财产品。

8.2.1　阿里余额宝

余额宝是内置于支付宝钱包的“挣钱功能”，它让用户的“电子钱包”变成了“会挣钱的电子钱包”，如图 8–7 所示。

余额宝是支付宝打造的余额增值服务。把钱转入余额宝即购买了由天弘基金提供的增利宝货币基金，可获得收益。另外，余额宝内的资金还能随时用于网购支付，灵活提取。

图 8-7 “余额宝”首页

余额宝是支付宝为个人用户推出的通过余额进行基金支付的服务。把资金转入余额宝即向基金公司等机构购买相应的理财产品，如图 8-8 所示。余额宝支持天弘基金“增利宝”货币基金。

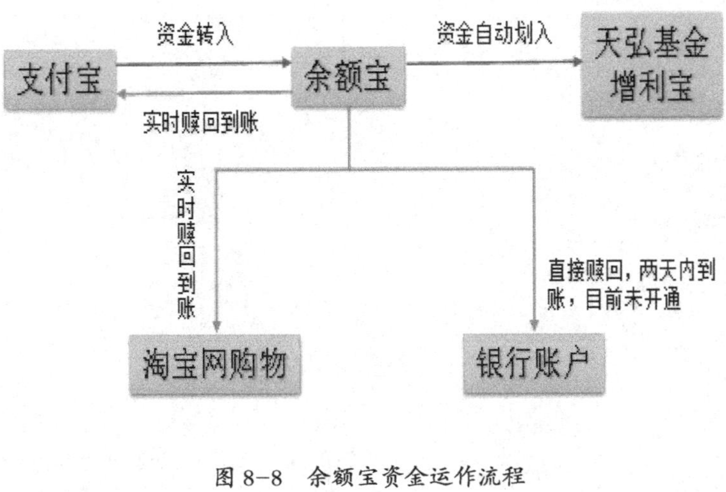

图 8-8 余额宝资金运作流程

（1）每天的收益计算公式：当日收益 =（余额宝已确认份额的资金 /10 000）× 每万份收益。假设用户已确认份额的资金为 20 000 元，当天的每万份收益为 1.1 元，代入计算公式，可得出用户当日的收益为 2.2 元。

（2）余额宝的收益结算规则：余额宝的收益每日结算，每天 15：00 左右，前一天的收益到账。购物消费支付和快速转出（实时到账和 2 小时内到账）的资金当天起没有收益。普通转出资金自资金到账日起没有收益。

（3）余额宝转入金额限制规则：用余额转入余额宝无额度限制，可用借记卡快捷转入余额宝，不同银行转入额度不同，以页面提示限额为准。

（4）余额宝转出至银行卡到账时间：实时到账仅支持中信银行、光大银行、平安银行、招商银行一卡通等，转出限额以银行签约为主。

8.2.2 微信理财通

腾讯微信理财通是一款货币基金产品，合作伙伴包括华夏、易方达、广发和汇添富 4 家基金公司。该产品于 2014 年 1 月 15 日上线，7 日年化收益率曾一度高达 6.435%，相当于活期存款的 16 倍以上。

理财通现阶段只能在手机端操作，在微信"我的钱包"界面即可找到理财通，用户完成简单的银行卡绑定手续后，即可购买理财通。

步骤 1 进入微信主界面后，点击右下角的"我"按钮，如图 8-9 所示。

步骤 2 进入用户功能界面，点击"钱包"按钮，如图 8-10 所示。

图 8-9 点击"我"按钮

图 8-10 点击"钱包"按钮

步骤 3 进入"我的钱包"界面，点击"理财通"按钮，如图 8-11 所示。

步骤 4 进入"理财通"界面，点击"立即买入余额 +"按钮，如图 8-12 所示。

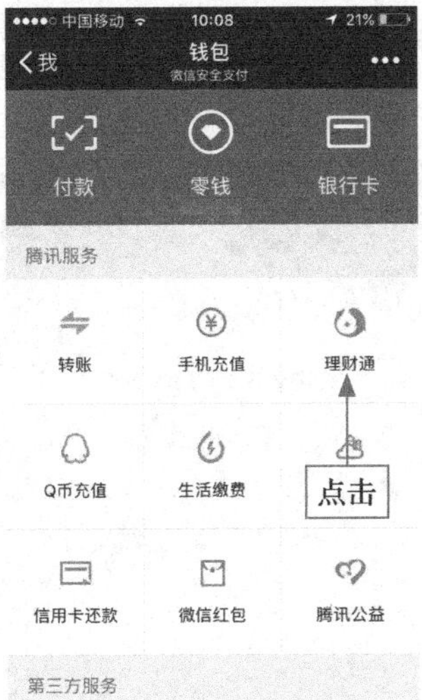

图 8-11　点击“理财通”按钮

图 8-12　点击“立即买入余额 +”按钮

步骤 5 进入“立即买入余额 +”界面之后，点击相应的理财产品，即可进行选择，如图 8-13 所示。

步骤 6 执行操作后，进入买入界面，设置相应的买入金额，选中“同意服务协议及风险提示”复选框，并点击“买入”按钮，如图 8-14 所示。

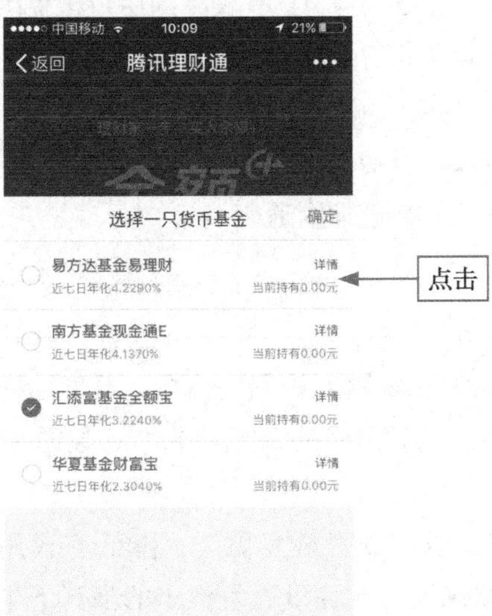

图 8-13　选择相应的理财产品

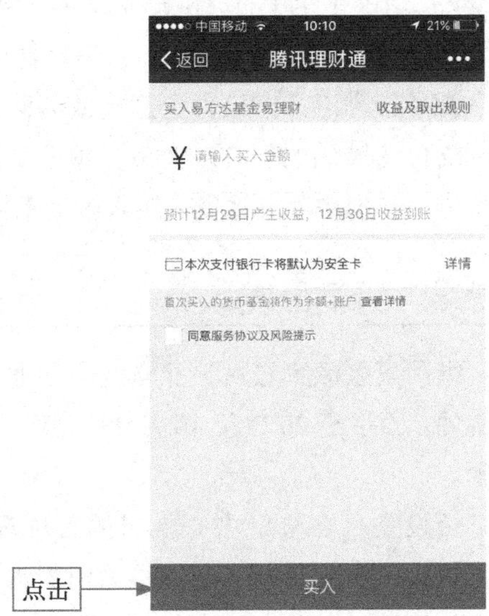

图 8-14　点击“买入”按钮

步骤 7 单击“买入”之后，页面会转至“请输入支付密码”界面，投资者只需输入支付密码即可，如图 8-15 所示。

步骤 8 正确输入支付密码之后，如果页面转至图 8-16 所示的界面，就表示购买成功了。

图 8-15 “请输入支付密码”界面

图 8-16 “支付成功”界面

相比支付宝的余额宝，微信理财通最大的优势在于广阔的用户覆盖面。对于不少人来说，目前手机中打开频率最高的一款 App 应用就是微信，它有较高的用户覆盖度，再加上支付经验的不断优化，微信理财通很有可能会获得余额宝的规模效应。

此外，腾讯一直致力于打造微信移动平台上的 O2O 市场，微信支付被赋予了不少线下支付场景，包括打车、吃饭、看电影等，若腾讯能成功攻下移动客户端的 O2O 市场，则将进一步推动用户将资金注入微信平台，进而注入微信理财通。

8.2.3 百度百发

继阿里余额宝之后，互联网金融业务开始成为互联网巨头们的标配，百度同样也不例外。百度于 2013 年 10 月 28 日正式上线“百度金融中心—理财平台”，如图 8-17 所示。

百发是百度金融中心推出的首项理财计划，以“助百姓发财”，降低广大用户从传统金融向互联网金融迁移的门槛为目标。据统计，在百度百发推出的当天下午，销售便已超过 10 亿元，参与购买用户超过 12 万。百发并不是一个产品，而是一个组合形式的理财计划。百发计划是一种互联网金融模式的创新，是一项组合形式的理财计划。

图 8-17　百度金融理财产品

百发自 2013 年 10 月上市以来，一直保持着接近 8% 的年收益，这几乎是货币基金的两倍收益。百发是百度和华夏基金共同合作的金融理财产品，同样支持 1 元起买，随时可以赎回，比起市面上的传统理财产品，门槛要低不少。

百度称百发将采取限量发售的方式，由中国投资担保有限公司全程担保。所以，该产品相对来说还是比较可靠的。

特别提醒

其实，要想达到百发这样的收益，从基金运作来看，几乎不可能完成。实际上，用户花 100 元购买百发后，百度公司也会花费 100 元购入该产品相关联的货币基金，并将收益全部让利给用户，这样用户即可享受双倍的收益。不过，这样的运作方式是存在一定争议的，其所谓的回报，并不是完全来自投资。

8.2.4　工银薪金宝

2014 年 1 月 21 ~ 24 日，工商银行发行工银薪金宝货币市场基金（简称薪金宝）。薪金宝是一种兼顾收益与资金流动的理财产品，其产品便捷流动性可与活期媲美，而其收益不低于定期存款。

薪金宝的认购费、申购费、赎回费均为零，首次认购或申购最低起点金额为 100 元，追加认购最低金额、申购最低金额均为 1 元，单笔赎回最低份额为 1 份，基金账户最低基金份额余额为 1 份。

薪金宝的流动性体现在支持 T + 1 赎回到账，申购 T + 1 计息，能同时满足期待便捷流动和高于定期存款预期收益的需要。

薪金宝主要投资于短期货币工具，如短期国债、央行票据、商业票据、银行定期存单、企业债券、同业存款等。薪金宝在所有证券投资基金中，风险相对较低，收益相对稳定，适合偏好银行理财产品、货币市场基金和银行活期储蓄的投资者。

8.2.5 天天基金网活期宝

活期宝，原名天天现金宝，是天天基金网推出的一款针对优选货币基金的理财工具。充值活期宝（即购买优选货币基金），收益最高可达活期存款的 10 余倍，远超过 1 年定存，并可享受 7×24 小时快速取现、实时到账的服务，其主要特点如图 8-18 所示。

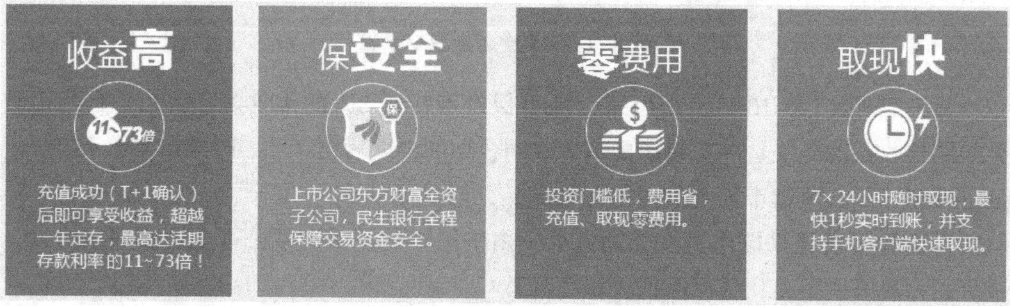

图 8-18 活期宝的主要特点

活期宝享受货币基金收益，可轻松获取 11～23 倍活期存款利率，甚至超过 1 年期定存利率。比如，南方现金增利货币 A，一年间收益率曾达到 5.1963%，即投资 10 万元，持有一年，收益为 5 196 元，而同期活期存款仅为 350 元，如图 8-19 所示。

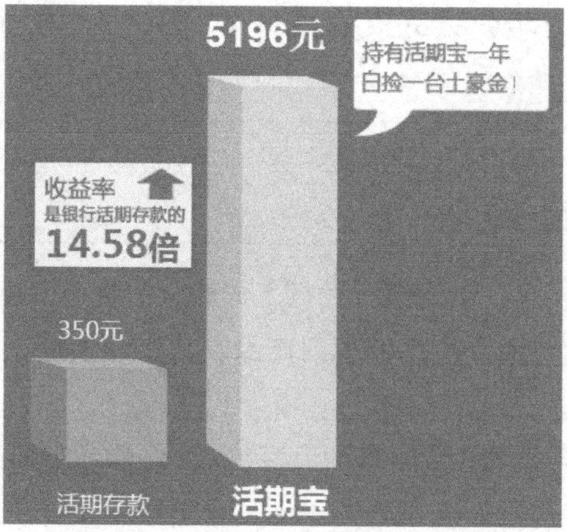

图 8-19 活期宝收益秒杀活期存款

另外，天天基金网独家功能活期宝一键互转，可以随时将低收益货币基金转换为同期的高收益货币基金，如图 8-20 所示。

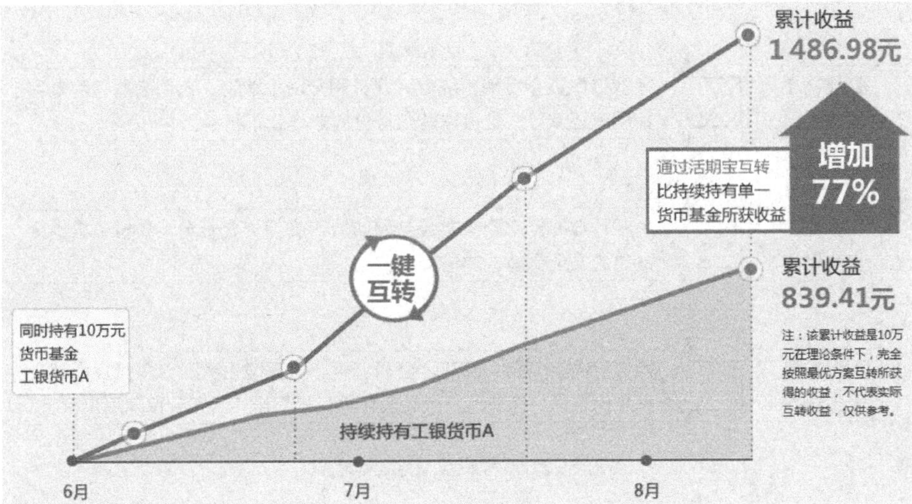

图 8-20　10 万元在活期宝基金间的奇妙之旅

8.2.6 苏宁零钱宝

零钱宝是第三方支付平台苏宁易付宝为个人用户打造的现金理财产品，用户存放在零钱宝中的资金不仅能够得到较高收益，还能随时消费和快速转出，方便灵活且不收取任何手续费，如图 8-21 所示。

图 8-21　苏宁零钱宝

零钱宝理财产品是将合作基金公司的基金直销系统内置到易付宝中，易付宝和基金公司通过系统的对接为用户完成基金开户、基金购买等一站式金融理财服务。零钱宝的主要特点如图 8-22 所示。

特点	说明
操作简单 使用灵活	零钱宝内资金可随用随取，既可用于网上购物、充值缴费、转账和信用卡还款等，也可以转到易付宝账户或银行卡。
全程监管 安全保障	由银行对零钱宝资金实行全程监管，确保资金安全；易付宝提供全方位的安全保障，加倍安心。
创新优势 更多选择	精选国内实力顶尖的基金公司，资产管理能力更强，多只货币基金可自由选择，打破同类产品选择单一的局限性，充分保障用户权益。

图 8-22　零钱宝的主要特点

特别提醒

易付宝是由苏宁云商集团股份有限公司（苏宁易购）全资成立的一家独立第三方支付公司，注册资金 1 亿元。零钱宝则与支付宝推出的余额宝类似，是内嵌于易付宝的“挣钱功能”。

同时，易付宝还是一款移动电子钱包 App，某版本中新增了理财应用零钱宝，如图 8-23 所示。

图 8-23　易付宝 App 中的零钱宝应用

8.2.7 网易现金宝

现金宝是网易理财平台通过合作方提供的一款具有较高收益且随取随用的基金产品，是汇添富基金公司的一款货币基金，如图 8-24 所示。投资者可将每月不用的闲钱购买现金宝，享受货币基金收益。现金宝提现非常方便，而且手续费为零，提现实时到账，流动性非常好。

图 8-24 网易现金宝

现金宝支持 1 分钱起购，收益会在转入的对应工作日进行确认，当日的收益会在下个工作日公布并发放。图 8-25 所示为网易现金宝的 7 日年化收益率情况。

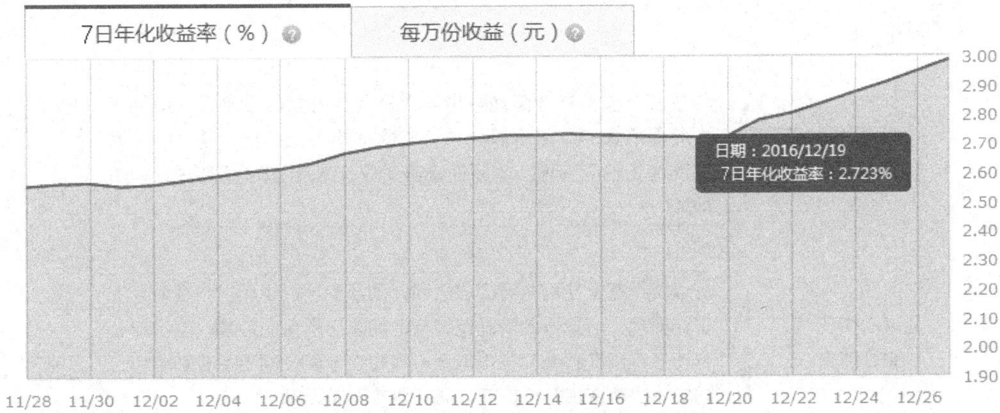

图 8-25 现金宝 7 日年化收益率情况

现金宝支持自动充值和保底归集两种"自动攒钱"方式，自动充值就是绑定工资卡，定期将指定金额的资金自动转入现金宝，让投资者的银行卡内闲置资金"活"起来，享受远超活期的收益；保底归集是自动充值的升级版，无需烦琐的设置，仅需指定卡内保留一定金额，超出部分每天将自动为用户充值到现金宝。

8.2.8 华夏薪金宝

华夏薪金宝是由华夏基金与中信银行联手为个人用户打造的一项活期资金余额增值服务，如图 8-26 所示。用户在各中信银行网点就可以办理相关业务并购买华夏薪金宝。

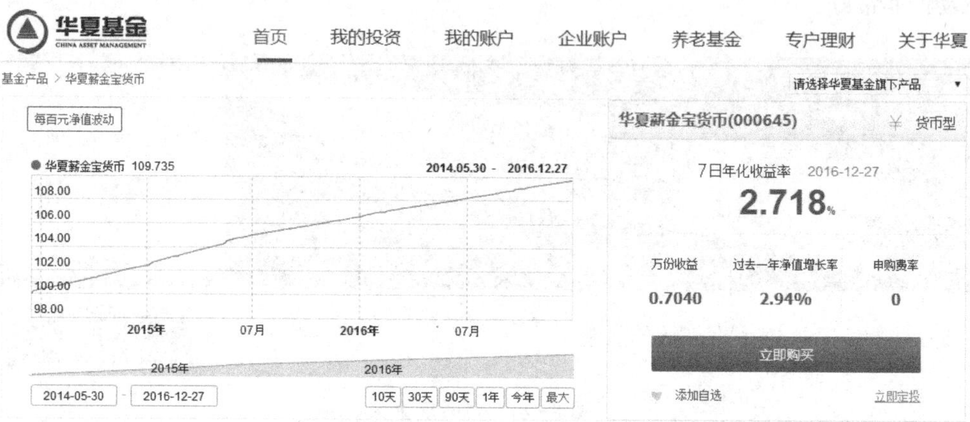

图 8-26　华夏基金的薪金宝

华夏薪金宝的特色在于申购赎回全自动模式及支付提现功能。通过华夏薪金宝，用户不仅能够得到收益，还能随时提现消费和转账，像使用活期存款一样方便，如图 8-27 所示。

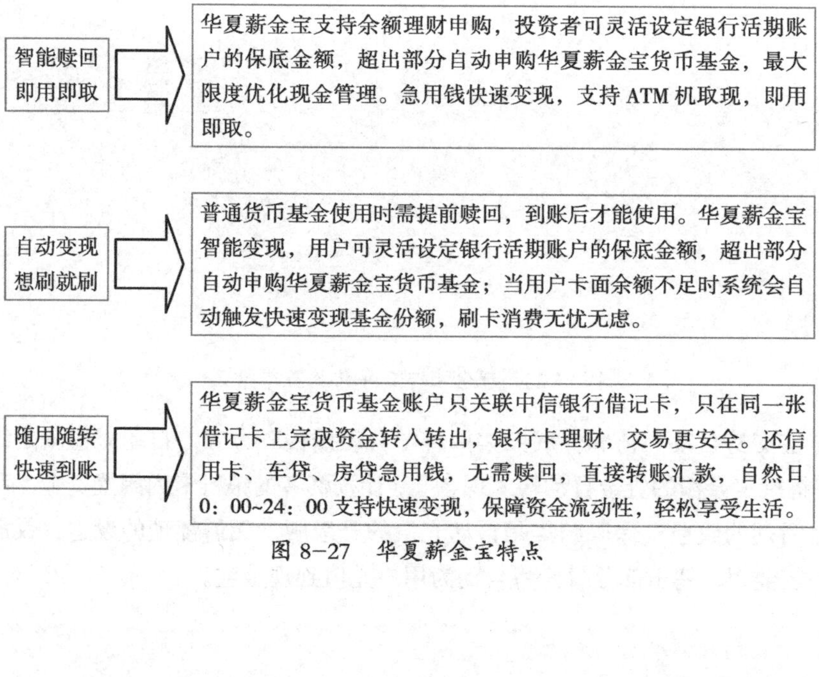

图 8-27　华夏薪金宝特点

8.2.9 京东小金库

京东小金库与阿里巴巴推出的余额宝类似，投资者把资金转入小金库之后，就可以购买京东的货币基金产品，同时小金库里的资金也随时可以在京东商城购物，如图 8-28 所示。

图 8-28 京东小金库首页

京东小金库的收益是每日结算且复利计算收益，获得的收益自动作为本金第二天重新获得新的收益，其存入 1 万元的日收益如图 8-29 所示。

图 8-29 收益计算

8.3 购买实战，“宝类”基金玩转攻略

在了解了常见的互联网理财产品后，本节以余额宝的实战操作为例，对如何注册账户、转入与转出资金进行详细介绍，供投资者参考。互联网理财产品多种多样，投资者要擦亮眼睛，选择适合自己的产品。

8.3.1 账户注册

支付宝的账户注册非常方便，并且提供电脑注册和手机注册版本，用户可以根据自身情况自行选择注册方式。

1. 电脑注册方法

通过电脑注册支付宝的具体操作方法如下：

步骤 1 在电脑上打开支付宝主页，填好相关资料，用户很快就可以拥有一个支付宝账户，如图 8-30 所示。

图 8-30 支付宝注册界面

步骤 2 拥有了支付宝账户后，系统就会自动生成一个余额宝账户，支付宝的余额账户有两个，一个是支付宝账户余额，另一个是余额宝。这两个账户之间是可以随时相互免费转账的。单击余额宝中的“管理”链接，即可进入余额宝界面，如图 8-31 所示。

图 8-31 余额宝界面

2. 手机注册方法

通过手机注册支付宝的具体操作方法如下：

步骤 1 打开“支付宝钱包”App 后，点击“注册”按钮，如图 8-32 所示。

步骤 2 执行操作后，进入“注册”界面，输入手机号、昵称、登录密码，并点击“下一步”按钮，如图 8-33 所示。

图 8-32 点击“注册”按钮

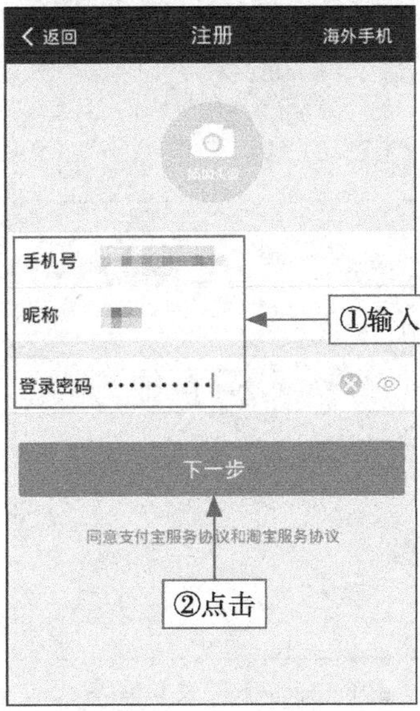

图 8-33 “注册”界面

步骤 3 在弹出的“确认手机号”对话框中，点击“确定”按钮，如图 8-34 所示。

步骤 4 手机将收到验证短信，记住校验码，如图 8-35 所示。

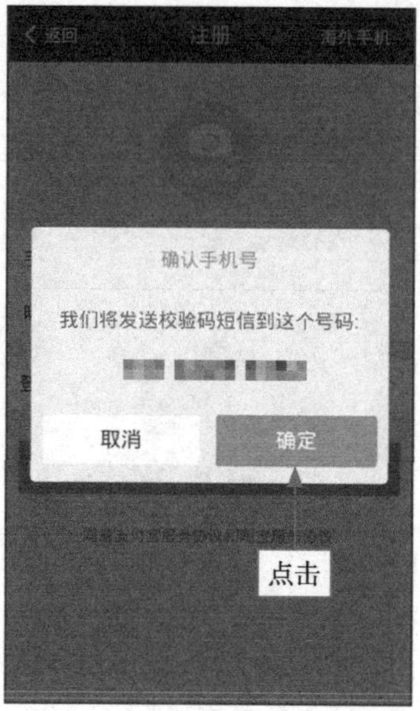

图 8-34　点击“确定”按钮

图 8-35　手机验证短信界面

步骤 5 进入“填写校验码”界面，输入刚才收到的校验码，如图 8-36 所示。

步骤 6 点击“下一步”按钮，即可进入支付宝首页，如图 8-37 所示。

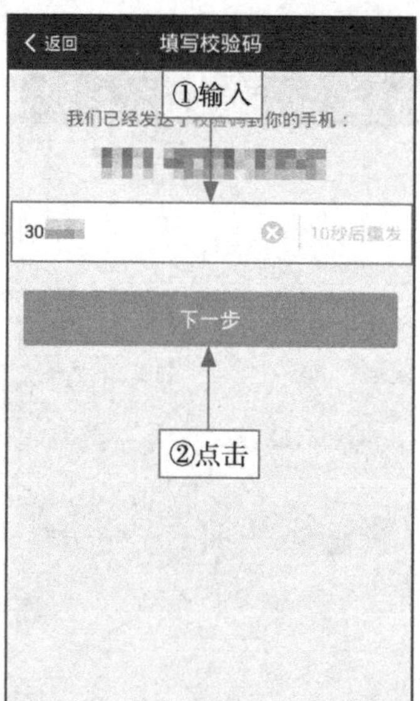

图 8-36　填写校验码界面

图 8-37　支付宝首页

步骤 7 在支付宝首页点击右下角的“我的”按钮，进入“我的”界面，如图 8-38 所示。

步骤 8 在“我的”界面中，点击“个人中心”按钮，进入“个人中心”界面，如图 8-39 所示。

图 8-38　“我的”界面

图 8-39　“个人中心”界面

步骤 9 在“个人中心”界面，点击“我的银行卡”按钮，进入“我的银行卡”界面，如图 8-40 所示。

步骤 10 在“我的银行卡”界面，点击右上角“+”按钮，进入“添加银行卡”界面，如图 8-41 所示。

图 8-40　“我的银行卡”界面

图 8-41　“添加银行卡”界面

步骤 11 在“添加银行卡”界面正确输入卡号之后，点击“下一步”按钮，页面将转至“验证手机号”界面，如图 8-42 所示。

步骤 12 在“验证手机号”界面正确输入校验码后，点击“下一步”按钮，页面将转至“添加银行卡”界面，并显示“添加成功”，如图 8-43 所示。

图 8-42　“验证手机号”界面

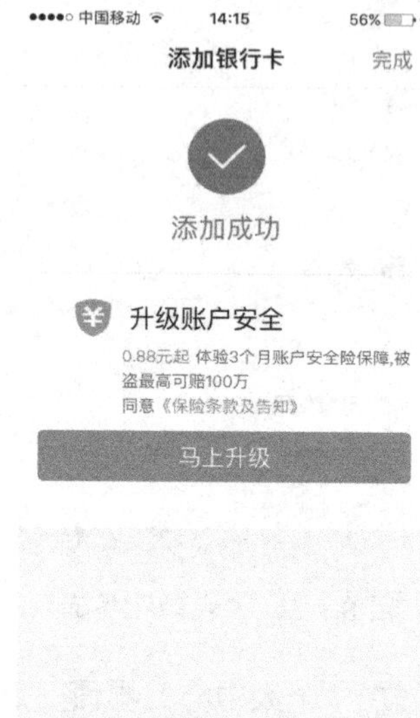

图 8-43　“添加银行卡”界面

步骤 13 在“添加银行卡”界面点击右上角“完成”按钮，页面将转至“我的银行卡”界面，如图 8-44 所示。

步骤 14 在“我的银行卡”界面点击银行卡所在区域，还可进入“银行服务”界面，了解银行卡详情，如图 8-45 所示。

图 8-44　“我的银行卡”界面

图 8-45　“银行服务”界面

8.3.2 转入资金

用户注册好账户并绑定银行卡后，即可将银行卡内的资金直接转入余额宝（即买入货币基金），开始理财投资。

1. 电脑转入资金方法

通过电脑向余额宝转入资金的具体操作方法如下：

步骤 1 用户登录后，在支付宝的主页面单击"转入"按钮，如图 8-46 所示。

图 8-46 单击"转入"按钮

步骤 2 填写需要转入的资金金额，单击"下一步"按钮，如图 8-47 所示。

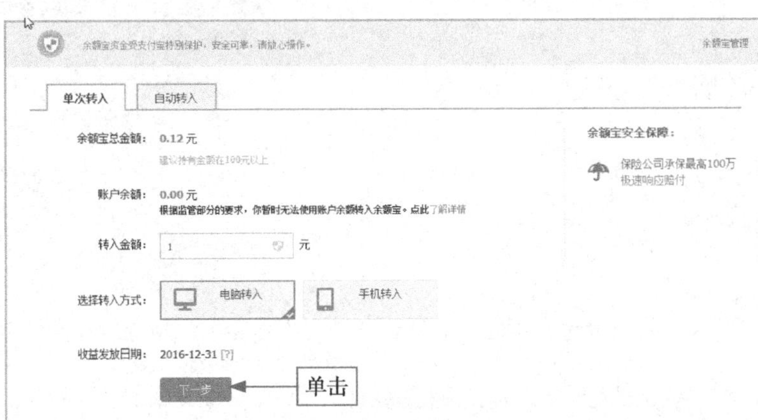

图 8-47 单击"下一步"按钮

步骤 3 选择转入资金的银行卡，单击"确认付款"按钮，如图 8-48 所示。

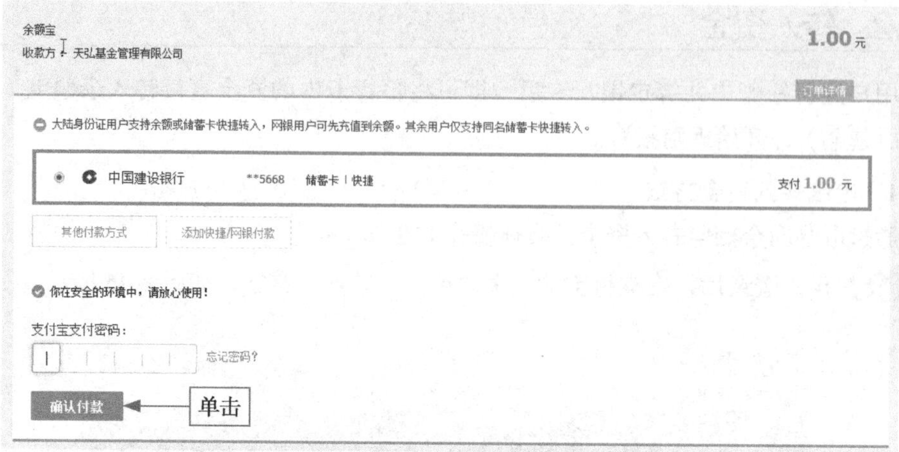

图 8-48　单击“确认付款”按钮

2. 手机转入资金方法

用户可以通过支付宝 App，随时随地将资金转入余额宝中，其具体转入流程如下：

步骤 1 进入支付宝钱包主界面，点击“余额宝”按钮，如图 8-49 所示。

步骤 2 进入余额宝界面，点击“转入”按钮，如图 8-50 所示。

图 8-49　点击“余额宝”按钮

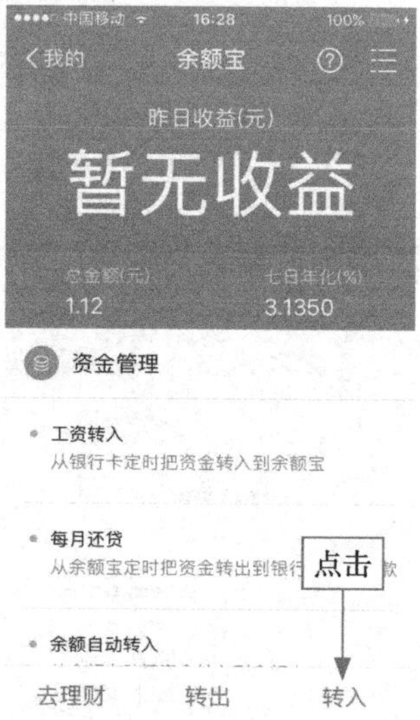

图 8-50　点击“转入”按钮

步骤 3 进入“转入”界面，输入相应金额，点击“确认转入”按钮，如图 8-51 所示。

步骤 4 在“输入密码”界面中输入支付宝支付密码，如图 8-52 所示，点击“确认”按钮。

图 8-51 点击“确认转入”按钮

图 8-52 “输入密码”界面

步骤 5 完成密码输入之后，进入“结果详情”界面，点击“完成”按钮，如 8-53 所示。

步骤 6 执行操作后，即成功购买余额宝理财产品，如图 8-54 所示。

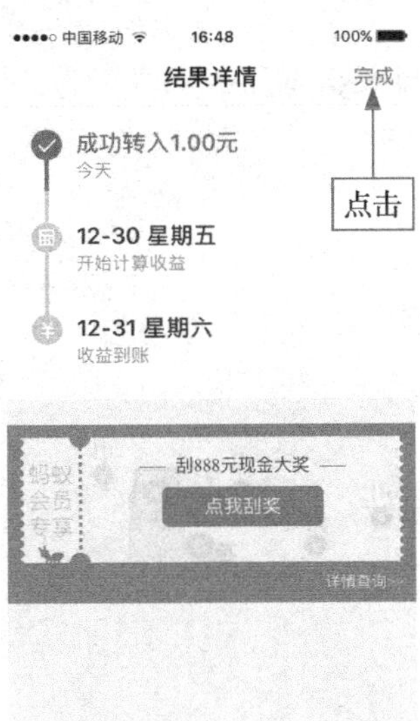

图 8-53 点击“完成”按钮

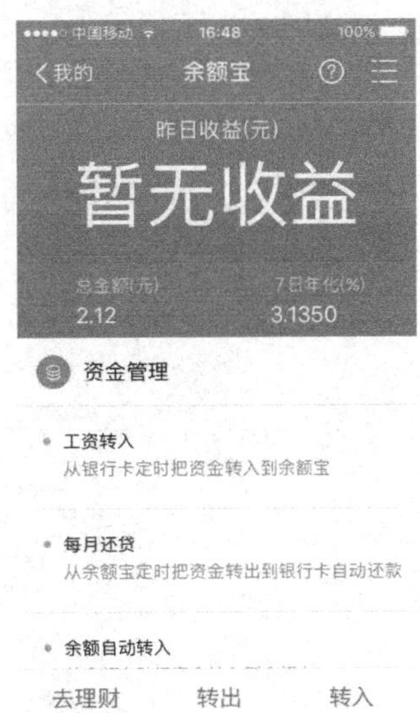

图 8-54 成功买入余额宝

8.3.3 转出资金

余额宝内的资金可以随时转出（即卖出货币基金），用户只需要在电脑或是手机上，即可完成资金转出操作。

1. 使用电脑进行资金转出

使用电脑转出余额宝资金的操作方法如下：

步骤 1 在支付宝主界面单击“转出”按钮，如图 8-55 所示。

图 8-55　单击“转出”按钮

步骤 2 选择“转出至银行卡”并填写相关信息后，单击“确认转出至银行卡”按钮，即可将资金直接转至自己的银行卡内，如图 8-56 所示。

图 8-56　填写转出信息界面

步骤 3 用户也可以将余额宝内的资金转入到支付宝中，“转出”界面切换至“转出至账户余额”选项卡，输入转出金额和支付密码，单击“确认转出至账户余额”按钮，如图 8-57 所示。

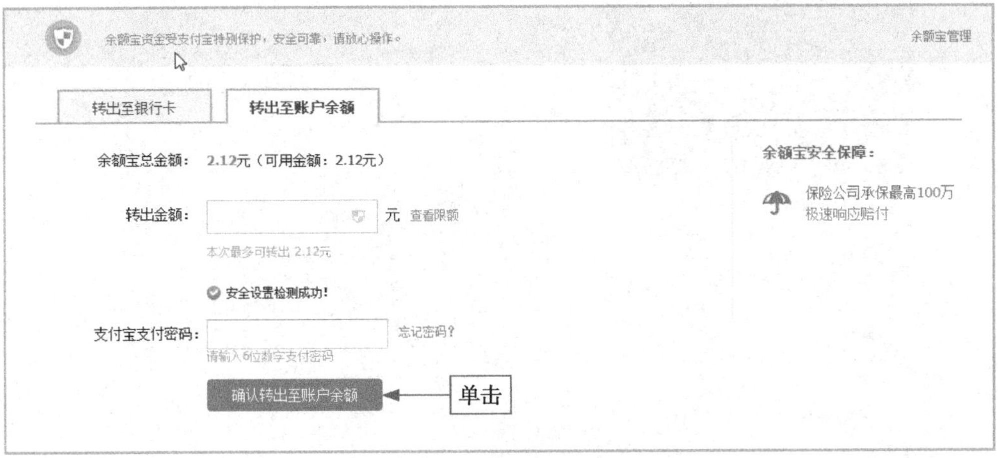

图 8-57 “转出至账户余额”界面

步骤 4 执行操作后，页面中会显示“转出申请已提交”，如图 8-58 所示。

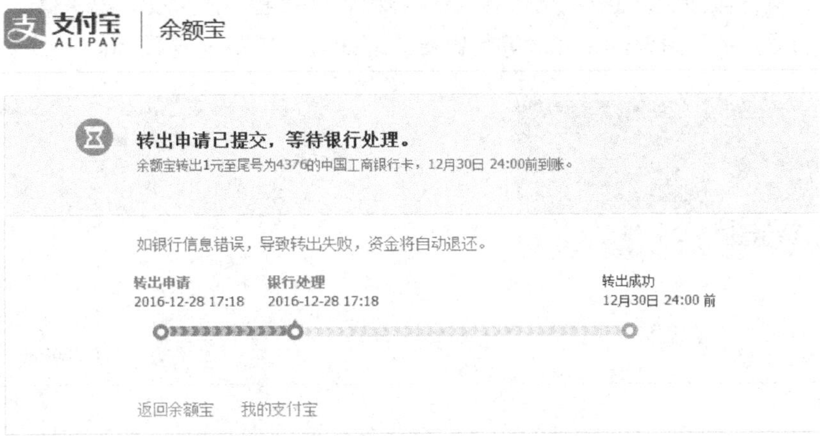

图 8-58 “转出申请已提交”界面

2. 使用手机进行资金转出

一般来说，使用电脑转出资金到银行卡会在第二天 24：00 之前到账，而使用手机转出资金一般只需要两个小时即可到账，其具体方式如下：

步骤 1 进入余额宝主界面，点击“转出”按钮，如图 8-59 所示。

步骤 2 选择将资金转出至银行卡或余额，若用户的支付宝绑定多张银行卡，还可点击银行卡进行选择，输入要转出的相应金额后，点击“确认转出”按钮，如图 8-60 所示。

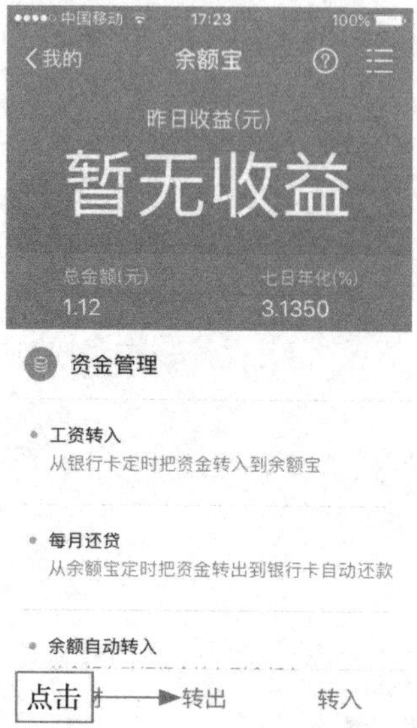

图 8-59　点击“转出”按钮

图 8-60　点击“确认转出”按钮

步骤 3 输入支付宝支付密码，如图 8-61 所示，在新跳出的页面中，点击“确定”按钮。

步骤 4 执行操作后，进入“结果详情”界面，即可看到已提交转出申请，并显示了预计的到账时间，此时等待银行处理即可，如图 8-62 所示。

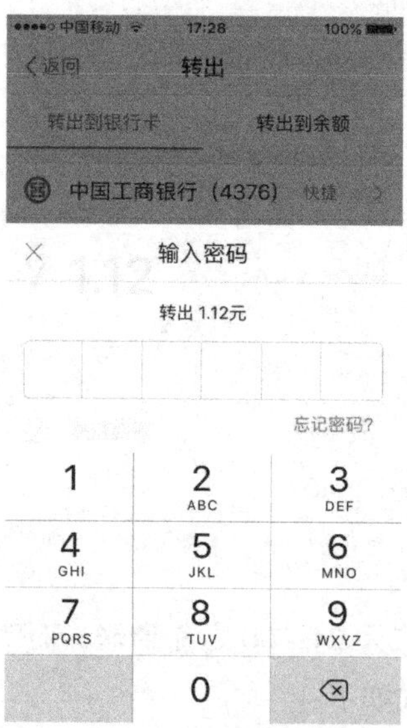

图 8-61　输入支付密码

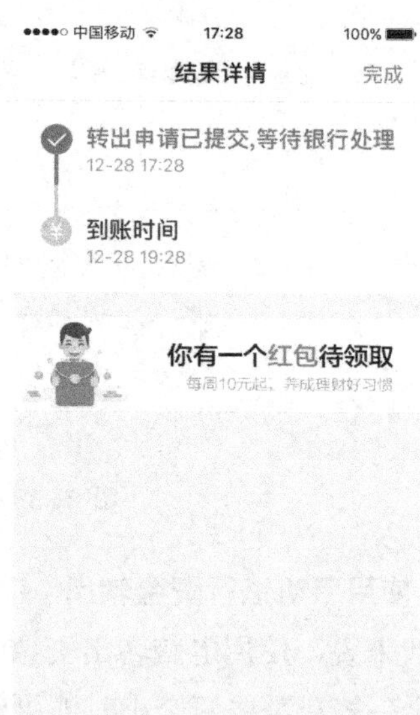

图 8-62　“结果详情”界面

CHAPTER 9

第9章 投资其他类型基金

学前提示

基金具有分散风险、由专业人士理财的优势，是最适合老百姓的理财工具之一。然而与存款不同，投资基金是一门学问，并不是所有的基金都能带来同样的收益。本章主要介绍各类基金的投资要点，帮助投资者了解各类基金交易的方式与规则。

要点展示

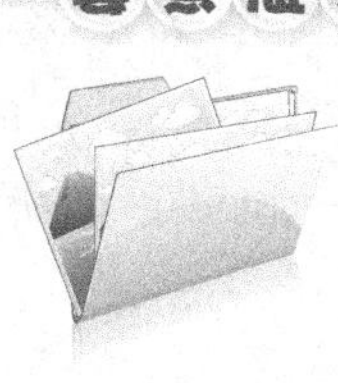

- 如何投资指数型基金
- 如何投资 LOF 基金与 ETF 基金
- 如何投资保本基金
- 如何投资封闭式基金
- 如何投资私募基金
- 如何投资分级基金
- 如何投资债券基金

9.1 如何投资指数型基金

指数型基金就是以指数成分股为投资对象的基金，即通过购买一部分或全部的某指数所包含的股票，来构建指数基金的投资组合，目的就是使这个投资组合的变动趋势与该指数相一致，以取得与指数大致相同的收益率。

9.1.1 指数型基金的交易优点

指数型基金的交易优点如图 9–1 所示。

1 受人为因素影响很小。

2 费率低。一般股票型基金的申购和赎回费率是 1% ~ 1.5%，而指数型基金是 0.5% ~ 1.2%。

3 根据指数型基金密切跟踪目标指数，非常直观，也适合短期波段操作。

4 长期投资一只盈利能力好的指数型基金，将能够给持有人带来良好的投资回报。

图 9–1 指数型基金的交易优点

特别提醒

作为指数型基金最发达的国家，美国在 1976 年创造了第一只指数型基金——先锋 500 指数型基金。指数型基金的出现，给美国证券投资业带来了一场革命，促使许多竞争者设计出更多低费用的产品。

指数型基金之所以可以在我国迅速发展，与它的优势是分不开的。就在上证所推出“上证 190 指数”半年后的 2002 年 6 月，深交所的“深证 100 指数”开始发行。随后，作为国内第一只指数型基金的“华安上证 190 指数增强型证券投资基金”问世，指数型基金自此逐步登上了证券市场的舞台。但是指数型基金在我国的发展也并非是毫无阻碍的，它不可避免地会存在一些系统风险和个股投资风险。为此我国的优化指数型基金采取了一定的举措，来减少这些潜在的风险，如基金管理人会在指数走势判断的基础上，对指数化仓位进行调整，并在选股的过程中，融入调研和财务分析，减少高风险个股进入投资组合的可能性。

9.1.2 如何选择指数型基金

目前指数型基金越来越多，如何选择投资是个十分重要的问题，投资者可以根据以下标准进行选择，如图 9-2 所示。

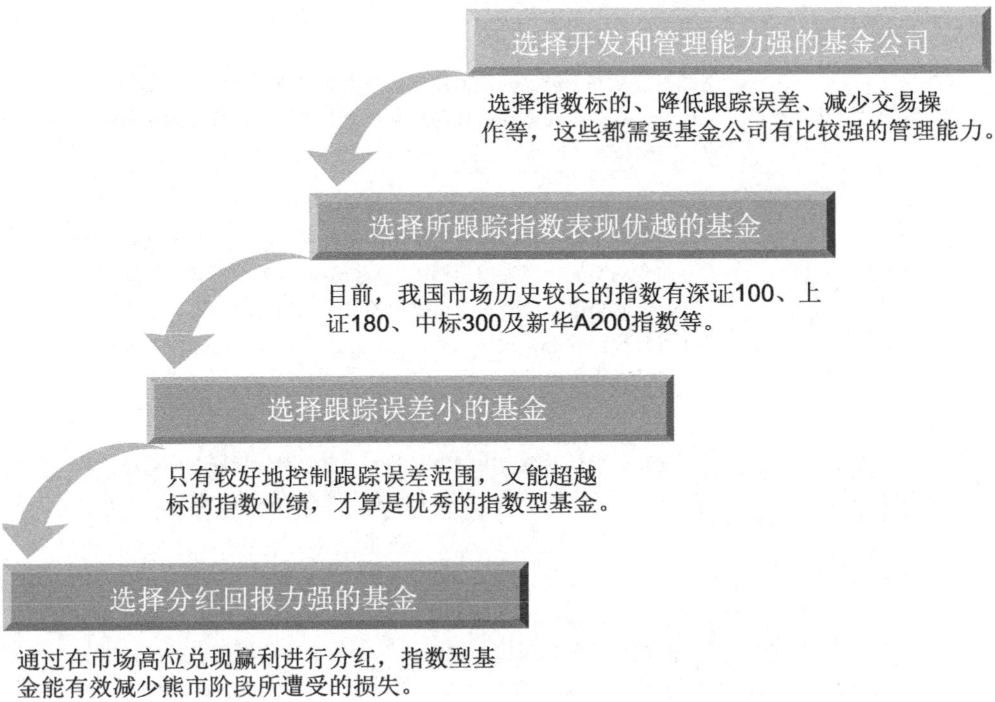

图 9-2 选择指数型基金的标准

9.1.3 指数型基金的投资要点

通常来说，指数型基金的运作是简单易行的，因为投资者只需要参照各证券在指数中对应的比例购买证券并长期持有即可。

指数型基金参照股票市场相关指数的分布对股票进行投资，从而保证基金回报率与市场指数的回报率的接近。指数型基金是一种以拟合目标指数（对跟踪的目标指数偏移量进行调整）、跟踪目标指数变化为原则，实现与市场同步成长的基金品种。指数型基金的投资策略是，在拟合目标指数收益率的基础上，对目标指数的成分股进行分散投资，以保持股票组合的收益率拟合该目标指数所代表的资本市场的平均收益率。所以，指数型基金投资的长期业绩甚至好于其他基金。

虽然指数型基金主要复制标的指数（即将投资对象的参照指标直接作为投资过程中的参考指标），人为因素难以对其产生较大的影响，但是投资者要想获得可观的利润，

还需要掌握指数型基金的投资要点，如图 9–3 所示。

把握市场大势	投资者应该在充分了解全球证券市场环境的基础上，重点把握标的指数的表现，对指数型基金产品的盈利机理进行研究和分析，而不能简单把某个股市的指数作为投资的参照。
关注敏感市场	指数型基金产品的净值波动状态呈现出典型的经济周期性特征，这些也是证券市场的发展规律。投资者投资标的指数的指数型基金产品时，更要敏感地觉察到市场变动。
善用套利盈利模式	指数型基金产品的净值与价格存在差异，给投资者带来一定的套利空间，套利成为指数型基金盈利的有效模式。指数型基金的净值波动会在上市公司股价波动稳定之后趋于稳定。但是投资者需要特别注意的是，不能简单地参照指数的波动进行短期套利。
红利再投资	分红是指数型基金中较为关键的一点，因为投资者可以通过红利再投资的方式，从指数型基金产品的净值增长中，达到复利增值的效果。
进行定期定额投资	指数型基金的净值波动特点，为投资者的定期定额投资、降低证券市场风险、减少持有基金费用等创造了条件。指数型基金更适合作为定投的工具和资产组合的核心资产运用。

图 9–3　指数型基金的投资要点

9.2　如何投资 LOF 基金与 ETF 基金

虽然上市型开放式基金（LOF 基金）和交易型开放式指数基金（ETF 基金）都是开放式基金上市交易的重要类型之一，且它们都可以申购赎回和场内交易，甚至也都可以在场内外进行套利。但是，LOF 基金和 ETF 基金之间还是存在着一些不同。

9.2.1　LOF 基金和 ETF 基金的区别

LOF 基金与 ETF 基金的区别主要表现在以下几个方面，如图 9–4 所示。

区别	LOF 基金和 ETF 基金
交易原理	**LOF 基金：** 上市型开放式基金发行结束后，投资者既可以在指定网点申购与赎回基金份额，也可以在交易所买卖该基金。 **ETF 基金：** 是以被动的方式管理，同时又可在交易所挂牌交易的开放式基金。对 ETF 基金份额，投资者可以像封闭式基金一样在交易所二级市场进行方便的交易。这种交易制度使该类基金存在一二级市场之间的套利机制，可有效防止类似封闭式基金的大幅折价。
申购赎回	**LOF 基金：** LOF 基金的申购赎回和普通开放式基金相似，都是按照单位净值进行申购，对所拥有的份额进行赎回。但是 LOF 基金场内外份额转换通常需要几个工作日才能完成。 **ETF 基金：** ETF 基金则是通过“一篮子”股票组合进行申购赎回，而不是现金。ETF 基金的申购赎回需要较大的金额，申购赎回的最小单位份额往往需要几十万甚至几百万份。此外，ETF 基金的申赎效率更高。
基金本质	**LOF 基金：** 它是在普通开放式基金的基础上增加场内交易，它包含了指数型基金和主动管理型基金。 **ETF 基金：** 它是指数型开放式基金和被动管理型基金的结合。
投资策略	**LOF 基金：** LOF 基金范围较广，投资类型也更丰富。它不仅包含了指数型基金，更包含了一些主动投资型基金。 **ETF 基金：** ETF 基金都属于指数型基金，它的跟踪误差小、效果好。
投资群体	**LOF 基金：** 普通投资者即可参与 LOF 基金的申赎与套利。 **ETF 基金：** 在申购赎回时，ETF 基金的投资主体多为较大型的投资者，主要包括机构投资者及资金规模较大的投资者。
净值报价	**LOF 基金：** 在二级市场的净值报价上，LOF 基金是每天提供一个基金净报价。 **ETF 基金：** ETF 基金每 15 秒提供一个基金净值报价。

图 9–4 LOF 基金和 ETF 基金的区别

9.2.2 如何交易 ETF 基金

ETF 基金和传统的指数型基金比较而言，有很多优势，其投资要点如图 9–5 所示。

选择合适产品 → 首先，投资者需要观察 ETF 基金的走势，要选择其指数将在长期内上扬，而且指数适合自己的投资风格的品种。例如，风险偏好型投资者适合购入小盘股 ETF 基金；而风险厌恶型投资者，则适合购入蓝筹型的 ETF 基金。

把握购买时机 → 因为 ETF 基金是上市交易的，存在连续竞价机制，所以投资者可以对购买时机进行把握。上证所每 15 秒进行一次的基金净值估值，可以帮助投资者实时掌握基金净动向，投资者可据此进行 ETF 基金的相关操作。也正是基于这个原因，ETF 基金的二级市场价格和净值通常是接近的，也不存在高折价的现象。

长期持有技巧 → 买入 ETF 基金并长期持有，通过指数的上涨获利。另外，投资者也可以通过持有 ETF 基金来优化其投资配置，特别是在市场没有明显热点或是突出个股的情况下。

短线操作技巧 → 因为 ETF 基金上市交易可以在交易所的柜台、网上和电话里进行，所以，ETF 基金特别适合进行短期操作。ETF 基金与指数型的偏离度要比传统指数型基金小得多，而且它的费用比较低，约为传统指数型基金的一半。

图 9-5　ETF 基金的投资要点

9.2.3　如何交易 LOF 基金

LOF 基金是指在证券交易所发行、上市及交易的开放式证券投资基金，其投资要点如图 9-6 所示。上市开放式基金的交易渠道主要包括在证券交易所进行认购和集中交易，以及通过基金管理人、银行和其他代销机构进行交易。而 LOF 基金则是在此基础上，增加了交易所发行和交易的渠道。

特别提醒

在进行套利操作时投资者应把握两点，一是场内场外的交易费用；二是转托管的时间风险。基金市场间转托管的完成通常需要两个交易日，也就是说投资者 T 日递交申请，T + 2 日才可申报交易或办理赎回业务。但是在这两日内，市场行情可能会出现一些变化。

选择合适的交易方式 → LOF 基金交易包括场内交易和场外交易两种方式。LOF 基金上市后，投资者可以在这两种方式中进行选择，但是交易方式的变更需先进行市场间转托管。不同投资者可以选择不同的交易方式，如股票交易经验较少的银行客户，可选择场外交易；而有一定股票交易经验的券商客户，则可考虑选择场内交易。

关注申购赎回时间 → LOF基金场内交易方式与股票交易方式一致，基金交易成功后，资金当日到账，基金次日完成交收；而以 LOF 基金场外交易的方式申购基金，基金在申购后两日内完成交收，但赎回的资金最长可能要到申请之后的第七天才能到账。

善用套利机制 → LOF 基金采用场内外同时交易的机制，基金净值根据收市后的基金净值计算。其中，场外交易以未知价进行交易，而场内交易则参考上一交易日价格。这就使得场内交易价格与基金净值价格存在差价，投资者可以借此进行套利。

图 9–6 LOF 基金的投资要点

9.3 如何投资保本基金

保本基金（guaranteed fund）属于低风险、收益较稳定的基金品种，是行情低迷时较好的避险产品，具有保值、增值的功能，从长期来看收益明显高于银行定期储蓄，具有良好的储蓄替代功能。另外，在市场波动较大或市场整体低迷的情况之下，保本基金为风险承受能力较低并且以中长线投资为目标的投资者，提供了一种低风险同时又有升值潜力的投资工具。

9.3.1 保本基金是如何保本的

20 世纪 90 年代中期，美国伯克利大学金融学教授 HayneE Leland 和 MarkRu Binstein 创造的“投资组合保险技术”投入金融机构运作，保本基金自此兴起并开始了蓬勃发展。我国最早发行的保本基金是 2000 年 3 月花旗科技保本基金和汇丰 90% 科技保本基金，这两只保本基金一经发行，就吸引了不少投资者。

通常来说，保本基金是指在规定的投资期限内，对投资者所投资的本金提供一定比例保证的基金。保本基金的主要保本方法如图 9–7 所示。

保本基金的主要保本方法

运用投资组合保险策略实现基金保值增值的目的

保本基金主要将大部分的本金投资在具有固定收益的投资工具（如定存、债券等）上，让到期时的本金加利息大致等于初期所投资的本金；另外，再将极小比例的本金设定在选择权（也称期权，是在期货的基础上产生的一种衍生性金融工具）等衍生性金融工具上，以赚到投资期间的市场利差。

由第三方担保机构提供本金安全保障

目前，国内保本基金均采用符合资质要求的担保机构（银行、保险公司、大型企业）进行担保，且具有法律效应。国内保本基金约定，投资者在认购期内购买并持有到保本周期结束，可以享受保本约定。

图 9–7　保本基金的主要保本方法

特别提醒

投资者需要注意的是，虽然保本基金通过采用量化策略，力求使保本基金具有“下不亏损，上不封顶”的收益特性，但保本基金仍存在亏损的可能。例如，保本基金通常会设置保本周期（国内多为 3 年），投资者只能在认购期内或者规定的申购期买入基金，而且只有在持有一个保本周期之后，才享有保本待遇。因此，当进行中途赎回时，不能保证可以保本。

9.3.2　哪些人群适合投资保本基金

保本基金的目标客户多为担心下行风险，且有资本保值增值需求的人群。保本基金的最主要对手不是高风险的股票型基金，而是风险相对较小的投资品种，如银行定存。所以，如果投资者将高收益放在投资的首位，则应更多地进行股票型基金等产品的投资。

因此，在选择保本基金时，投资者需结合自身的风险承受能力、资金闲置时间和理财目标预期实现时间等因素来考虑。

9.3.3　保本基金的投资要点

作为一种特殊基金，购买保本基金也要把握其投资要点（如图 9–8 所示），才能在保护本金的基础上，真正实现资产增值。

看清保本期	国内的保本基金大多只有在认购期购买才可保本，认购期即资金募集期。如果过了募集期还需购买，则应先进行咨询，以免买到不能真正实现保本的“保本基金”。
分析保本功能	投资者应在了解风险资产配置和保本策略的基础上，选择看好的基金。一般情况下，风险资产风险上限较高的基金，收益也要高一些；此外，运用CPPI策略（constant proportation portfolio insurance，即固定比例投资组合保险策略）的风险收益高于TIPP（time invariant portfolio protection，时间不变性投资组合保险策略）。
购买、赎回时点是投资关键	保本基金的保本有两个条件，一是需持有满一个周期；二是只有认购有保本。也就是说，在认购期认购的投资者，到期后一般不会出现亏损。但是没有持有满一个周期，就有可能出现亏损。需要特别提醒的是，如果是申购，则亏损已成事实，即使持有满一个周期，也未必能保本。
提前赎回保本基金可能被“惩罚”	保本基金的份额不会出现较大的变化，它的资金的绝大部分都用来投资，而不会预留资金用以兑付赎回。所以，如果提前进行赎回，通常会面临较高费率的“惩罚”。
综合考察基金经理的投资能力以及过往基金的管理业绩	保本基金通过对保本资产的运作获取安全保障，超额收益主要取决于风险资产部分的运作以及风险资产乘数的设定水平。然而，风险资产部分的运作水平取决于基金经理的投资管理能力。此外，风险资产乘数的设定水平也直接反映了基金管理人的投资管理能力。因此，选一个好的基金经理很重要。

图 9-8　保本基金的投资要点

9.4　如何投资封闭式基金

封闭式基金（close-end fund）是指基金的发起人在设立基金时，限定了基金单位的发行总额；在筹足总额后，基金即宣告成立，并进行封闭，在一定时期内不再接受新的投资。基金单位的流通采取在证券交易所上市的办法，投资者日后买卖基金单位，都必须通过证券经销商在二级市场上进行竞价交易。

9.4.1　封闭式基金的交易流程

因为封闭式基金的份额是固定的，认购之后不允许赎回。所以，一旦封闭式基金成立，除了成立时可以进行购买之外，投资者只能通过交易所平台进行相关操作。

封闭式基金（上市基金）的交易流程如图 9–9 所示。

第一步：开立基金交易账户

跟买卖股票一样，买卖封闭式基金的第一步就是到证券营业部开户，其中包括基金账户和资金账户（也就是所谓的保证金账户）。开户时需携带本人的身份证和该证券公司指定的银行卡。对于已有股票账户的投资人，就不需要另外再开立基金账户了。原有的股票账户可以用于买卖封闭式基金，但基金账户却不可以用来买卖股票，只能用来买卖基金和国债。

第二步：转入资金

在买封闭式基金之前，要将银行账户里的钱转入本人在证券公司的资金账户里。

第三步：买卖基金

封闭式基金的买卖和股票一样，在电脑、手机等客户端或电话交易系统中输入相应的代码、价格、数量即可。

图 9–9　封闭式基金交易流程

封闭式基金一旦成立就无法再进行入股和出股操作，直到新一轮开放时，才允许提出和再投入，新人也只有在此时才可以入股。

特别提醒

封闭式基金与开放式基金相对，是指基金规模在发行前已确定，在发行完毕后和规定的期限内，基金规模固定不变的投资基金。开放式基金可以通过银行申购和赎回，基金规模是变化的，基金单位可随时出售，还可以进行买回；而封闭式基金则有限制，成立之后规模固定，在证券交易场所交易，投资者则可在二级市场进行交易。

9.4.2　封闭式基金的投资要点

从长远来看，如果股市看好，封闭式基金净值会不断出现增长，而交易价格也会相应走高。

封闭式基金和开放式基金没有本质的区别，它们的挑选法则一致：选择优质的基金公司和基金经理，判断基金的操作风格。封闭式基金的投资要点如图 9–10 所示。

选择小盘封闭式基金	投资者需对小盘封闭式基金的持有人结构及十大持有人所占的份额进行把握。当基金的流通市值较小、持有人较为分散时，一些主力为了争夺份额，可能会大量进行收购，进而造成基金价格剧增，投资者可以抓住时机，通过短线操作获利。
适当关注封闭式基金的分红潜力	基金管理条例规定，基金分红后单位净值不能低于面值，而且分红时先补足上一年度亏损。投资者可在了解预期分红规模的基础上，适时进行投资；此外，可以关注基金的净值增长率、未分配收益及已实现基金净收益情况。
选择市净率上升空间相对较高的品种	封闭式基金的市净率和规模在一段时间内是负相关的，而规模相同的基金，市净率会呈现较为稳定的相对强弱关系。所以，在参照市净率选择基金时，投资者应更多地考虑基金市净率的上升空间，而非折价情况。
选择折价率较大的基金	封闭式基金开放之后，价格将会围绕价值变化，基金的投资收益率取决于其折价率，折价率越大，价值上升的空间也越大。
克服暴利思维	如果基金急剧上涨，已经接近甚至达到了理论涨幅，投资者宜适时进行了结，切忌“追涨杀跌”。

图 9-10　封闭式基金的投资要点

9.4.3　封闭式基金的收益分配原则

封闭式基金的收益分配方式为现金分红，投资获得的红利将由交易所登记机构通过证券商直接转入投资者的账户。

封闭式基金的收益分配原则如图 9-11 所示。

1. 基金收益分配比例不低于基金净收益的90%。
2. 基金收益分配采用现金形式，每年分配一次，分配在基金会计年度结束后的4个月内实施。
3. 基金当年收益在弥补上一年度亏损后，才可以进行当年收益分配。
4. 基金投资当年亏损，则不进行收益分配。
5. 每一基金单位享有同等分配权。

图 9-11　封闭式基金收益分配原则

9.5 如何投资私募基金

投资者要了解私募基金的概念，首先需要对基金有基本的了解。按照是否面向一般大众募集的分类标准，基金分为公募基金与私募基金。面向社会大众公开募集的资金就是公募基金；相反，私下或直接向特定群体募集的资金便是私募基金。本节将对私募基金的相关概念、特点以及优劣对比做详细解释。

9.5.1 私募基金是什么

在解释私募基金的概念之前，有些投资者可能会有疑问：私募基金与私募股权基金是一个概念吗？

基金的募集方式包括两类：一类是股权募集，即每个基金持有人都自动成为股东，并由部分股东进行管理；另一类为契约型，即持有人与管理人以契约维系，没有任何股权关系。

在我国，公募基金皆为契约型，这主要是受我国相关法律影响。所以，如果要以股权方式募集资金，只能成立私募股权基金。正因为如此，私募股权基金较公募基金更为常见。相对于其他投资理财产品，私募基金有以下特点，如图 9-12 所示。

1. 信息披露要求不严格，保密性较好。
2. 投资起点通常较高，仅面向特定的少数投资者，不得公开吸引和招徕投资者。
3. 监管环境相对宽松，销售、赎回等运作过程具有私下协商和依靠私人间信任等特征。
4. 无论是自然人还是法人等组织机构，一般都要求具备特定规模的财产，投资回报也相对较高（即高收益的概率相对较大）。

图 9-12　私募基金的主要特点

私募基金发行的对象包括两种：一种是将老股东或少数投资者作为发行对象，还有一种是把投资基金保险公司、商业银行等金融机构以及与发行者相关的机构投资者作为投资的对象。

特别提醒

此外，私募基金的种类还包括私募房地产投资基金（如金诚资本、星浩投资）、私募风险投资基金（即 VC，如联想投资、软银、IDG）等，不过由于后两者或是品种较少，或是风险较大，并不为普通投资者所熟知。

9.5.2 如何选择私募基金

投资灵活、服务个性化等特点，为私募基金带来了越来越多的投资者，这其中不乏拥有大额资金的投资人。那么，如何对私募基金进行选择呢？本节将介绍私募基金的选择技巧，以帮助读者更清晰准确地认识私募基金，并在此基础上做出适合自己的投资判断。

1. 根据自身需求选择私募基金

聪明的投资者只会选择适合自己的投资理财产品，而不是看到哪个产品火热便跟风而上。投资私募基金也是一样，投资者需要从自身需求出发选择私募产品，如图 9-13 所示。

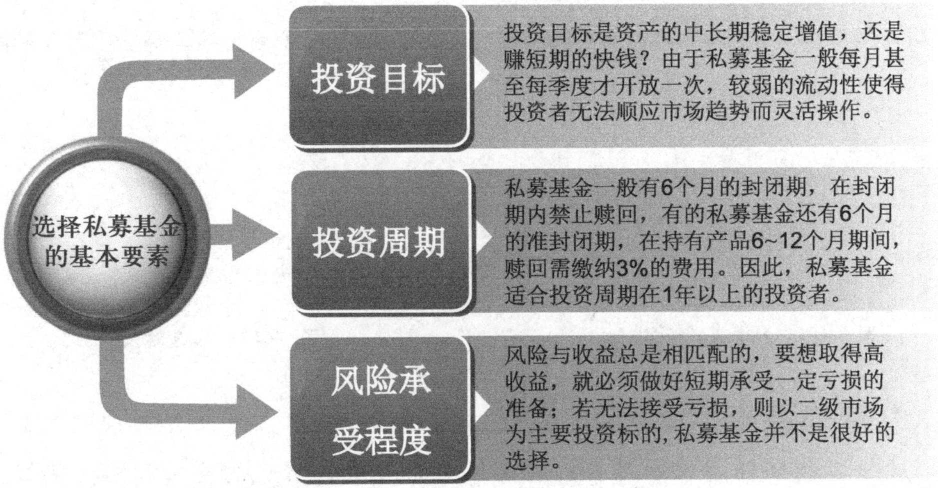

图 9-13 选择私募基金的基本要素

2. 查看私募基金的排行与评级

投资者可以通过网络十分方便地查看各种私募基金的排行与评级情况，以便更准确地做出投资决策。下面以天天基金网为例，介绍查看私募基金的排行与评级的具体操作方法。

步骤 1 进入天天基金网，在菜单栏中单击“私募基金”链接，如图 9-14 所示。

步骤 2 在“私募基金”界面，单击“私募基金排行”，如图 9-15 所示。

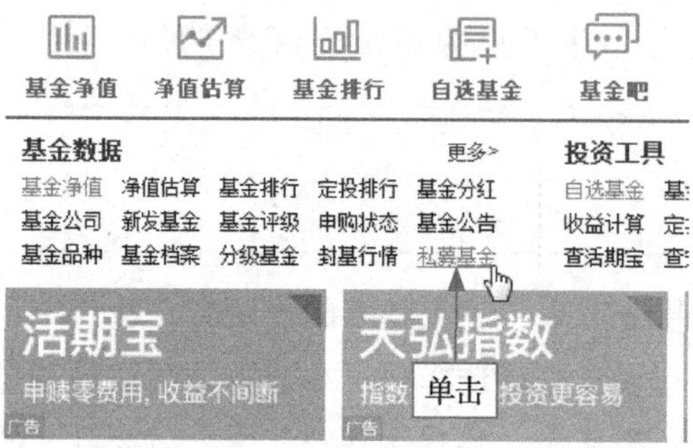

图 9-14 单击“私募基金”链接

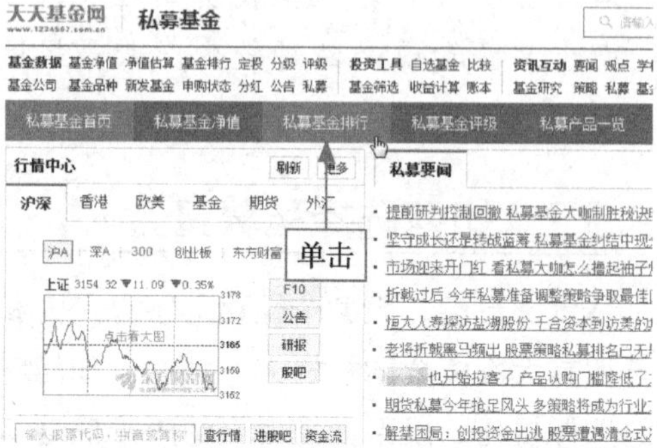

图 9-15 单击“私募基金排行”链接

步骤 3 执行操作后，即可查看私募基金的排行情况，如图 9-16 所示。

步骤 4 如果投资者需要对私募基金进行筛选，只需在筛选栏中进行选择，系统就会自动更改排序。图 9-17 所示为成立 5 年以上、管理规模为中规模（10 亿～30 亿元）的基金品种的排行情况。

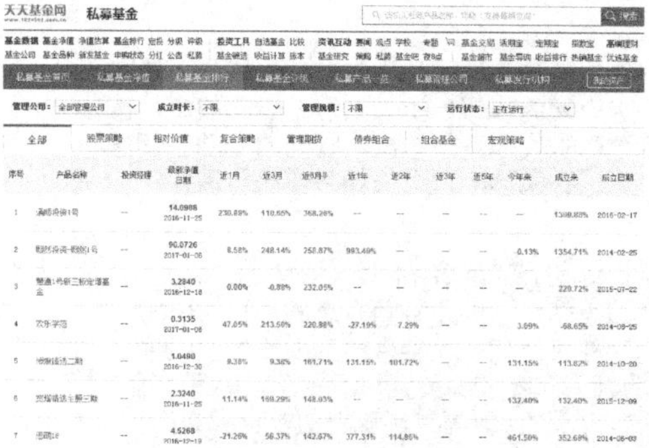

图 9-16 私募基金的排行

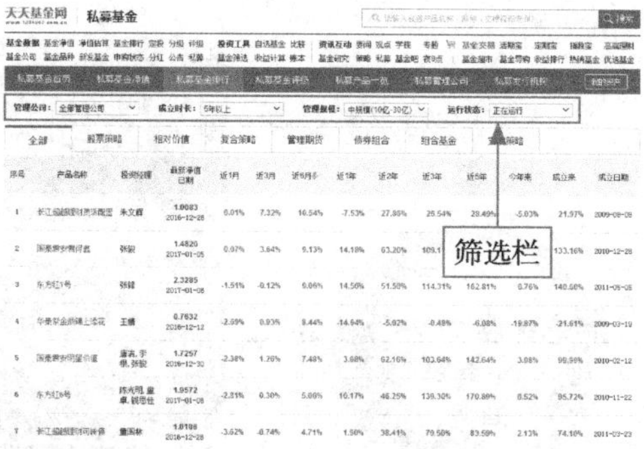

图 9-17 筛选结果

特别提醒

投资者需要确定私募基金的投资风格是否适合自己的要求和风险偏好。因为现在国内还没有出台监管私募基金的法律法规，所以它的投资比较灵活，投资领域包括股票、期货、外汇和黄金等，投资者应在合同中对投资领域进行确定。而在证券投资方面，则可以仿效基金管理公司，对基金经理进行约束，如市盈率高于 50 的股票不能买、某些领域的股票不能买等。

步骤⑤ 单击相应的基金名称，即可查看该私募基金的基本信息、最新每日净值以及相关走势等详情，如图 9-18 所示。

图 9-18　私募基金的详情

步骤⑥ 在天天基金网菜单栏中单击“私募基金评级”链接进入其页面，可以查看私募基金的星级情况，如图 9-19 所示。

步骤⑦ 单击“综合星级”链接，还可以将评级情况降序排列，如图 9-20 所示。

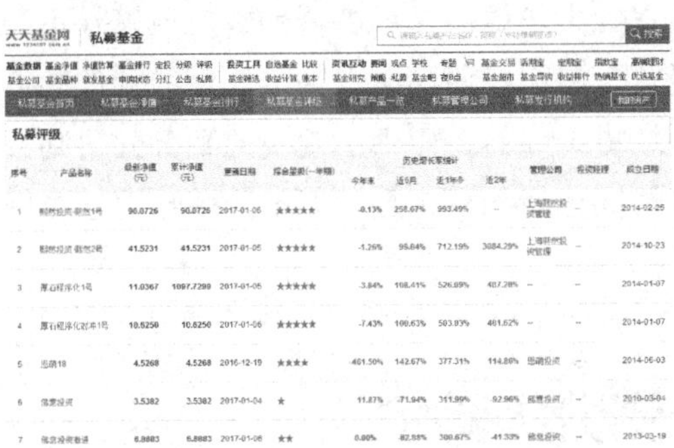

图 9-19　私募基金的评级列表

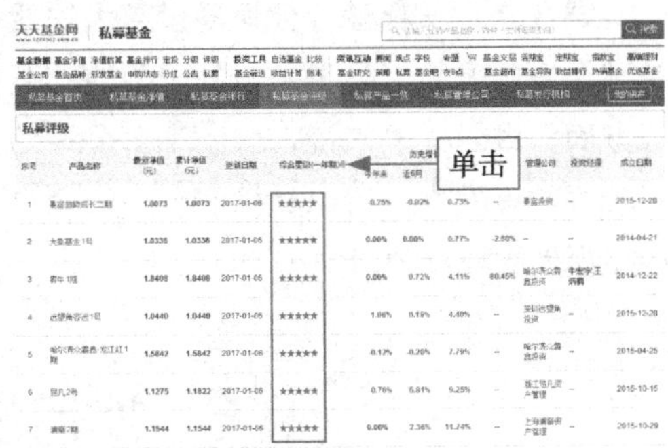

图 9-20　更改排序

9.5.3　私募基金的投资误区

很多投资者对私募基金的投资收益率有不切实际的预期，其实基金为投资者提供的是资本长期稳定增值的前景，而非一夜暴富的机会。投资私募基金时，投资者还应注意以下 6 大误区。

误区一：只要收益高的私募基金都可以买。投资者在选择私募基金之前，应先对自身的风险承受能力进行评估，在此基础上结合各方面实际情况选择看好的基金品种。

所以，在挑选基金时，投资者应参考风险调整后的收益，而不是过分关注收益的绝对值。

误区二：投资私募只选短期排名靠前的基金。短期业绩排行榜虽具有参考性，但不宜作为选择的唯一标准。私募基金暂时排名靠前是多种因素促成的，有的可能是基金投资风格激进，甚至有一部分只是单纯的运气好。所以，并不是所有短期排名靠前的基金，都有一个投资能力与之对应的基金经理。

误区三：明星基金经理管理的私募基金一定好。虽然明星基金经理的能力是有目共睹的，但是，如果明星基金经理进入刚成立的私募基金，则可能会因为失去投研团队支持而需要花费精力在运营上等，给投资业绩带来不利影响。所以，当明星基金经理进入新成立的基金时，投资者应先对其进行一番考察，而不能盲目信任。

误区四：净值越高的基金说明基金经理投资能力越强。基金净值的高低受到成立时间、投资策略、投资类型、投资能力等因素的影响。投资者不能简单地将净值作为基金经理投资能力的依据，因为成立时间、风格策略等都可能对基金经理的投资产生影响。所以，投资者在进行基金比较时，对比双方应是同时期成立且投资类型相同的基金。

误区五：净值高的私募基金上涨空间小于净值低的私募基金。私募未来收益的决定性因素还是基金经理的投资能力。优秀的基金经理会使私募基金的未来净值走高；而能力弱的基金经理则可能让私募基金的未来净值一蹶不起。

误区六：私募基金公司规模越大说明投资能力越强。私募基金的资产规模并不能与其实力画等号。私募基金的规模应与其投资策略、投研团队、基金经理的管理能力等方面一致。一般来说，大型私募公司的业绩更为稳健，而中小规模的私募公司则具有较好的爆发力。所以，投资者须结合自身情况选择私募基金，而不能一味地选择资产规模大的私募公司。

9.6 如何投资分级基金

分级基金将基金分为几种不同的份额，如果投资者在不同的份额中采取对应的投资技巧，其投资收益甚至可以远超普通基金。

9.6.1 了解分级基金

分级基金（structured fund）也称为“结构型基金”，即以基金收益或净资产分解的方式，将一个投资组合中的基金分成两级及以上级别、风险和收益具有差异性的基金品种。分级基金的最大特点是根据分类配以不同的收益，它的基金净值计算方式为各子基金净值和份额占比的乘积之和。所以，它与普通基金的差异仅仅来自对子基金的拆分。

现在市场中最为常见的分级基金是将基金分为A、B两类份额，其中A、B两类份额又可以进行细分，分级基金的具体分类如图9-21所示。

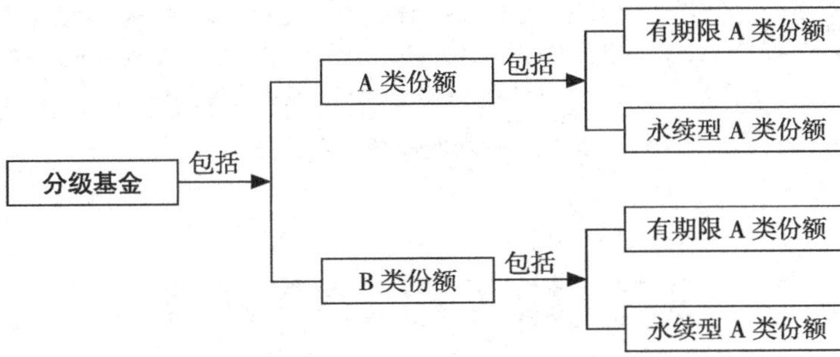

图9-21　分级基金的具体分类

9.6.2　分级A类的投资技巧

值得一提的是，虽然分级基金中的A类份额风险和收益都相对较低，但这并不表示不能提高其投资收益，运用一定的投资技巧，同样可以在A类份额中获得较为可观的收益。总的来说，A类份额投资技巧主要有两个，具体如图9-22所示。

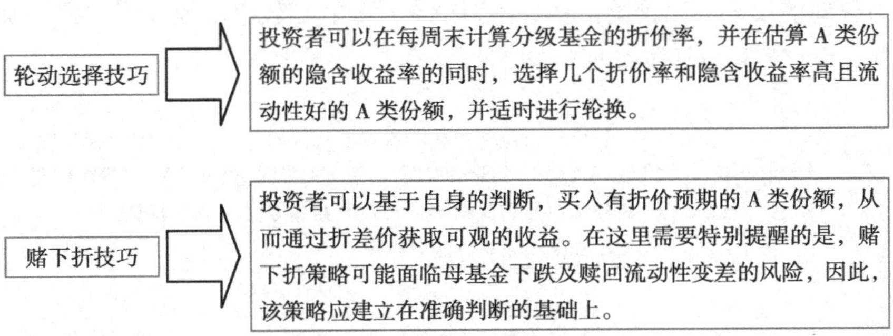

图9-22　A类份额投资技巧

9.6.3　分级B类的投资技巧

B类份额，又称为“进取份额”或“杠杆端”，因为它是向A类份额借款融资之后进行投资的，会在杠杆的支撑下放大收益和风险，所以B类份额的投资人群多为激进型或风险承受能力较强的投资者。B类份额有两大投资技巧，具体如图9-23所示。

跟踪指数周期：B 类份额的投资对象（特别是股票类）的指数通常具有强周期的特点，投资者可以通过跟踪指数周期的方式，灵活地对 B 类份额进行操作。

巧用抢权交易：在对目标 B 类有上折预期的基础上，投资者可以在基金折算基准日之前争取买入目标 B 类。这样一来，折算之后，因为 B 类杠杆的放大，其吸引力增强，母基金必然出现溢价。此时，投资者就可以将持有份额卖出，从而获得溢价收益。

图 9-23　B 类份额投资技巧

9.7　如何投资债券基金

债券基金因其投资对象的低风险性，通常难以获得较高的收益。但是其胜在收益的稳定性，即只要投资者长期持有，就有很大可能获得一定的收益。

9.7.1　了解债券基金

债券基金即以国债及金融债券等收益相对稳定的金融工具作为投资对象的基金产品。因为它具有低风险与低收入并行、低费用及收益稳定等特点，所以保守型和风险承受能力较弱的投资者比较适合将其作为投资对象。相较于其他投资方式，债券基金既有优势，也有劣势，具体如图 9–24 所示。

优势：相较于银行定期存款等投资方式，债券流动性相对较强。投资者买入后，只要允许操作，便可以随时进行赎回，将份额变现；相较于直接购买债券，买入债券基金可获得更多投资机会，从而增加获取较高收益的概率。

劣势：短期投资收益较为有限，需要长期持有才能获得明显收益。而且当股票型基金因为股价上涨获得可观收益时，债券基金的收益仍旧保持相对的稳定，因此，在这种情况下，其收益将明显低于股票型基金的收益。

图 9–24　债券基金的优势和劣势

9.7.2　债券基金的投资技巧

债券基金的投资技巧主要有两个，具体如图 9–25 所示。

紧盯银行利率 → 债券基金的风险主要受银行利率的影响，且两者一般呈负相关关系，即当银行利率增加时，债券价格将下跌；而当银行利率下降时，债券价格则可能出现上升。因此，在购买债券基金时，投资者应适时关注银行利率，并采取相应的策略。

进行必要了解 → 前期的了解是投资的必经过程，投资者需对投资对象的信用度和可转债等信息进行必要的了解，而不能盲目投资。

图 9–25 债券基金的投资技巧

9.7.3 投资债券基金的注意要点

虽然债券基金是一种低风险的投资方式，但是在实际操作中，投资者还需特别把握 3 个方面的内容，具体如图 9–26 所示。

投资范围 → 与股票型基金大量投资于股票市场不同，债券基金主要通过在债券市场投资获得收益，对股市投资的比例有较为严格的限制。

收益预期 → 因为债券基金本身就具有低风险与低收益并行的特点，其收益可能远低于股票型基金等投资方式。投资者应正确看待预期收益，而不宜抱有过高预期。

交易成本 → 同样是债券基金，交易成本也会有一定的差异。因此，从交易成本的角度出发，投资者应选择交易成本相对较低的债券基金品种。

图 9–26 投资债券基金的注意要点

CHAPTER 10

第 10 章 掌握基金定投技巧

学前提示

定投基金被称为“懒人理财术”，它可以摊平风险，帮助投资者“忽略”市场指数的起起落落，达到轻松理财的效果，因此，缺乏专业理财能力的投资者可优先考虑定投。当然，定投基金虽然简单易行，但要取得较好回报，也需掌握一定的投资技巧。

要点展示

- 初步认识基金定投
- 基金定投的综合分析
- 基金定投目标方案规划
- 基金定投交易要点与技巧

10.1 初步认识基金定投

作为最适合新人投资的方式之一，基金定期定额投资的最大特点是准入门槛低。虽然每次最低只需投入一两百元，但是它不仅能实现资金的增值，还能间接地“管住”投资者的钱袋子。

10.1.1 什么是基金定投

基金定投是定期定额投资基金的简称，是指在固定的时间（如每月 8 日）将固定的金额（如 1 000 元）投资到指定的开放式基金中，类似于银行的零存整取方式，这样投资可以平均成本、分散风险，比较适合进行长期投资，其特点如图 10-1 所示。

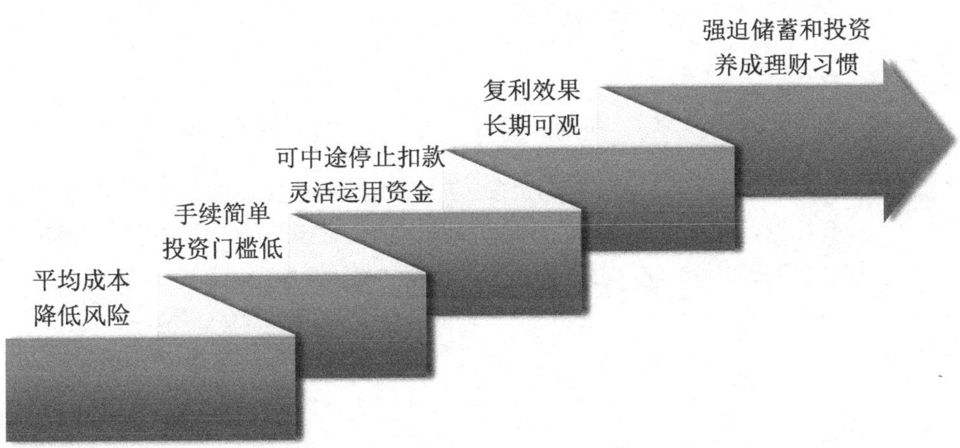

图 10-1 基金定投的特点

> **特别提醒**
>
> 基金定投收益为复利效益，本金所产生的利息加入本金，继续产生收益，有利滚利的特点，时间越长复利越明显。基金定投的复利效果需要较长时间才能充分体现，因此不宜因市场波动停止定投。投资者在开始定投之前，应考虑好自己能否持续购买。

许多投资者难以把握投资的时点，常常会因为高点买入、低点卖出，造成资金的缩水。但是基金定期定额投资是定期定量地进行基金投资，不会因为市场的变化而改变。这样一来，投资者只需定期投入少量资金即可，投资成本也相对较低。

10.1.2　网上基金定投

网上基金定投简单易行，投资者既可以在银行官网办理，也可以在基金公司的官网办理。下面以南方基金为例，介绍其操作步骤。

步骤 1 登录南方基金管理公司的官网，并单击导航栏中的“基金定投”按钮，如图 10-2 所示。

步骤 2 在“基金定投”界面，单击 “基础定投”按钮，如图 10-3 所示。

图 10-2　单击“基金定投”按钮

图 10-3　单击“基础定投”按钮

步骤 3 执行操作后页面将跳至“新增定投”界面，投资者需要在该页面选择投资组合、投资比例、计划名称、支付方式、支付账户、定投周期、定投日期、定投金额和交易密码，并勾选“我已阅读”，单击“确认”按钮，如图 10-4 所示。

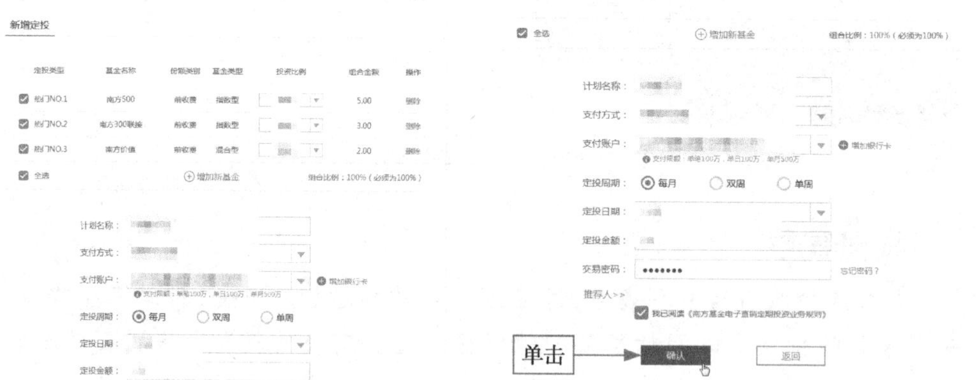

图 10-4　“新增定投”界面

步骤 4 执行操作后将弹出一个风险提示的对话框，如图 10-5 所示。如果投资者的风险测评结果允许进行定投，单击“我已了解风险，仍然买入”按钮；反之，如果风险测评结果不允许进行定投，但投资者仍有定投需求，则需单击“重新风险评测”按钮，在评测完成后再行操作。

步骤 5 执行上述操作后，如果页面显示“操作成功”，就说明定投增加成功了，如图 10-6 所示。

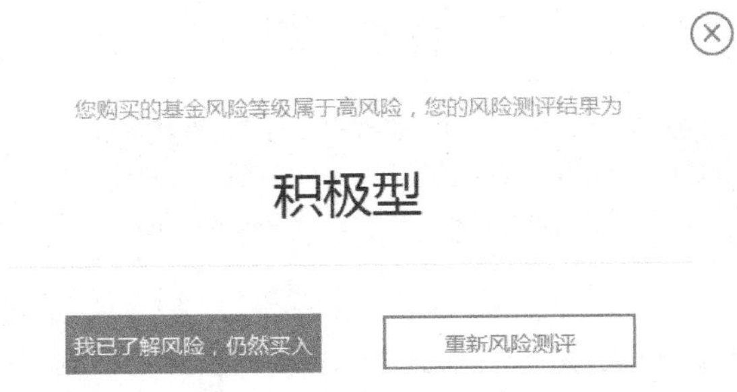

图 10-5 选择“定投”选项

图 10-6 显示“操作成功”

10.2 基金定投的综合分析

基金定投不会因为时机的选择给投资带来风险，而且投资成本相对较低，时间和数额确定后，只需要定期投入固定资金即可。也正是因为它的便利性，基金定投被形象地称为“懒人投资法”。上班族每月收入有限，除去生活花销之外，剩下的资金可用于基金定投。这样不仅可以保护自己的钱袋子，还有可能让资金增值。

在进行基金定投之前，投资者还必须明确基金定投究竟适合什么人群、投资者应如何选择定投时机、如何进行误区分析等。

10.2.1 适合人群与定投时机

基金定投虽具有较广泛的适用性，但并不是任何人和任何时间都适合进行定投，投资者还需对它的适合人群以及时机选择进行把握，具体如图 10-7 所示。

图 10-7 基金定投的适合人群与时机选择

10.2.2 基金定投的误区分析

基金定投虽因其平均成本、分散风险等特点，受到越来越多投资者的青睐，但是许多投资者因为对其认识不足往往会陷入诸多误区，如图 10-8 所示。

误区 1：任何基金都适合定投	并不是所有基金都适合定投。对于收益稳定的债券型基金来说，定投与一次性投资并没有多大的区别；相对来说，对具有更多不确定性的股票型基金进行定投，则可以减少投资风险。
误区 2：定投只能长期投资	虽然定投可以降低投资风险，但是定投作为一种长期投资，还需要参考基金的后市，如果后市看跌，则应该重新进行规划。
误区 3：扣款日是固定不变的	定投虽采用固定时间扣款，但因为每个月的天数不同，所以扣款日为每月 1 ~ 28 日；除此之外，如果扣款日为节假日，则会相应顺延，待到工作日再行扣款。
误区 4：只能按月定期定额投资	虽然定投多为按月投资，但是不同的基金公司可能会有不同的规定，除了按月定投，有的基金公司还实行按双月和季度投资等方式。具体周期还需参照特定的基金公司的规定。
误区 5：漏存误存后定投协议失效	部分投资者由于存款不及时等原因，使账户内资金不足，无法正常扣款。但这并不代表定投协议就此失效，只要投资者尽快补足，便可继续进行定投。
误区 6：定投金额可以直接变更	定投协议签订后，不能在约定期内直接更改定投数额。只能先办理“撤销定期定额申购”手续，重新进行申购。
误区 7：基金赎回只能一次赎清	定投的基金赎回份额没有限制，既可以全部赎回，也可以根据需求部分地赎回。如果部分赎回，则剩下部分仍将持有。
误区 8：赎回后定投协议自动终止	定投协议并不会因为赎回而终止，全部赎回之后，如果投资者的银行卡内有足够资金且满足扣款条件，那么，银行默认协议仍在进行，并定期进行扣款。

图 10-8　基金定投的误区分析

特别提醒

赎回基金之后，到销售网点填写《定期定额申购终止申请书》，方可终止定投业务；除此之外，投资者还可以借助“在3个月内不满足扣款要求”这一条件，来实现定投业务的自动终止。

10.2.3 基金定投与普通申购的区别

基金定投与普通申购的区别主要体现在3个方面，如图10-9所示。

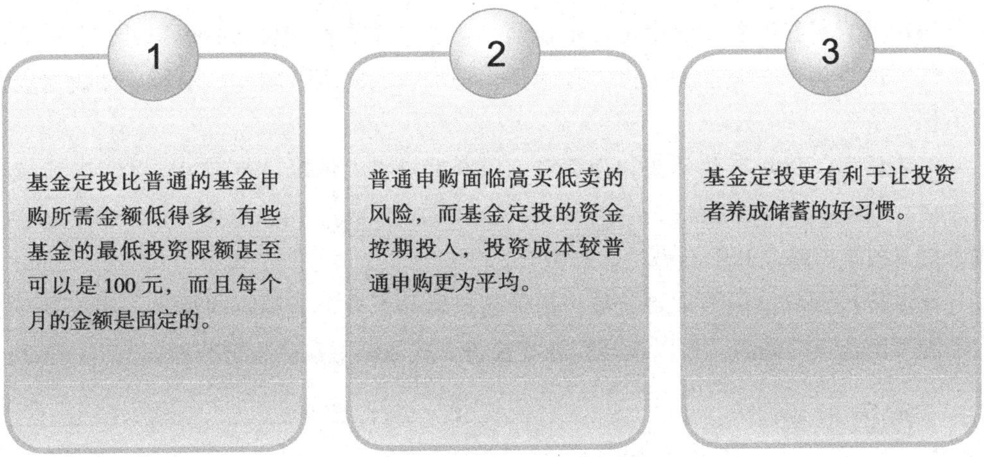

图10-9 基金定投与普通申购的区别

10.3 基金定投目标方案规划

在进行定投前，投资者应对资金进行合理规划。然而许多投资者就是因为对未来财务估计不足，引发资金紧张，进而被迫终止定投计划。

笔者认为，基金定投适合进行长期投资，一旦确定下来，就应该咬牙坚持。因为只有坚持到底，才有可能达成目标，中途退出，只能给未来增加更多的不确定性。

10.3.1 买房购车定投

刚步入社会的人，工资相对较低，仅靠积攒工资实现买房购车需要经过漫长的等待。

此时，他们完全可以通过规划，并借助基金定投的方式，在几年内达成目标。如果这些人每月拿出 2 000 元，采取复利投资的方式定投年回报 10% 左右的基金，则可以在 5 年后将有一笔可观的收益。

10.3.2 现金管理定投

基金定投是指在固定的时间以固定的金额投资到指定的开放式基金中，一般以月为周期，是一种投资方式，投资者可以用来管理闲余资金。

刚参加工作的上班族，每月收入有限，除去开销之后更是所剩不多。但是他们又不得不为将来买房、买车和子女教育等打算。如果这部分人投资经验有限，那么基金定投不失为一种较好的投资方式。

投资者只需将闲置的资金进行定投即可。这样既能管住自己的钱袋子，还能实现资金的增值，为未来做准备；更关键的是，每次投入的资金较少，不至于因此造成经济负担。

笔者认为，每月有些余钱的投资者可以根据自身的情况进行定投，如果风险承受能力强，可以选择投资股票型基金；如果风险承受能力弱，可以选择投资债券型基金，或者投资股票型基金和债券型基金的组合。

比取得投资收益更为重要的是，基金定投培养了投资者理财的观念，随着投资者收入和投资技巧的提高，可以选择智能定投等方式取得更高的投资收益。

特别提醒

如果投资者想要进行长期定投，就必须知道投资周期和实际投资的效果之间是没有必然关系的。所以，投资者在定投时，不必纠结于定投的周期，周期较长的定投并不一定比短周期定投的收益少。而如果进行短周期定投，部分投资者可能会因为反复进行操作而占用了时间和精力，这样反而会有些得不偿失，倒不如直接进行长周期定投来得省心。

10.3.3 养老组合定投

养老基金定投就是指每月固定投资一定资金在养老基金上，从而获取相应的收益，其定投策略如图 10-10 所示。

一旦选择了进行基金定投，投资者就应该一直坚持下去。不管是股市走高，还是股市低迷，都要保持账户有足够余额用于定投。只有如此，才能保证养老目标的最终实现。

定投越早负担越小	定投开始的时间不同，负担可能有较大的不同。以恒生指数1979~2009年的收益率为例，如果投资者30岁开始定投，那么只要坚持30年，每个月定投414元，便可在60岁时攒齐100万元。而如果是40岁开始定投，在60岁时要攒齐100万元，就需要在接下来的20年内，每月定投1 730元。同样是100万元，晚开始10年，每月的定投额就翻了两倍。由此不难看出，越早进行养老定投，负担就越小。
养老定投保持耐心	在进行养老定投时，投资者应保持耐心，切忌因为股价的短期下跌动摇投资信心，而进行赎回或终止定投。因为这样既无法达成通过定投以平均成本的目的，还有可能因为一时冲动，失去了本该属于自己的利益。
定位自身风险能力	既然决定进行定投，投资者就应该在明确投资目标的同时，对自身的风险承受能力有一个清醒的认识。保守型、中庸型和进取型风险承受能力，所能承受的风险是不同的。投资者应该明确自己风险能力所属的类别，并将投资风险控制在可承受的范围之内。
分步抄底长期开花	最理想的定投是底价投入，高价了结。但是底价通常不太好把握，此时，投资者可以退而求其次，从相对低价开始定投。
定投长期摊平风险	养老定投具有复利效应。只要投资者保持长时间的定投，就基本能获得稳定的收益，这无形之中降低了投资的风险。

图 10-10　养老基金的定投策略

10.3.4　亲子教育定投

现在最常见的少儿理财产品就是儿童储蓄账户。儿童储蓄账户是父母为孩子进行理财的起点，如果孩子未满16周岁，父母可以在银行开设孩子的个人账户。在孩子的成长过程中，父母可以通过带领孩子进行投资模拟或直接投资等方式，适度对孩子的投资进行引导，培养孩子的投资意识。如果孩子的年龄足够大了，还可以让其在父母的陪同下进行基金定投。

父母可采取以下方式管理教育基金，培养孩子的理财观念，如图10-11所示。

帮孩子在银行开立一张储蓄卡	父母可以为孩子开立一张储蓄卡，将孩子的压岁钱和零花钱存入其中，并带领孩子办理简单的存取款业务，在帮助孩子认识储蓄卡作用的同时，培养其理财意识。
帮助孩子养成长期强制储蓄的习惯	在帮孩子开立银行账户之后，父母可以积极引导孩子将零花钱存入银行，帮助其养成长期强制储蓄的习惯。
引导孩子接触低风险的理财产品	伴随互联网金融的发展，市场出现了诸如“宝宝类”货币型基金等低风险的理财产品。父母可以引导孩子适度接触这些理财产品，增强孩子的投资意识。
开立基金账户让孩子参与投资过程	父母可以帮孩子开立基金账户，并在其中买入一份定投基金，在某个节日将其作为礼物送给孩子，让孩子参与定投过程。这不仅能培养孩子的理财意识，还能伴随孩子的成长产生一定的收益。

图 10-11　管理教育基金的方法

10.4　基金定投交易要点与技巧

基金定投既节省了购买费用，降低了投资时机选择带来的风险，又以平均成本的方式分散投资成本，是一种适合进行中长期投资的产品。其操作方式不同，可能获得的收益也不同。所以，如果投资者要想在定投中获取更多收益，就必须要掌握一定的投资要点和相关技巧。

10.4.1　如何挑选定投基金

基金定投正逐渐被越来越多的投资者所青睐。对于投资者来说，做好基金定投的关键是选择定投对象。在进行定投对象的选择时，投资者需掌握 4 个挑选定投对象的方法，如图 10-12 所示。

世上没有两片完全相同的树叶，也不可能存在完全相同的基金产品。即使都是新发基金，也会因为管理和运作的不同出现业绩的差异。

正是因为基金的不同，投资者在选择时应该差别对待。所以，“个性化选基金”是投资基金的关键。投资者只有在把握基金个性的基础上，才能正确认知基金利润，进而根据自身投资兴趣及需求选择进行定投的基金。

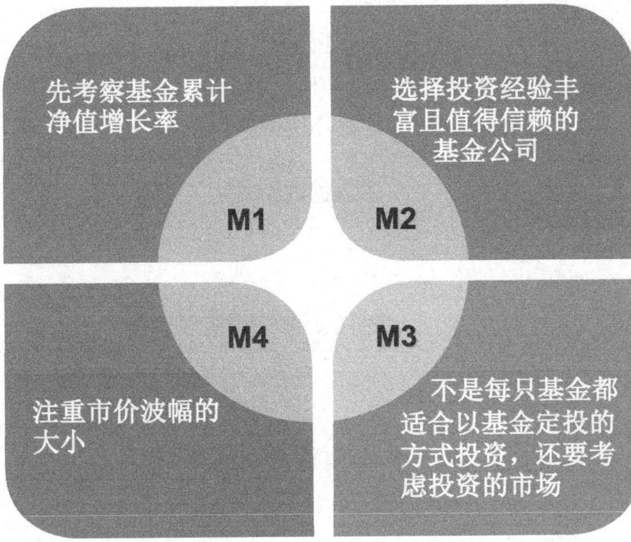

图 10-12　挑选定投对象的方法

特别提醒

不同市场表现，投资会有不同的选择，体现在以下两个方面：

（1）股市调整期，以及“超跌”但未来可期的市场最适合进行基金定投。当前股价较低，并呈现出震荡态势，但未来行情看好时，投资者应考虑进行基金定投。在预定的长周期投资中，股市表现为上涨趋势，且上涨幅度明显高于下跌幅度时，且此时股价下跌或震荡调整，可能会是基金定投良机。

（2）快速上涨市场，定投不如单投。如果投资者只想短期投资基金，而且认为股票市场可能走出逐步上涨的行情，那么，此时定投可能并不是最佳选择，单笔投资的效果可能会更好。

10.4.2　如何中途退出定投

中途退出定投包括两种方式，即自动退出和违约退出。自动退出是指投资者主动提出退出基金定投申购业务申请，经基金管理公司确认后，定投业务停止，系统停止扣款；违约退出是指投资者指定的扣款账户内资金不足且投资者未能按照约定补足申购资金，系统将记录投资者的违约次数，到达一定的次数之后，系统将自动终止投资者的基金定投业务。

其中，如果出现图 10-13 所示的情况，投资者即可考虑中途退出基金定投。

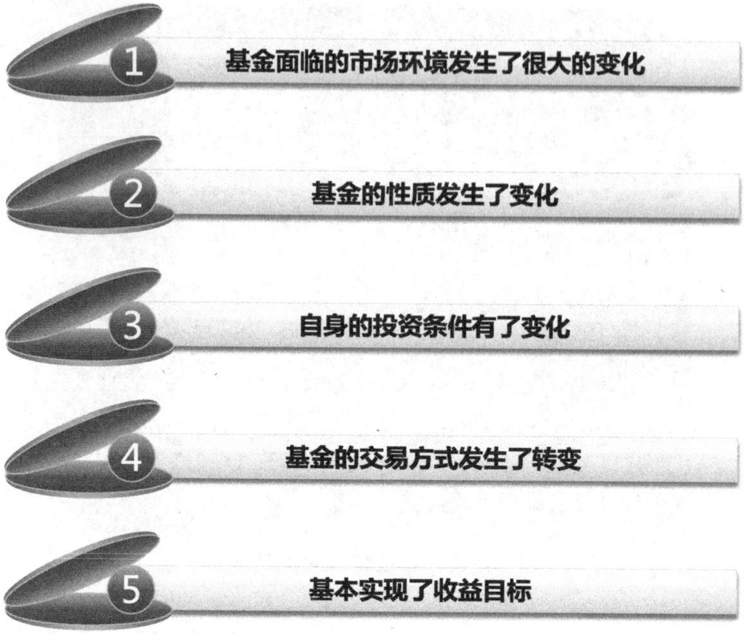

图 10–13 中途退出定投的情况

10.4.3 基金定投的 5 大技巧

虽然基金定投因采取平均成本的方式，风险相对较小，但这并不意味着它就没有风险。掌握基金定投的意义就在于将可能的风险进一步降低。总体来说，基金定投主要有 5 大技巧，具体如图 10–14 所示。

特别提醒

虽然基金定投是适合“懒人”的投资方式，但这并不是说可以“甩手不管”。尤其是投资亏损的投资者更加需要重视这一点，因为只有在亏损时适时调整定投方针，才有可能扭亏为盈。

（1）避免资金闲置。为了避免“到期时赎回”到“再申购”期间的资金闲置，投资者可以开通定期申购和定期转换功能，还可以设置自动转换。

（2）调整收费方式。虽然后端收费定投与前端收费定投的短期收益差异较小，但从长期来看，差异会日渐明显。

（3）投资资金最大化。分红是实现收益的一种方式，现金分红使投资者直接获得现金回报，而红利再投资则将分红转化为增加的基金份额。

组合定投，保持较高投资效率	定投组合通常由 2 只或 3 只基金构成。以 2 只基金的定投组合为例，投资者既可以选择 2 只高收益的股票型基金进行组合，也可以选择 1 只高收益基金和 1 只低风险的基金组成定投组合。
低位市场，不要停止定投	因为基金定投可以平摊风险，因此在下跌的市场里，应该坚持定投，有条件的还可以增加定投资金。
变额定投，突破交易规则限制	例如，准备每月定投 1 000 元的 ETF 基金，可以设立一个波动区间，比如 100 点：即股指（股票价格指数）每上涨 100 点，每月投资金额就应减少 50 元；反之，股指每下跌 100 点，每月的投资金额就应增加 50 元。
定点加强，红利再投资	投资者可以在自身准确判断的基础上，适时改变基金的持有份额，积极主动地获取更大的回报。因为长期定投的分红频率会随投资时间变化，一般情况下，随着投资时间的增加，分红频率会相应地增加，而红利再投资的复利也会更为可观。
选择“定赎”，预备应急资金	选择定时定额赎回，不仅能将收益变现，而且赎回费用相对较低，当投资者有资金需求时，不妨先进行定时赎回。

图 10-14　基金定投的 5 大技巧

CHAPTER 11

第 11 章 构建基金投资组合

学前提示

投资者不仅可以单独持有某一只基金，还可以以组合的形式进行基金的投资。通过这种形式投资基金，可以在有效地降低投资风险的同时，保持收益的稳定。因此，相比单独持有一只基金，该形式更值得推崇。

要点展示

- 了解基金组合
- 基金组合的 3 大形式
- 构建基金组合的实战步骤
- 在投资过程中如何调整基金组合
- 调整基金组合需要注意的事项

11.1 了解基金组合

部分投资者尤其是部分投资新手，由于基金投资经验不足，直接重仓甚至全仓持有某一只基金的份额。虽然这种做法在行情上涨时可能获得较为可观的利润，但是如此操作，更可能出现因为基金行情快速变化而造成的资金大幅缩水。还有一部分投资者将基金选择视为一个难题，因无法选出多只基金进行组合而单持一只基金，最终也因为行情不如预期而出现较大的亏损。

这些投资者的投资之所以会失利，究其原因还是没有构建基金投资组合。仅持有一只基金，在其下跌时就一定会出现亏损；相比之下，以组合的方式进行基金投资，可以有效降低投资可能存在的风险，这也是构建基金投资组合的意义所在。

11.1.1 基金组合可以降低投资风险

仅持有一只基金，意味着一旦该基金出现行情与预期相悖的情况，投入的资金可能会面临风险；而进行基金组合则是按一定的资金比例分别投资多种基金，所以即使单只基金不如预期，也可能因为其他基金表现良好而弥补亏损，甚至还能获得一定的收益。这就是持有单一基金与构建基金投资组合在风险上的最大区别。

基金组合投资，实际上就是将投资风险分摊于多个基金品种之中，从而达到分散投资风险的目的。虽然以组合的形式进行基金投资，可能会因为盈亏的“中和”而无法在短期内获得可观的收益，但是长期坚持下去，收益将会像滚雪球一样稳定增长、越积越大。

11.1.2 基金组合分散风险的本质

在进行基金投资时，投资者最关注的是资金配置、买入时机和基金品种选择。而基金组合则可视为将资金配置和基金品种选择进行整合之后的产物。因为在基金组合时，投资者必然要对组合中各基金所占的资金比例进行分配，而组合的完成实际上也是基金品种选择的完成。所以，基金组合的构建，直接解决了资金配置和基金品种选择这两大问题。

也正是因为在构建基金组合时考虑了资金配置和基金品种的问题，所以根据构建的基金组合进行投资，既降低了资金分配不合理的风险，又降低了因为对投资对象误判而造成的选择风险。

所以，基金组合分散风险从本质上来说，是从资金本身和投资对象的选择这两个方面同时降低投资的潜在风险。

11.1.3 构建基金组合的层次有哪些

不同类别的基金，风险与收益会呈现一定的差异性。投资者在进行基金组合的构建时，需要对投资对象的风险和收益有所把握，并在此基础上有层次地进行组合配置。基金投资组合的构建可分为两个层次，具体如图 11-1 所示。

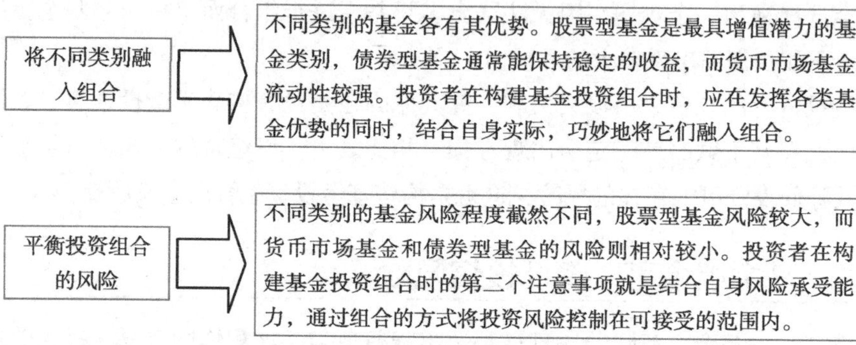

图 11-1　构建基金投资组合的两个层次

11.2 基金组合的 3 大形式

基金的组合可分为多种形式，其中最常见的形式主要包括 3 种，即哑铃式、核心卫星式和金字塔式。这一节将对这 3 种形式一一进行介绍。

11.2.1 哑铃式基金投资组合

哑铃式基金投资组合即以两种风险和收益表现不同的基金构建基金投资组合。如将一只股票型基金和一只债券型基金进行组合投资，便是一种典型的哑铃式基金投资组合。

哑铃式基金投资组合的优势是，不仅可以在控制投资风险的同时维持较稳定的收益，而且基金的数量较少，管理起来方便。

11.2.2 金字塔式基金投资组合

金字塔式基金投资组合即同时将 3 种或 3 种以上类型的基金进行组合，并根据其各自的风险程度分别配以不同的资金比例。一般来说，风险越低的基金类别，所占的基金比例越高，所以投资组合中的基金类型根据由低到高的风险配以的资金比例会呈现一个明显的金字塔形。

金字塔式基金投资组合的最大优点就是灵活，因为这种组合投资中的基金类别较多，且充分考虑了投资的风险，所以在保持结构完整性的前提下，投资者可以根据行情变化和自身的投资目标，适时进行调整，以谋求更高的收益。

11.2.3 核心卫星式基金投资组合

核心卫星式基金投资组合是将一只业绩不俗且相对稳健的基金作为“核心”，重点进行投资，并选择一些短期业绩表现优异的基金作为“卫星”，将剩下的资金投入其中，辅助投资。

核心卫星式基金投资组合最大的特点是收益能够稳定增长，只要“核心”选得好，即使无法完全准确预判“卫星”的业绩，也能获得较为可观的收益，而且对“卫星”也可以适时进行调整，因此它在配置上也是比较灵活的。

11.3 构建基金组合的实战步骤

有了构建基金投资组合的想法之后，投资者应该按照一定的步骤确定具体的基金投资组合，而不是盲目进行组合。总体来说，基金投资组合的构建主要包括3步，即清楚基金投资目标、根据风险承受能力选择组合以及结合收益考核确定投资组合。

11.3.1 清楚自己的基金投资目标

进行基金投资的最终目的还是获得收益。但是因为具体情况不同，不同投资者的投资目标必然会有差异，因此要想尽快达成投资目标，需要根据投资目标具体制定基金投资组合。比如有的投资者需在几年内达成购车目标，就需要适当增加高收益基金的投资比例；而有的投资者是想经过几十年的投资达成养老目标，则应将稳定收益放在首位，增加稳健型基金的投资比例。

11.3.2 根据风险承受能力选择组合

要获得稳定的收益，就必须考虑投资风险。不管是哪种基金类型，都不可避免地会存在一些风险。所以，即使是采取基金组合投资的方式，也无法消除这种固有的风险。不同的投资者能够承受的风险有所差异，因此，投资者在构建基金投资组合时，需结合自身情况，兼顾收益和风险。根据投资者风险承受能力的不同，基金投资组合分为5类，如图11-2所示。投资者可以参照自身情况，选择具体的基金组合。

保值型 → 保值型选择适用于风险承受能力低、以保值为目标的投资者。其资金分配比例为：将半数或以上的资金用于债券型基金的投资，并预留部分资金作为现金使用，而将一小部分资金投入股票型基金、混合型基金等有较大风险的基金类别。

保守型 → 保守型选择适用于风险承受能力较低、期望资金可以小幅增值的投资者。其资金分配比例为：现金预留10%，股票型基金占20%左右，混合型基金占10%左右，货币市场基金占10%～20%，债券型基金占40%～50%。

平衡型 → 平衡型选择适用于可承受一定风险、期望资金可以较快增长的投资者。其资金分配比例为：现金预留0～10%，股票型基金占30%～40%，混合型基金占10%～20%，债券基金占40%～50%。

成长型 → 成长型选择适用于可承受较高风险、期望资金快速增长的投资者。其资金分配比例为：现金预留0～10%，股票型基金占40%左右，混合型基金占10%～20%，债券基金占40%左右。

进取型 → 进取型选择适用于可承受高风险、期望资金可以显著增长的投资者。其资金分配比例为：现金预留0～10%，股票型基金占50%以上，混合型基金占10%左右，债券基金占30%左右。

图11-2　基金投资组合的类别

11.3.3　基金投资组合的收益考核

基金投资组合的收益分为两个部分，即对投资组合整体收益的考核和对组合内某一只基金收益的单独考核。收益考核是构建投资组合中不可或缺的一环，只有在对基金投资组合中的各只基金进行收益考核后，才能知道选中的组合是否符合投资目标。

值得一提的是，在进行收益考核时，因为基金的短期业绩可能具有偶然性，所以可能不具有参考性。只有考核基金的长期收益，才能更准确地把握其业绩水平。

11.4 在投资过程中如何调整基金组合

在投资过程中，投资者主要可以通过 5 个要点调整基金组合。这一小节将分别对这 5 个要点进行解读，如图 11-3 所示。

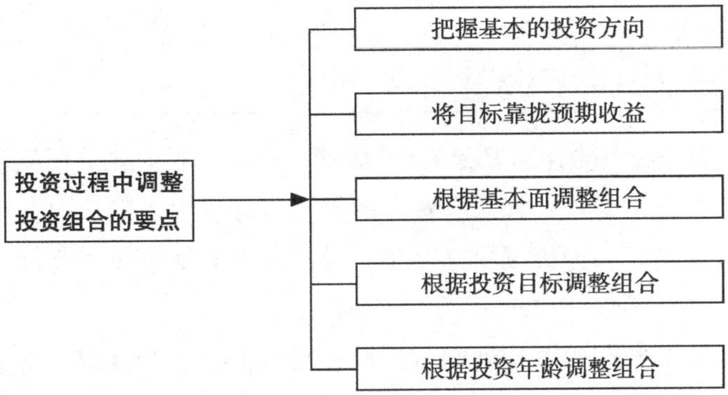

图 11-3 投资过程中调整投资组合的要点

11.4.1 把握基本的投资方向

再好的基金组合，也不可能保证一直获得收益。所以，投资者不能认为组合选定之后可以甩手不管、坐等收益入账，而应该根据行情的变化适时进行组合的调整；既可以对各基金所占的基金比例进行调整，也可以直接剔除收益较差的基金，并融入表现强劲的基金。

当然，在此过程中需要注意的一点是，投资组合的调整应是建立在原有投资方向的基础上的，而不能因为行情短期内不如预期就改变投资方向。

11.4.2 将目标靠拢预期收益

在进行基金投资组合的构建时，投资者心中必然会有个预期收益。但是实际情况通常会与预期有一些出入。具体来说主要会出现两种情况，即收益不如预期和收益超过预期。

不论是何种情况，投资者都应该让实际收益向预期靠拢。如果收益不如预期，可以考虑剔除部分表现不佳的基金，重新进行组合；如果收益超过了预期，则应该以平常心对待，保持组合，而不宜盲目对投资组合进行调整。

11.4.3 根据基本面调整组合

基金基本面主要包括基金管理人员变更和投资风格变化等内容。基金基本面的剧烈变化，可能会对其风险性和收益性造成较大的影响，进而直接对该组合投资目标的实现造成影响。

因此，当一只基金的基本面发生重大变化，并且业绩在一段时间内持续表现不佳时，投资者需要考虑是否重新进行基金的组合。

11.4.4 根据投资目标调整组合

大部分投资者进行基金组合都是有明确投资目标的，但是随着时间和环境的变化，投资目标可能也会发生变化。如果投资者的投资目标发生了变化，就需要相应地对基金投资组合进行调整。因为投资目标变化之后，原来的基金投资组合必然会变得不再适用。

除此之外，如果投资收益达到或接近投资目标，投资者宜调整基金投资组合，将投资风险降低，将维稳放在第一位。

11.4.5 根据投资年龄调整组合

不同年龄段的投资者能够承受的风险具有一定的差异性，通常来说，年轻的投资者能够承受更大的风险。

同样是因为投资造成了巨大的损失，甚至直接处于破产边缘，年龄不同的投资者很可能表现出截然不同的心态。比如，当这件事发生在 20 多岁的年轻人身上时，他们毕竟还年轻，可能会认为这只是一时的失败，以后还有大把的时光可以拼搏，大不了重新来过；而如果投资者即将或已经退休，那他亏掉的就很有可能是自己的养老金，这种事情放在谁身上恐怕都是难以接受的。

所以，基金投资组合应根据投资者的年龄适时进行调整。如果投资者还比较年轻，投资高风险的基金组合无可厚非，因为他们有大把的时间作为资本；但是年龄比较大的投资者，就需要多一分维稳意识，因为此时进行的投资很可能会直接影响到自己的下半辈子。

11.5 调整基金组合需要注意的事项

在股市动荡的今天，在投资基金时必须做好基金的有效组合工作。同时选择多只基金进行投资，可以分散投资基金给家庭所带来的风险，同时可以让利润达到最高限度。那么，家庭投资者应该如何选择基金组合呢?

11.5.1 组合品种与形态多样化

投资基金，不能简单地在同一类型的基金产品中择优；组合品种与形态应多样化，这样可以避免风险，保证本金安全。依照图 11-4 所示的 3 点原则，可以帮助投资者实现基金组合的最优化。

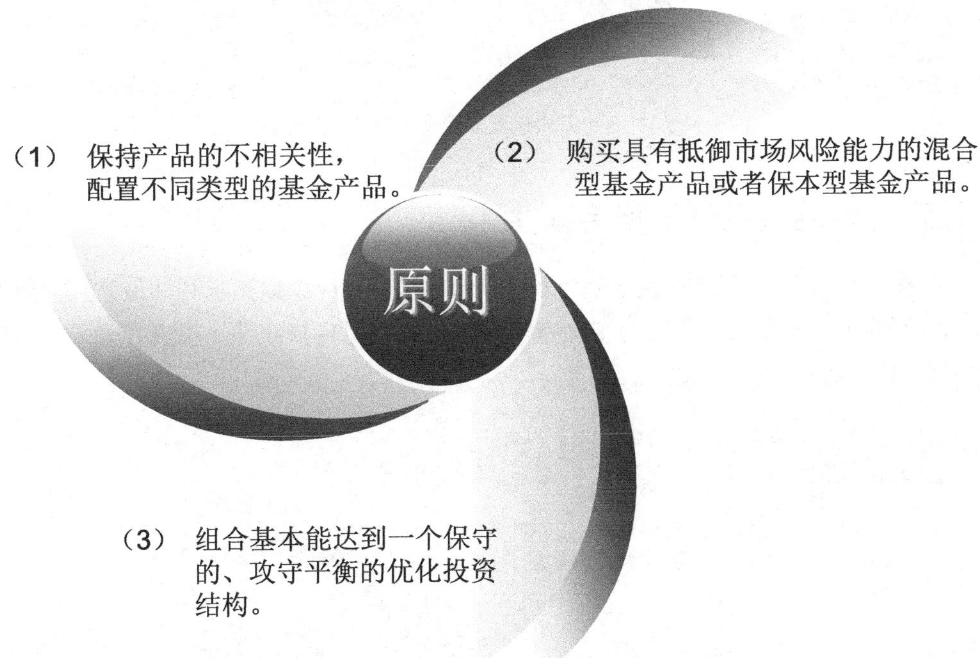

图 11-4 实现基金组合最优化的基本原则

11.5.2 组合产品要呈现灵活化

由于市面上的基金产品种类较多，如果投资者要实现理财目标，就必须对目前的资产结构进行调整，建立基金投资组合，优化资产配置，才能真正有效地实现理财计划。另外，投资者在投资基金时要灵活组合，可以从以下 3 个方面进行优化，如图 11-5 所示。

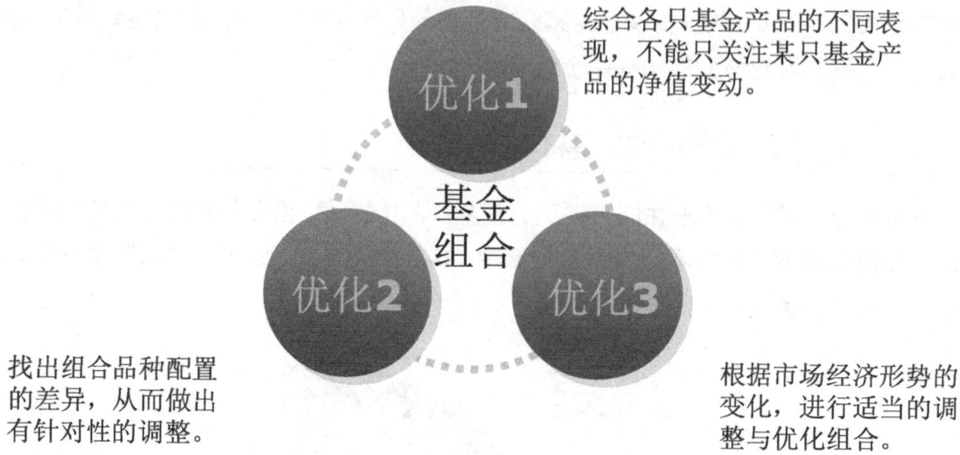

图 11-5　优化投资组合灵活度的方法

11.5.3　组合收益要呈现持续性

投资者投资基金组合并不完全是为了降低风险，还应该以追求利润最大化为最终目标。因为市场有多种形态，为了使基金组合的收益呈现持续性，投资者可采取不同的策略应对市场的变化，如图 11-6 所示。

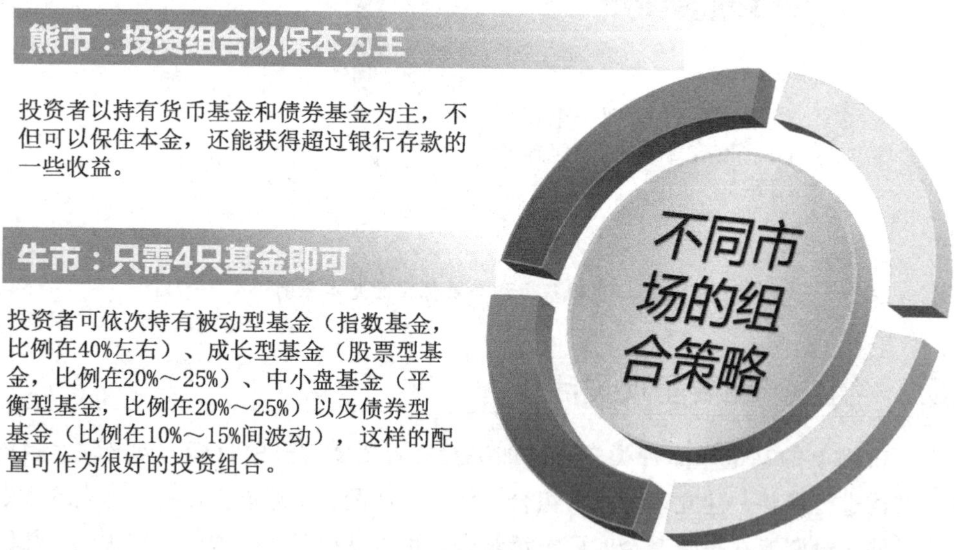

图 11-6　应对市场变化的投资组合策略

另外，中长期稳健型投资者可持续关注具有相对较高约定收益和折价安全边际的固定收益份额基金。

特别提醒

投资者在构建基金投资组合时，需要根据自身的风险承受能力和投资时限，选择多只不同类型的基金，只有这样才有可能获取较高的收益。基金组合的构建可分为以下两个层次：

（1）股票型、债券型或货币型基金的组合。即当股市看好时，将资金重点配置在股票型基金投资中，反之则把债券型和货币型基金等低风险的基金品种作为投资的主要对象。

（2）债券型和股票型基金的组合。即对同类型同等级的债券型和股票型基金进行权衡，并在此基础上进行投资组合。

CHAPTER 12

第 12 章 基金风险防范控制

学前提示

尽管基金投资相对于股票投资而言较为稳健，但也存在一定的风险性，所以广大投资者在关注基金入门知识和技巧的同时，勿忘投资的风险性。在基金入门之前先了解一下基金投资的风险性，可以做到心中有数，进而最大限度地降低自身的投资风险。

要点展示

- 风险评测——科学投资的重要环节
- 小心防范——基金投资的各种风险

12.1 风险评测——科学投资的重要环节

风险评测是科学投资决策的重要一环，使用风险评测工具，投资者可以对自己的风险承受能力有一个相对客观的评价，从而能选择更加适合自己的投资产品。例如，风险承受能力高则可以选择股票型基金。

12.1.1 通过计算机进行风险评测

一个好的风险测评工具不仅要容易操作，而且应相对客观可靠。下面以博时基金为例，介绍通过计算机进行风险评测的操作方法。

步骤 1 进入博时基金主页，单击“博时投资汇”链接，如图 12-1 所示。

图 12-1 单击“博时投资汇”链接

步骤 2 单击“博时投资汇”菜单栏中的 “理财在线”按钮，如图 12-2 所示。

步骤 3 单击“理财在线”菜单栏中的 “基金工具”按钮，如图 12-3 所示。

图 12-2 单击“理财在线”按钮

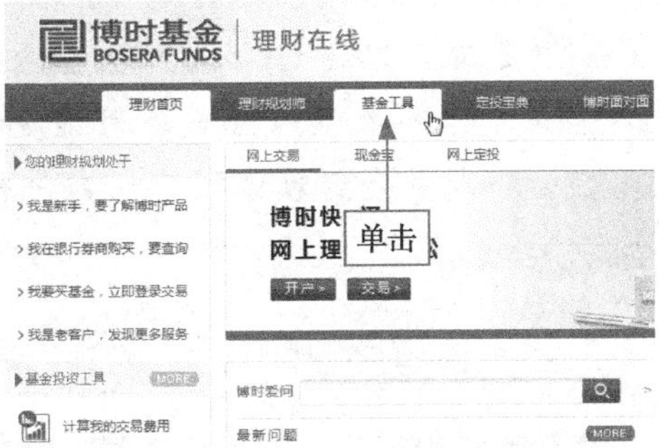

图 12-3 单击“基金工具”按钮

步骤 4 执行操作后，进入“基金工具”页面，单击“测试我的风险类型”按钮，如图 12-4 所示，根据实际情况进行风险评测。风险测评完成后，单击下方的“确定”按钮。

步骤 5 执行上述操作后，即可显示测评结果，如图 12-5 所示。

图 12-4　单击“测试我的风险类型”

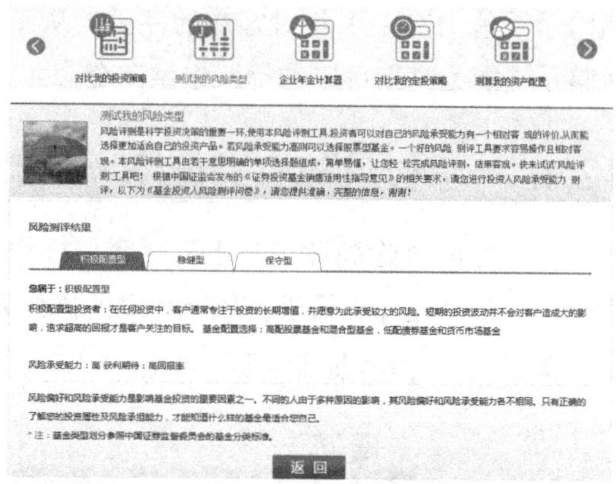

图 12-5　测评结果

特别提醒

因为开放式证券投资基金的主要投资对象是证券市场，所以证券市场的风险必然会对开放式证券投资基金的收益造成影响。通常来说，证券市场的风险分为两种，即系统性风险和非系统性风险。

（1）系统性风险：主要是指由于某种市场性的、全局性的因素而对所有证券收益产生负面影响的风险。这种风险可以利用资产组合管理的手段进行防范。

（2）非系统性风险：是指个别上市公司或者行业由于特殊情况造成的风险。这种风险可以通过组合投资弱化甚至完全消除。

投资者可以通过对低风险基金投资组合的构建，降低系统性风险造成的损失，但系统性风险是不可能完全消除的；而非系统性风险则需要依靠基金公司及基金经理的投资研究进行避免。

12.1.2　通过手机进行风险评测

多数手机银行 App 在用户选择理财产品之前，都必须进行风险能力测评，帮助用户找到适合自己投资的类型。下面以中国工商银行的手机银行 App 为例，介绍通过手机进行风险评测的操作方法。

步骤① 登录中国工商银行手机 App，并点击“我的”按钮，如图 12-6 所示。

步骤② 点击“我的”界面中的“设置”按钮，如图 12-7 所示。

图 12-6 点击“我的”按钮

图 12-7 点击“设置”按钮

步骤③ 执行操作后，页面会转至“服务设置”界面，点击该页面中的“风险能力评测”按钮，如图 12-8 所示。

步骤④ 执行上述操作后，页面会转至“风险能力评测”界面，如图 12-9 所示。在该界面完成测评，并点击“确定”按钮。

图 12-8 点击“风险能力评测”按钮

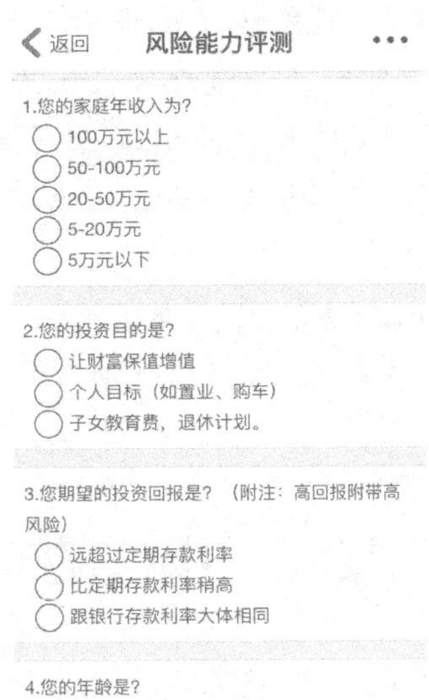

图 12-9 “风险能力评测”界面

步骤 5 完成上述操作后，便可以得到风险评测结果，如图 12-10 所示。

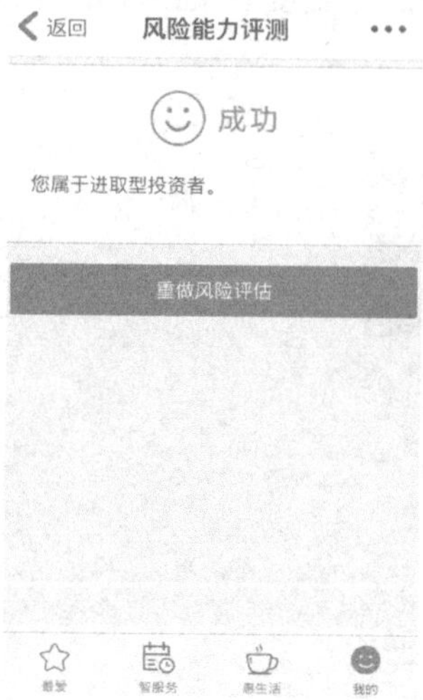

图 12-10 风险评测结果

特别提醒

从用户普遍关注的风险和收益角度出发，理财产品主要可以分为以下 4 种：

（1）基本无风险的理财产品。这类理财产品主要是进行银行存款，或是购买债券。由于有银行信用和国家信用做保证，所以产品具有最低的风险水平，同时其收益率也较低。

（2）较低风险的理财产品。货币市场基金和偏债型基金，其低风险和低收益并行，通常来说，风险水平相对较低。

（3）中等风险的理财产品。风险较高的理财产品有信托类、外汇结构性存款、结构性理财产品等，这些理财产品都有较高的风险，其收益也远比定期存款高。

（4）高风险的理财产品。如 QDII（境外投资机构）等的理财产品就属于高风险、高回报的类型。

12.2 小心防范——基金投资的各种风险

正所谓“小心驶得万年船”，投资者要想很好地从投资中获利，必须充分明确基金投资的风险，并加以衡量和防范。

12.2.1 投资基金的 5 大风险

基金是基金经理人通过使用投资者的资金购买有价证券，帮助投资者理财。它和其他投资方式一样，不可避免地存在着一些风险。

投资基金主要有 5 大风险，如图 12-11 所示。

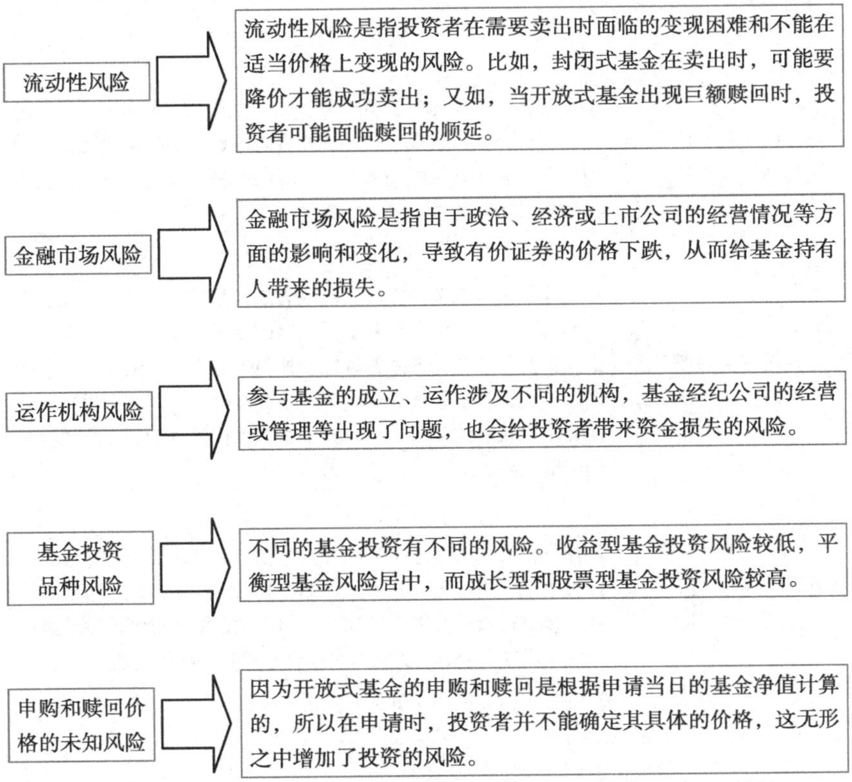

图 12-11　投资基金的 5 大风险

总体来看，购买基金的风险还是要比直接购买股票的风险小，这是因为基金是分散投资，不会出现受单只股票价格巨幅波动而遭受很大损失的情况。基金的波动情况会和整个市场基本接近，普通投资者能够比较好地回避个股风险，并取得市场平均收益。

12.2.2 化解基金风险的 5 大路径

不同的基金投资风险，应配备不同的化解路径。化解基金风险的路径主要包括 5 个，如图 12-12 所示。

用分红基金稀释风险	当证券市场发生震荡时，高比例分红基金可以通过低成本建仓的方式，稀释基金的风险。而建仓的增加，意味着有更多的投资者共同承担基金风险，这无形之中就降低了投资风险。
采用双经理制降低风险	双基金经理制，指由两个基金经理共同决策，基金经理的“一手遮天”和个性化投资现象会大大减少，从而有效地降低了投资的风险。
通过拆分基金稀释风险	基金拆分并不会对基金资产产生实质性影响，但由于以 1 元的低成本拆分，将会吸引更多的投资者踊跃购买基金份额，从而使基金的原有仓位得到稀释，同样在震荡市场环境下，为投资者带来稀释基金风险的直接效果。
适时进行投资组合调整	组合投资是降低基金投资风险最有效也是运用最广泛的投资方法，这种方法之所以具有降低风险的效果，是由于各种投资标的间具有不会齐涨齐跌的特性。即使齐涨齐跌，幅度也不会相同。因此，当集中投资组成一个投资组合时，其组合的投资报酬是个别投资的加权平均，其中涨跌的作用也会相互抵消，从而降低风险。
采用灵活的分红方式	具体行情下采用对应的分红方式，可以达到保证收益或降低风险的效果。当行情看好时，选择红利再投资的方式，可以将分红直接进行投资，进而增加投资的收益；而当行情震荡或看跌时，采用现金分红的方式则可以保住投资的既得利润。

图 12-12　化解基金风险的 5 大路径

12.2.3　防范基金投资的风险

虽然所有投资者都知道“基金有风险，投资需谨慎”，但是只有少数投资者能够做到根据自身的风险承受能力合理控制投资风险。对此，基金投资新手可以采用一些方法来防范基金投资的风险，如图 12-13 所示。

尽管基金投资通过专业人士的组合投资方法分散了投资风险，投资相对较为稳健，但并不意味着基金投资绝无风险，所以投资者在基金入门之前要充分意识到基金投资的风险性，并且主动通过选购不同类型的基金进行组合投资以分散投资风险。除此以外，大型投资者还可以搭配一份合适的理财险，进而为构建完善的投资方案加一道资金安全防护墙。

正确认识基金风险	任何投资产品都不可能完全规避风险，基金自然也不能例外。因此，在进行基金投资之前，投资者需要对风险程度有所把握，并做好接受风险的准备。
进行基金定投	基金定投无疑是一种较好的基金投资方式，在相对较低的点位定期投资基金可有效地平摊成本，降低一次性投资的风险。
小金额试水	在对投资没有足够把握时，投资者可先用少量资金进行试水。这不仅可以为之后的交易提供参考，还能降低因为盲目投资或误判带来的风险。
长期持有基金	长期持有基金不但使操作成本较低，而且可以使投资者不需要面临选择的困难。
正确认识基金排名	基金排名只是对当前情况的呈现，未来如何谁也不知道。因此，基金排名虽具有一定的参考性，但不应将其作为选择基金的唯一依据。
熟悉基金的基本操作知识	熟悉基金的基本知识是进行基金投资必经的一个过程，投资者只有在把握交易规则和交易费用等相关知识的基础上进行巧妙的操作，才能有效提高投资的收益。

图 12-13　防范基金投资风险的方法